"十三五"高等教育教学改革行动计划系列教材 • 会计专业

Financial Accounting

财务会计

主 编 • 丁增稳
副主编 • 吕能芳 张淑静

電子工業出版社
Publishing House of Electronics Industry
北京 · BEIJING

图书在版编目（CIP）数据

财务会计 / 丁增稳主编. —北京：电子工业出版社，2017.1
ISBN 978-7-121-30174-2

Ⅰ. ①财… Ⅱ. ①丁… Ⅲ. ①财务会计－高等职业教育－教材 Ⅳ. ①F234.4

中国版本图书馆 CIP 数据核字(2016)第 254840 号

策划编辑：尉　敏
责任编辑：李慧君
印　　刷：涿州市京南印刷厂
装　　订：涿州市京南印刷厂
出版发行：电子工业出版社
　　　　　北京市海淀区万寿路 173 信箱　邮编 100036
开　　本：787×1092　1/16　印张：21.75　字数：475 千字
版　　次：2017 年 1 月第 1 版
印　　次：2017 年 1 月第 1 次印刷
定　　价：45.00 元

凡所购买电子工业出版社图书有缺损问题，请向购买书店调换。若书店售缺，请与本社发行部联系，联系及邮购电话：（010）88254888，88258888。
质量投诉请发邮件至 zlts@phei.com.cn，盗版侵权举报请发邮件至 dbqq@phei.com.cn。
本书咨询联系方式：（010）88254199，sjb@phei.com.cn。

出版说明

“十三五”高等教育教学改革行动计划系列教材是电子工业出版社为贯彻落实《国务院关于加快发展现代职业教育的决定》精神，积极响应《高等职业教育创新发展行动计划（2015—2018 年）》，邀请多位职业教育教学专家参与指导，在总结近年来我国高等职业教育教学改革系列成果的基础上，依托国家示范院校，组织全国 20 多所高等职业教育示范院校共同编写，契合当前高等职业教育教学发展趋势的重磅产品。

本系列教材遵循职业教育教学规律，顺应职业教育发展趋势。教材建设充分借鉴了工作过程系统化的课程开发原理，采用项目课程的开发方法，重新设计了各专业的课程体系，围绕专业课程标准进行了教学项目设计。在进行教学项目设计时注重学生在校学习与实际工作的一致性，按照岗位工作内容组织教学内容，按照行业工作过程的顺序梳理教学过程；根据工作项目确定教学项目，根据岗位工作任务设定相关学习目标。通过教材建设，有效推进了项目导向、任务驱动等有利于高职学生能力培养的教学模式的实施。

在系列教材建设过程中始终坚持“能力本位、持续发展、工学结合、校企合作”的职业教育理念，以“职业能力”培养作为根本出发点，以“典型岗位任务”为中心整合“知识、素质、技能”等教学内容，突出能力培养过程所必需的“情境”设计、“职业环境”描述、“实践操作”指导等要素，使学习者在学习中逐渐熟悉职业岗位任务，提高职业岗位能力。同时，教材充分考虑了学生的职业发展诉求，在理论教学内容“必需够用”的基础上，兼顾一定的职业延展性。在完成“相关知识”和“业务操作”的基础上，学生可以通过“相关链接”、“拓展阅读”、“小思考”等栏目，思考实际工作中出现的各类实务性问题，提升在基本学习前提下的创新能力和对职业实践操作的逻辑思维能力。多位具有丰富实践经验的行业专家参与了本次教材建设，从而确保教材贴近行业岗位工作实际。

系列教材内容紧跟时代发展步伐，既充分体现了最新法律法规精神，又真正兼顾了相关行业的最新发展趋势。例如，会计、税法相关教材均反映了最新的营改增内容；市场营销专业教材考虑了互联网技术发展以及新媒体营销等新的业态；国际贸易专业综合考虑了电子商务尤其是跨境电商等近年来的发展趋势。为丰富教材的呈现形式，增强学习者的学习兴趣，部分配套资源丰富的教材在书中设置有二维码，方便学生使用移动设备进行移动学习，既丰富了教学和学习手段，又拓展了相关知识和内容。

本系列教材陆续出版之际，诚挚地感谢山西省财政税务专科学校赵丽生校长在设计思路、专家推荐、大纲审定、教材审定等多个环节给予的倾心指导与帮助。诚挚感谢浙江金融职业学院章安平教授、广州番禺职业技术学院杨则文教授在国际贸易专业和金融专业教材建设上给予的全力指导和帮助。感谢丽水职业技术学院梁伟样院长、无锡商业职业技术学院马元兴教授、安徽商业职业技术学院丁增稳教授、河南财政金融学院宁艳岩副教授等专家给予的鼎力支持和帮助。

衷心地希望本系列教材的出版能够为我国高等职业教育教学改革提供一个新的思路和载体。同时，我们也深深知道本系列教材的问世仅仅是我们在职业教育改革进程中的一个新起点。随着经济社会和各个行业的不断发展以及职业教育教学改革的不断深化，我们将持续对教材进行修订和完善，为我国经济社会建设和职业教育事业的繁荣做出应有的贡献。

“十三五”高等教育教学改革行动计划系列教材编写委员会

前 言

在会计专业的各门课程中，财务会计是最重要的一门专业课程，它与现行的企业会计准则和税收制度密切相关。自 2006 年以来，财政部陆续发布了新的企业会计基本准则和 41 项具体会计准则，加之营业税改征增值税等一系列新的经济法规与税收法规的陆续出台，我国迎来了会计改革和税收改革的又一个春天。作为传授新的会计准则和制度、提高会计专业技能的最重要手段之一的会计教材，就必须顺应时代发展，把握时代脉搏。本教材在充分考虑高职高专教育培养目标的基础上，本着“知识够用、能力为主”的原则，在教材的编写方面作出了大胆的创新和改进。具体表现在：

一是内容的重新定位。从编写内容上看，立足新的会计准则，以知识“够用”为度，改变制度式解释，力求通俗易懂。

二是写作手法的创新。教材简化了大量的文字叙述，突出了会计的基本概念和基本方法。不仅如此，为拓展学生的学习视野，我们增加了“知识链接”、“小思考”、“学中做”等专栏。表现形式多样，语言清新自然，结构科学严谨，层次分明有序，例题简明扼要，“学中做”、“小思考”发人深思，“知识链接”引人入胜。

三是教材配套合理。我们在编写本教材的同时，还编写了配套辅导用书——《财务会计习题与实训》。为了鼓励各位教师在教学中采用现代化教学和网络教学手段，我们将制作多媒体课件。丰富多样的教学形式可以全方位地服务学生，让他们更快捷地进入会计的殿堂。

本教材由安徽商贸职业技术学院丁增稳教授担任主编，负责拟订全书框架结构和写作大纲以及初稿的审定。安徽商贸职业技术学院吕能芳和南京城市职业学院张淑静担任副主编。张淑静编写项目一至项目三，吕能芳编写项目五至项目八，丁增稳编写导言、项目四以及项目九至项目十五。在教材编写过程中，得到了安徽商贸职业技术学院、南京城市职业学院和电子工业出版社的大力支持，在此一并表示感谢。

由于本书在编写过程中进行了一些新的尝试，在对企业会计准则、营业税改征增值税的相关制度的把握和理解上难免存在缺点和错误，在写作风格上还不很成熟，敬请广大读者批评指正，以便不断修改完善。

编 者

2016 年 12 月

目　录

导 言

知识学习目标

- 熟悉财务会计的产生与发展，理解财务会计的特征；
- 熟悉会计要素的含义及其基本内容；
- 掌握财务会计的目标；
- 掌握会计信息质量要求。

能力学习目标

- 能充分认识社会经济环境对会计产生和发展的巨大作用；
- 能运用会计要素的特征，正确地确认、计量和报告会计要素；
- 能运用会计信息质量要求提供会计信息，保证财务会计目标的实现。

一、财务会计的产生与发展

以借贷记账法的成熟与推广为标志的现代会计，从产生至今已有 500 多年的历史了。但是，作为现代会计的两大分支——财务会计和管理会计的逐渐分离，则始于 19 世纪下半叶。

工业革命之前，企业的组织形式主要有独资和合伙两种。这类企业的所有者通常也是企业的经营管理者，企业与政府机关、金融机构和其他外部集团之间，还没有形成密切的经济利益关系。因此，会计作为一个信息系统所提供的信息主要是为企业的所有者兼经营者服务的，各企业可以根据自己的需要，灵活选用会计的程序、方法和信息提供方式，没有统一的规范可以遵循。

始于 18 世纪中叶的资本主义工业革命在带来社会生产力高度发展的同时，也导致了一系列新的会计思想和技术方法的产生。更主要的是，工业革命孕育了以股份有限公司为代表的现代企业组织形式，从而最终导致财务会计与管理会计的分离。

与独资企业和合伙企业相比，股份有限公司有两个显著特征：一是公司可以发行债券和股票，二是公司的所有者由为数众多、日益分散化的股东组成。作为公司，首先必须在资本市场上发行股票或债券，向社会募集大量的资金。公司依靠所筹集的巨额资本，从事范围广泛的经营活动，其规模之大、债权债务关系和经营业务之复杂等，远非独资和合伙企业所能比拟。公司作为法人和纳税主体，其经营活动也更多地受到政府的监督。此外，在资本市场上购买公司股票的股东，地点分散、人数众多，他们虽然是公司的投资人，但实际上他们无权或客观上无法参与企业的经营管理，因而不得不由股东团体聘请专职的经营人员来管理企业。因此，在公司外部形成了庞大而多样的经济利害关系团体。由于所有权与经营权的分离，使得公司所有者与经营者之间形成财产的委托与受托关系，公司的所有者自然要关心管理者对受托财产的使用和保管情况，关心企业的盈利水平和资本的保值增值。公司的债权人（包括银行、非银行金融机构和从证券市场上购买公司债券的投资者）既关心公司的偿债能力和债权的安全性，也关心公司经营业绩，并希望从公司定期取得一定的利息收入。此外，政府机关、企业雇员、注册会计师、财务分析师、律师以及广大的社会公众，都从自身利益出发，要求企业提供有关财务状况、经营成果和现金流量等方面的会计信息。不仅如此，公司管理者受法律或合同约束，或出于维护公共形象，或考虑进一步吸引投资，往往也乐于向外部利益团体提供会计信息。这样，会计逐渐分离为财务会计和管理会计两部分。传统的会计核算逐渐演变成主要向企业外部利益团体提供财务信息和其他经济信息的财务会计，或称为“对外报告会计”；而主要向企业管理者提供内部经营决策所需信息的会计成为管理会计，或称为“对内报告会计”。

二、财务会计的特征

由于财务会计是在新的经济条件下由传统会计发展而来，因此，它在制定公认会计准则，以必要的会计理论和方法规范和指导财务会计核算时，仍然依据和融入了大量传统会计的理论和方法。具体来说，财务会计具有以下特征：

（一）财务会计仍然运用传统会计的基本方法和程序进行会计数据的处理与加工

如前所述，在财务会计中，仍然是运用复式记账原理，对可以用货币计量的数据，以原始凭证为依据，通过分录、记账、调整、账簿，定期提供财务会计报告。这是大家在基础会计中已经熟悉的。从这个意义上说，财务会计没有完全超越传统会计的范畴，但它又不同于传统会计。

（二）财务会计是规范化的传统会计

既然企业外部的利害关系人要求企业能通过对外财务会计报告如实向他们提供财务状况和经营成果等方面的信息，他们必然会要求对传统会计的程序和方法以及财务报告的内容和表达进行规范，以防止企业管理当局为了蓄意达到某种目的，或是虽非故意但由于应用了不恰当的会计处理方法而导致财务信息不能如实反映和充分反映。同时，也可以增强不同企业或同一企业在不同时期的财务报告信息的可比性。在西方国家，这种规范化的进程是通过制定公认会计准则来实现的。而我国财务会计是由财政部颁布的企业会计准则基本准则、具体会计准则和相关会计制度来实现的。

（三）财务会计以对外报告为主要目标，以编制企业通用财务报告为最终目的

财务会计为实现其对外报告的主要目标，必须定期编制反映企业财务状况、经营成果和现金流量的资产负债表、利润表、现金流量表、所有者权益变动表以及相关附表及附注等，以满足外部利益相关人的不同需要。

综上所述，财务会计是以企业会计准则和相关会计制度为主要依据，通过对已经发生的交易或事项按照规定的会计核算程序，将各项会计要素的数据转换为有助于会计决策或合乎其他目标的有用信息的一项专业会计。

三、财务会计系统

财务会计系统是财务会计作为一个信息系统的信息输入、加工和输出的基本程序，包括会计确认、会计计量、会计记录和会计报告四个阶段。

（一）会计确认

会计确认是指以企业具体会计准则或企业会计制度为判断依据，将某一项目作为资产、负债、收入、费用等正式加以记录和列入财务会计报表的过程。会计确认是财务会计核算系统的第一阶段，在财务中占有十分重要的位置。在会计确认阶段，需要回答“是不是会计要素”、“是何种要素”、“何时确认”、“能否计量”等问题。一般来说，符合会计要素的定义是将一项业务或事项在财务会计核算系统中加以确认的必要条件，但不是充分条件。例如，对于企业购买的商品，首先需要判断该商品是否符合资产的定义，其次要判断该商品能否给企业带来经济利益，其成本能否可靠地计量。如果这批商品既能满足资产的定义，又能满足存货的确认条件，那么该商品就属于企业的资产，需加以确认。倘若企业只是计划购买某商品，或商品有严重的质量问题，或购买商品的有关单据尚未到达等，企业均不得确认为资产。

（二）会计计量

会计计量是指在会计确认的基础上，根据一定的计量单位和计量方法，记录并在会计报告中对确认的会计要素确定其金额的过程，即对确认的会计要素量化。著名的会计学家井尻雄士（Yuri Iriji）在他的著作《会计计量理论》中曾说过“会计计量是会计系统的核心职能”，这是很正确的。在会计的记录和报告中都不能没有“金额”，而在会计确认中，即使肯定某个项目已

符合会计要素的定义，如果它不能计量或者不能可靠地计量，都不能予以确认。

会计计量涉及计量单位和计量属性两个方面。计量单位是会计进行计量时所采用的尺度，我国的相关法律做出了明确规定。《中华人民共和国会计法》第 12 条规定："会计核算以人民币为记账本位币"；《企业会计准则——基本准则》第 8 条规定："企业会计应当以货币计量"。计量属性是指被计量的对象所具有的某方面的特征或外在表现形式。一项业务或事项可以从多个方面用货币计量，因而具有不同的计量属性。这些计量属性主要有：

1. 历史成本

历史成本是指资产按照购置时支付的现金或者现金等价物的金额、或者按照购置资产时所付出的对价的公允价值，负债按照因承担现时义务而实际收到的款项或者资产的金额、或者承担现时义务的合同金额、或者按照日常活动中为偿还负债预期需要支付的现金或者现金等价物的金额。历史成本是目前我国会计计量的基本方法，它贯穿于财务会计的始终。

2. 重置成本

重置成本是指资产按照现在购买相同或者相似资产所需支付的现金或者现金等价物的金额，负债按照现在偿付该项债务所需支付的现金或者现金等价物的金额。重置成本一般在盘盈固定资产时使用。

3. 可变现净值

可变现净值是指资产按照其正常对外销售所能收到的现金或者现金等价物的金额扣减该资产至完工时估计将要发生的成本、估计的销售费用以及相关税费后的金额。我国会计准则规定，企业在会计期末对存货按成本与可变现净值孰低计量。

4. 现值

现值是指资产按照预计从其持续使用和最终处置中所产生的未来净现金流入量折现的金额，负债按照预计期限内需要偿还的未来净现金流出量折现的金额。

5. 公允价值

公允价值是指市场参与者在计量日发生的有序交易中，出售一项资产所能收到或者转移一项负债所需支付的价格。公允价值计量在金融资产债务重组、非货币资产交换等具体会计准则中应用广泛。

（三）会计记录

会计记录是指在会计确认、计量的基础上，运用复式记账方法正式记入相应会计账簿的过程，它就是人们通常所说的记账和算账，包括编制会计分录、过账、试算平衡和账项调整等几个步骤。

（四）会计报告

通过财务会计记录过程加工生成的会计信息，尽管十分丰富，但往往比较分散，不能集中、总括地反映企业经营活动的全貌。为了满足外部使用者的信息需要，必须对这些信息进行进一步的加工和汇总，并通过具有固定格式和内容的报告文件传递给信息使用者。这种报告文件就是财务会计报表。会计报告是指企业总括提供一定时点的财务状况、一定时期的经营成果和现金流量的书面文件。至于那些由于不符合会计确认标准而未被确认进入会计信息系统，但有助于财务报告使用者作出决策的信息，以及对财务会计报告所作的补充说明，则可以通过会计报表附注、补充资料等形式提供给信息使用者。它们与财务报表一同构成企业财务报告体系。

四、财务会计目标

财务会计目标，也称为财务报告目标，是指在一定的历史条件下，人们通过财务会计所要实现的目标或达到的最终结果。财务会计的目标即向谁提供信息、为何提供信息和提供何种信息。会计目标是关于会计系统所应达到境地的抽象范畴，它是沟通会计系统与会计环境的桥梁，是连接会计理论与会计实践的纽带。会计系统围绕会计目标发挥作用，会计目标引导会计系统运行。因而，会计目标理论研究是会计理论研究与会计实务发展中的重要内容，财务会计的目标定位决定着财务报告所要求会计信息的质量特征，决定着会计要素的确认和计量原则，是财务会计系统的核心和灵魂。

知识链接

会计目标的两大流派：决策有用学派和受托责任学派

20 世纪 70 年代以来，在会计目标上西方形成了两大流派：决策有用学派和受托责任学派。二者对会计目标的争论对后来的会计理论研究产生了深远影响。

决策有用学派产生于 20 世纪 50 年代以后，其支持者有斯普劳斯、索罗门斯等，代表文献包括美国会计学会的《基本会计理论》、特鲁布罗德委员会的《财务报表的目标》及美国财务会计准则委员会的第一号财务会计概念公告《企业编制财务报告的目标》等。该学派认为，会计的目标就是向会计信息使用者提供对其决策有用的信息。换言之，会计应当为现时的和潜在的投资者、信贷者和其他信息使用者提供有利于其投资和信贷决策及其他决策的信息。其依据是，资源的所有权和经营权分离后，在资本市场介入的条件下，资源所有者对受托资源有效管理的关注程度会降低，转而更为关注所投资的企业在资本市场上的风险与报酬。决策有用学派更强调会计信息的相关性，即要求信息具有预测价值、反馈价值和及时性，更关注与企业未来现金流量有关的信息。

受托责任这一提法由来已久，但形成一个学派则是 20 世纪 70 年代以后的事，代表文献有井尻雄士的《会计计量理论》和《三式记账法的结构和原理》等。该学派认为，会计的目标就是以适当的方式有效反映受托人的受托责任及其履行情况。换言之，会计应向委托人报告受托人的经营活动及其成果，并以反映经营业绩及其评价为中心。其依据是，资源所有者将资源的经营管理权授予受托人，同时通过相关的法规、合约和惯例等来激励和约束受托人的行为，受托人接受委托，对资源进行有效管理和经营，并通过向资源提供者如实报告资源的受托情况来解除其受托责任。受托责任学派更强调信息的可靠性，它在重视资产负债表的基础上格外重视利润表。

两大流派长期以来存在严重分歧。在 1982 年哈佛大学工商管理学院组织的一次讨论会上，井尻雄士的“受托责任观”和斯普劳斯等人的“决策有用观”产生了直接冲突。但是目前，理论界和各国会计准则制定机构已经趋向于认为受托责任观和决策有用观在一定程度上具有相容性。如国际会计准则委员会和英国会计准则委员会就一致认为，财务报表或财务报告应同时满足两个方面的需要：一是提供对决策有用的信息，二是反映管理当局受托责任的履行情况，即会计目标要达到受托责任观和决策有用观的融合。

财政部在 1992 年颁布的《企业会计准则——基本会计准则》中，对会计目标的表述是“会计信息应当符合国家宏观经济管理的要求；满足有关各方了解企业财务状况和经营成果的需要；满足企业加强内部经营管理的需要”。这种表述的缺陷表现在：首先，把“符合国家宏观经济管理的要求”单独列出并放在突出位置，却没有突出满足投资者和信贷者的信息需要，带有明显的“计划经济”色彩，不符合建立和完善现代企业制度以及市场经济的需要。其次，目标过于笼统，对实践缺乏指导意义。美国财务会计准则委员会（FASB）和国际会计准则理事会（IASB）制定的财务报告的目标均具体说明了企业应该提供和决策有用的和反映经管责任的信息，并具体规定了提供的信息应包括企业的资源及其变动情况、盈利能力、偿债能力、现金流动的情况以及受托责任完成情况等各个方面。但我国原会计准则只是轻描淡写地说“满足有关各方了解企业财务状况和经营成果的需要”，对企业提供什么信息、信息的用途等并未做出详细的规定。最后，目标涵盖面过宽，容易造成认识上的混乱。

在 2006 年我国新颁布的《企业会计准则——基本准则》中，将财务会计的目标定位为“向财务会计报告使用者提供与企业财务状况、经营成果和现金流量等有关的会计信息，反映企业管理层受托责任履行情况，有助于财务会计报告使用者做出经济决策。”显然，我国财务会计目标兼顾决策有用论和受托责任论，它有两个要点：一是提供什么信息：财务会计应当提供与企业财务状况、经营成果和现金流量等有关的会计信息（这些信息主要由财务报表所提供）；二是会计信息的用途：反映管理层受托责任的履行情况和有助于财务会计报告使用者做出经济决策两个方面的用途。在用途上把“管理层受托责任的履行情况”放在首位，这表明财务会计信息的披露不仅可供投资人增资扩股或减资缩股决策做参考，而且更为重要的是对企业高级管理阶层受托经营的资源进行必要的监督（其中包括奖、惩和人事调动），以保证国有企业的资金不致流失，委托经营的企业的资产都可保值、增值。

五、会计信息质量要求

会计作为一门国际通用的商业语言，所提供的信息应当满足投资者、债权人、政府及其有关部门和社会公众的需求，这就是会计信息质量。高质量的会计信息必须有高标准予以保证。按照我国《企业会计准则——基本准则》的规定，会计信息质量标准包括八项，即可靠性、相关性、可理解性、可比性、实质重于形式、重要性、谨慎性和及时性。

（一）可靠性

可靠性又称为真实性，它是指企业应当以实际发生的交易或者事项为依据进行会计确认、计量和报告，如实反映符合确认和计量要求的各项会计要素及其他相关信息，保证会计信息真实可靠、内容完整。

会计信息要有用，必须以可靠为基础，如果财务报告所提供的会计信息是不可靠的，就会对会计信息使用者的决策产生误导甚至带来损失，因此企业提供的会计信息应能如实反映企业的财务状况、经营成果和现金流量，不存在重大差错和主观偏见，做到内容真实、数字准确、项目完整、资料可靠。

（二）相关性

相关性，也称为有用性，是指会计信息应当与财务会计报告使用者的经济决策需要相关，有助于财务会计报告的使用者对企业过去、现在或者未来的情况做出评价或者预测。会计的相关性要求会计人员在收集、处理、传递会计信息的过程中，考虑会计信息的使用者对会计信息的需要的不同特点，确保企业内外有关方面对会计信息的相关需要。

会计信息质量的相关性要求，需要企业在确认、计量和报告会计信息的过程中，充分考虑使用者的决策模式和信息需要，如果会计核算的信息不符合会计信息使用者的要求，即使客观真实地反映了企业经营情况的会计信息，亦毫无价值。但是，相关性是以可靠性为基础的，两者之间并不矛盾，不应将两者对立起来。也就是说，会计信息应在可靠性前提下，尽可能地做到相关性。

（三）可理解性

可理解性是指企业提供的会计信息应当清晰明了，便于财务会计报告使用者理解和使用。企业提供会计信息的目的在于使用，要使用会计信息首先必须了解会计信息的内涵，弄懂会计信息的内容，这就要求企业提供的会计信息应尽可能简明易懂，以便会计信息使用者理解和利用这些会计信息。

（四）可比性

这里的可比性是一个广义的概念，它既包括纵向可比，也包括横向可比。

所谓纵向可比是指同一企业在不同时期发生的相同或者相似的交易或者事项，应当采用一致的会计政策，不得随意变更。例如，企业 2015 年按销售额的 1%提取坏账准备，在以后年度也必须按 1%提取坏账准备。但是，2016 年企业为了扩大销售，放宽了信用标准，预计坏账损失率达到销售额的 2%，如果证据确凿可以在 2016 年变更。但必须在 2016 年的会计报表附注中说明其变更的性质、内容和原因，以及变更后对前期报表的影响等。

所谓横向可比是指不同企业发生的相同或者相似的交易或者事项，应当采用国家规定的会计政策，确保会计信息口径一致、相互可比。例如，按权责发生制规定，企业必须将购置的机器设备、厂房、车辆等固定资产的价值在一定经营期内进行分摊，分期进入费用。如果有的企业不实行权责发生制而采用收付实现制，那么不同企业提供的信息就无法比较。

（五）实质重于形式

实质重于形式要求企业应当按照交易或者事项的经济实质进行会计确认、计量和报告，不应仅以交易或者事项的法律形式为依据。企业发生的交易或事项在多数情况下，其经济实质和法律形式是一致的。但是，在有些情况下会出现不一致。例如，对于以融资租赁方式租入的固定资产，虽从法律形式上来讲，企业不拥有其所有权，但是由于租赁合同规定的租赁期接近该资产的有效寿命，租赁期结束时，承租企业有权优先购买该项财产，且在承租期内有权支配资产并从中受益。因此，从该项资产的经济实质来看，企业能控制其创造未来的经济利益，在会计核算上应视为企业的自有资产。

（六）重要性

在实际工作中，会计人员根本就不打算记录那些不重要的交易或事项，因为提供这些琐碎的信息用处不大，而且耗费了大量的人力资源和管理成本。

重要性是指企业提供的会计信息应当反映与企业财务状况、经营成果和现金流量等有关的所有重要交易或者事项。不幸的是，重要与不重要交易或事项之间没有一条公认的准确的界限，这需要会计人员个人的职业判断。

重要性往往与充分披露有关。会计核算对所有会计信息资料都应全面予以反映，但对重要的经济业务应单独反映，尤其是对那些影响决策的重要会计信息，应分项反映，重点说明；而对那些次要的会计信息，则可适当简化核算的程序和方法。

（七）谨慎性

谨慎性又称为稳健性，它要求企业对交易或者事项进行会计确认、计量和报告，应当保持应有的谨慎，不应高估资产或者收益、低估负债或者费用。

通常，人们在处理一件不确定事项时，往往会采取小心谨慎的态度。会计人员也是如此，他们在衡量不确定事项时，宁愿低估资产或收益也不愿高估它们。在会计核算中，如果对未来不确定的数量有两种估计结果，即使二者发生的可能性相同，会计人员仍应充分考虑可能出现的风险，不要高估企业的资产或收益；而对可能发生的负债或费用要有充分的预见，使会计核算尽可能建立在较为稳妥的基础上，以提高企业应对风险的能力。例如，企业对未收回的应收账款估计可能发生坏账损失，确认“坏账准备”就体现了会计信息质量的谨慎性要求。

（八）及时性

及时性是指企业对于已经发生的交易或者事项，应当及时进行会计确认、计量和报告，不得提前或者延后。及时性原则可以保证会计信息的时效性，如果会计信息不及时传递出去，则无论多么可靠的会计信息都是不相关的。在会计确认、计量和报告过程中贯彻及时性，一要及时收集会计信息，二要及时处理会计信息，三要及时传递会计信息。

项目小结

始于 18 世纪中叶的资本主义工业革命孕育了以股份有限公司为代表的现代企业组织形式，从而最终导致财务会计与管理会计的分离。由于在股份有限公司外部形成了庞大而多样的利害关系团体，他们非常关心公司的资本的保值增值、盈利水平、偿债能力等，传统会计逐渐分离为财务会计和管理会计两部分。

财务会计系统包括会计确认、会计计量、会计记录和会计报告四个阶段，在这四个阶段中，会计确认是前提，会计计量是核心，会计记录是手段，会计报告是结果。

在会计目标上一直存在决策有用论和和受托责任论。决策有用论认为会计的目标就是向会计信息使用者提供对其决策有用的信息。受托责任论认为会计的目标就是以适当的方式有效反映受托人的受托责任及其履行情况。目前我国财务会计目标是受托责任观和决策有用观的融合。

我国会计准则中提出的会计信息质量要求包括：客观性、相关性、可理解性、可比性、实质重于形式、重要性、谨慎性和及时性。

复习思考题

1. 财务会计的产生和发展与社会经济环境有无关系？

2. 相对于基础会计，财务会计一般具有哪些特征？

3. 我国《企业会计准则——基本准则》确定的财务会计目标是什么？查阅有关资料，你能总结出我国财务会计目标与我国经济发展的关系吗？

4. 有人认为，会计信息质量的可靠性与相关性是不相容的，可靠性的信息往往不相关，反之亦然。你如何理解这种观点？

5. 在现行财务会计制度下，为什么把可靠性作为我国会计信息质量的首要标准？

项目一

货币资金的核算

知识学习目标

- 熟悉货币资金管理的内容，充分认识货币资金管理的重要性；
- 熟悉各种结算方式的特点、适用范围及结算流程；
- 掌握库存现金、银行存款和其他货币资金的核算。

能力学习目标

- 能把握货币资金的管理特点，采取必要的措施，保证货币资金的安全；
- 能根据不同的经济业务，采用恰当的资金结算方式；
- 能及时、准确地完成货币资金核算，提供现金流量方面的信息。

工作任务

- 货币资金的内部控制；库存现金的核算；银行存款的核算；其他货币资金的核算。

项目引例

2016 年 5 月 13 日，当经理要求徐玉林把他经手的银行对账单拿出来审核，并把这个对账单交给银行营业员核对时，徐玉林一下瘫倒在地……

徐玉林在同事们的眼中为人老实、工作卖力。为此，2014 年年初他被调到公司的下属分公司财务科担任出纳员，一直负责保管空白支票、制作银行对账单及调节表编制工作。2016 年 4 月的一天，公司准备发放一笔绩效奖，18 000 元的现金支票已经填好，由于违反“八项规定”不允许支付。科长吩咐徐玉林按规定予以销毁。由于股市下跌，徐玉林亏了不少，当天就心不在焉地把支票随便扔在抽屉中。第二天上班时他打开抽屉，眼睛一亮，为何不能将现金取回投入股市，等赚了再补上这笔钱，谁也不知道！这样，他在忐忑不安中度过了一个月，没有人提及这件事。他思来想去，我手中这么多空白支票、银行汇票，不就少一个主办会计的印章嘛，只要盖上那个印章不就是到手的钞票！由于是同事，科室其他人员一般不加防范，有时暂时出去一会儿，就任由印鉴放在桌上。因此，只要办公室剩他一人，他就飞快地跳起来，冲到会计桌前，拿起早已准备好的空白支票迅速盖上印章。下班回到家中，偷偷地、认真地、仔细地填好日期、金额等项目，然后找个理由到银行去取款。至于银行对账单，只要那个月他取了款，就到银行谎称对账单丢失或浸湿，请求复印一张。回来后，他进行一些技术处理后，再复印一份，便可以以假乱真！就这样，到了2016年年底，徐林先后作案45起，共侵吞了单位公款310多万元。

提出问题：

（1）使用会计人员的标准是否就是“为人老实、工作卖力”？

（2）对于作废的支票、汇票、本票等银行票据，会计人员应该如何处理？

（3）徐玉林多年来一直担任出纳员，是否符合货币资金内部控制制度的要求？

（4）会计人员对于预留银行的印鉴应该如何管理？

（5）银行对账单应该多长时间核对一次？在核对时应注意什么问题？

带着这些问题，让我们进入本项目的学习领域。

任务一 货币资金内部控制

一、货币资金的概念和内容

货币资金是指企业在生产经营过程中处于货币形态的资产。按其存放地点和用途不同，分为库存现金、银行存款和其他货币资金；按其币种不同，分为人民币和外币。

（一）库存现金

库存现金是指存放在企业会计部门，由出纳员保管，作为日常零星开支用的现款。它是立即就能支付的交换媒介，企业可以随时用其购买所需的物资、支付有关费用、偿还债务，也可以随时存入银行，具有很强的流动性。

（二）银行存款

银行存款是指企业存放在银行或其他金融机构的货币资金，包括人民币存款和外币存款。

按照国家有关规定，凡是独立核算的单位都必须在当地银行开设账户。企业在银行开设账户以后，除按规定的限额保留库存现金外，超过限额的现金必须存入银行。企业除了在规定的范围内可以支用现金外，在经营过程中所发生的货币收支业务，都必须通过银行办理转账结算。

（三）其他货币资金

企业所拥有的除库存现金和银行存款以外的货币资金统称为其他货币资金。主要包括外埠存款、银行汇票存款、银行本票存款、信用证保证金存款、信用卡存款、存出投资款等，这些资金均有着特定用途。

二、货币资金的内部控制

货币资金的主要特点是具有易接受性和最强的流动性，但盈利性相对较差。企业为了保证生产经营活动的正常进行，必须拥有一定数额的货币资金；同时，一个企业货币资金拥有量的多少，标志着其偿债能力与支付能力的大小，是投资者分析判断企业财务状况好坏的重要指标。

鉴于货币资金的这些特点和重要作用，任何单位和个人都对其有着特殊的兴趣，它不仅是正常生产经营活动的重要标志，而且也成了一些不法分子猎取的重点目标，为此，我国对货币资金的管理制定了一套严格的制度。

（一）内部控制制度

（1）严格授权制度，即企业内部的各级工作人员必须是在获得批准和授权后方能执行或处理有关的货币资金收付业务。

（2）严格分权制度，即将涉及货币资金不相容的职责分别由不同的人员担任，形成严密的内部牵制制度，以减少和降低货币资金管理上舞弊的可能性。

（3）实行交易分开制度，即将现金支出业务和现金收入业务分开进行处理，防止将现金收入直接用于现金支出的坐支行为。

（4）实施内部稽核制度，即设置内部稽核机构，配置稽核人员，建立内部稽核制度，加强对货币资金管理的监督，及时发现管理中存在的问题，并改进货币资金的控制方式。

（5）实施定期轮岗制度，即对涉及货币资金管理和控制的业务人员实行定期轮换岗位。通过轮换岗位，减少货币资金管理和控制中产生舞弊的可能性，并及时发现有关人员的舞弊行为。

（二）内部控制具体要求

（1）应当建立货币资金业务的岗位责任制，明确相关部门和岗位的职责权限，确保办理货币资金业务的不相容岗位相互分离、制约和监督。出纳人员不得兼任稽核、会计档案保管和收入、支出、费用、债权债务账目的登记工作。单位不得由一人办理货币资金业务的全过程。

（2）办理货币资金业务，应当配备合格的人员，并根据单位具体情况进行岗位轮换。办理货币资金业务的人员应当具备良好的职业道德，忠于职守，廉洁奉公，遵纪守法，客观公正，不断提高会计业务素质和职业道德水平。

（3）应当对货币资金业务建立严格的授权批准制度，明确审批人对货币资金业务的授权批准方式、权限、程序、责任和相关控制措施，规定经办人办理货币资金业务的职责范围和工作要求。

（4）应当加强与货币资金相关的票据的管理，明确各种票据的购买、保管、领用、背书转让、注销等环节的职责权限和程序，并专设登记簿进行记录，防止空白票据的遗失和被盗用。

（5）应当加强银行预留印鉴的管理。财务专用章应由专人保管，个人名章必须由本人或其授权人员保管。严禁一人保管支付款项所需的全部印章。按规定需要有关负责人签字或盖章的经济业务，必须严格履行签字或盖章手续。

（6）单位应当建立对货币资金业务的监督检查制度。

任务二 库存现金的核算

一、现金管理制度

根据国务院 2016 年修订的《现金管理暂行条例》和《现金管理暂行条例示例实施细则》的规定，现金管理制度主要包括以下内容。

（一）现金的使用范围

企业可用现金支付的款项有：

（1）职工工资、津贴；

（2）个人劳务报酬；

（3）根据国家规定颁发给个人的科学技术、文化艺术、体育等各种奖金；

（4）各种劳保、福利费用以及国家规定的对个人的其他支出；

（5）向个人收购农副产品和其他物资的款项；

（6）出差人员必须随身携带的差旅费；

（7）结算起点（1 000 元）以下的零星支出；

（8）中国人民银行确定需要支付现金的其他支出。

开户单位支付给个人的款项，超过使用现金限额的部分，应当以支票或者银行本票支付；确需全额支付现金的，经开户银行审核后，予以支付现金。凡不属于国家现金结算范围的支出，一律不准使用现金结算，必须通过银行办理转账结算。

（二）核定库存现金的限额

现金的限额是指为了保证企业日常零星开支的需要，允许单位留存现金的最高数额。现金的限额是由企业开户银行根据企业的实际需要核定的，一般不得超过本单位 3～5 天正常零星开支需要量，边远地区和交通不便地区的企业可以按照多于 5 天但不超过 15 天的日常零星开支的需要确定。企业应当严格遵守核定的现金限额，超过限额部分应于当日终了前送存银行。需要增加或减少现金限额的单位，应当向其开户银行提出申请，由开户银行核定。

【小思考】

为什么国家对企业库存现金规定库存现金限额？

（三）严禁擅自坐支现金

坐支现金是指企业将自己的现金收入直接用于自己的现金支出的现象。开户单位收入现金应于当日送存开户银行，当日送存确有困难的，由开户银行确定送存时间；开户单位支付现金，可以从本单位库存现金中支付或从开户银行提取，不得从本单位的现金收入中直接支付，即不得“坐支”现金。因特殊情况需要坐支现金的单位，应事先报经有关部门审核批准，并在核定的范围和限额内进行，同时收支的现金必须入账。

（四）现金收支的其他规定

（1）开户单位从开户银行提取现金时，应当如实填写提取现金的用途，由本单位财会部门负责人签字盖章，并经开户银行审查批准后予以支付。

（2）因采购地点不确定、交通不便、抢险救灾以及其他特殊情况必须使用现金的单位，应当向开户银行提出书面申请，由本单位财会部门负责人签字盖章，并经开户银行审查批准后予以支付。

（3）严格执行“四不准”：不准用不符合财务制度规定的凭证顶替库存现金，即不得“白条顶库”；不准编造用途套取现金；不准用银行账户代其他单位或个人存入和支取现金；不准保留账外公款，即不得“公款私存”，不得设置“小金库”等。

（4）银行对于违反上述规定的单位，可以按照违规金额的一定比例予以处罚。

二、现金的内部控制

（一）现金收、支凭证

企业在对现金核算时，必须以合法的原始凭证为依据，包括现金收入的原始凭证和现金支出的原始凭证，如销售发票副本、支票存根、银行汇单、购货发票、经领导批准的解款单等。所有原始凭证只有经过认真审核无误后，才可据以编制现金收付款记账凭证。办完现金收支业务的原始凭证和记账凭证，出纳员要在上面加盖“收讫”或“付讫”的戳记，表示款项已经收到或支付。

（二）现金的控制措施

现金的控制措施包括以下几种。

1. 建立合理分工、各司其职的制度

企业内部应当实行钱账分离：相互制约的内部牵制制度，不允许单独一个人自始至终操纵和处理一笔业务的全过程，必须在各独立的部门之间有明确合理的分工。经管现金的出纳员不得兼管收入、费用、债权、债务等账簿的登记及会计稽核和会计档案工作；负责现金总账记录的会计人员，则不得兼管现金。填写银行结算凭证的有关印鉴不能集中由出纳员保管，应实行印鉴分管制度。

2. 建立审核和签证制度

企业的每笔经济业务都必须根据有关的原始凭证由会计主管或其他指定人员逐笔审核其手续是否完备、数字是否正确、内容是否合理合法。经审核无误签字后，出纳员才能据以收款、付款。

3. 建立收据和发票的领用制度

领用的收据和发票必须登记数量和起止编号，由领用人签字。收回收据和发票存根应由主管人员办理签收手续。对空白收据和发票应当定期检查，以防短缺。

4. 建立定期核对账目和盘点制度

每日终了，出纳员应当将当日的全部经济业务记入日记账，并结出余额，与实存现金相核对。出纳和会计之间也应定期核对账目，确保账账相符。内部审计人员应实施经常性和突击性的盘点。

（三）现金收入和支出的控制

1. 现金的收入控制

（1）所有企业外界交来的款项都应由指定的收款员点收。收款员应逐日逐笔填制收款清单，连同现金和支票送交出纳员，并将收款清单副本送交会计人员。

（2）出纳员收入款项后，应与收款清单相核对，并根据会计人员编制的记账凭证及所附原始凭证，登记现金日记账。同时，为了保证现金安全，每天应将现金存入银行，并将银行存款回单送交会计人员记账。

（3）会计人员将收款清单与银行存款回单核对相符后，编制收款凭证和现金存入银行的付款凭证，据以登记现金总账。

2. 现金支出的控制

（1）企业的所有现金支出都应由业务部门提出付款申请，填制付款的原始凭证经发所在部门主管及有关领导批准后，送交会计部门。

（2）会计人员对付款的原始凭证的计算是否正确、手续是否齐全、开支是否合理等进行审核，并据以作出付款的记账凭证，签字后送交出纳员。

（3）出纳员根据审核过的付款凭证付款，并加盖“付讫”章，据以登记现金日记账。

然后将已付款的付款凭证，连同支票副本或存根送交会计人员。

（4）会计人员根据已付款的付款凭证登记现金总账。

（5）期末，出纳员根据现金日记账与银行对账单进行核对，保证账实相符。

三、库存现金的核算

为了核算现金的收支情况，企业应设置“库存现金”账户，其借方登记现金的收入数，贷方登记现金的支出数，余额在借方，表示现金的实际库存数额。企业内部各部门周转使用的备用金，通过“其他应收款”或单设“备用金”账户核算，不在本账户核算。

企业应当设置库存现金总账和库存现金日记账，分别进行企业库存现金的总分类核算和序时核算。现金日记账由出纳人员根据现金收款凭证、现金付款凭证以及银行存款的付款凭证，按照业务发生顺序逐日逐笔登记。每日终了，应当在现金日记账上计算出当日的现金收入合计数、现金支出合计数和现金结余数，并将现金日记账的账面结余数与实际库存现金数相核对，保证账款相符；月度终了，现金日记账的余额应当与现金总账的余额核对，做到账账相符。

【工作实例 1-1】2016 年 4 月 15 日，东海公司（增值税一般纳税人，基本税率为 17%）发生与现金收入有关的业务如下：

（1）出纳员开出现金支票，提取现金 5 000 元备用。

（2）采购员王燕出差归来，报销差旅费 3 900 元（其中增值税专用发票上注明的住宿费进项税额 48 元），交回现金 100 元。

（3）出售下脚料，收到现金 234 元。

（4）采购员赵伟预支差旅费 3 000 元，出纳员以现金付给。

（5）以现金 351 元（含税价）购买办公用品，办公用品交付管理部门使用。

任务处理如下。

（1）开出现金支票，提取备用金：

借：库存现金　　5 000

　　贷：银行存款　　5 000

（2）采购员出差归来，报销差旅费：

借：库存现金　　100

　　管理费用——差旅费　　3 852

　　应交税费——应交增值税（进项税额）　　48

　　贷：其他应收款——王燕　　4 000

（3）出售下脚料，收到现金：

借：库存现金　　234

贷：主营业务收入　200

应交税费——应交增值税（销项税额）　34

（4）以现金支付采购员赵伟预支差旅费

借：其他应收款——赵伟　3 000

贷：库存现金　3 000

（5）以现金购买办公用品

借：管理费用——办公费　300

应交税费——应交增值税（进项税额）　51

贷：库存现金　351

四、现金的清查

现金清查应注意的问题如下：

（1）现金清查是对库存现金的盘点和核对，包括出纳人员每日终了前进行的现金账款核对和清查小组进行的定期和不定期的现金盘点、核对。现金清查一般采用实地盘点法。对于现金清查结果应编制现金盘点报告。

（2）清查小组清查时，出纳人员必须在场，清查的内容主要是检查是否有挪用现金、白条顶库、超限额留存现金，以及账款是否相符等。

（3）如果有挪用现金、白条顶库的情况，应及时予以纠正。

（4）对于超限额留存的现金应及时送存银行。

（5）如果账款不符，应先通过“待处理财产损溢”科目核算。

现金清查中如果发现现金短款，应借记“待处理财产损溢”科目，贷记“库存现金”科目。经查属于应由责任人赔偿的部分，应借记“其他应收款”科目，贷记“待处理财产损溢”科目；属于无法查明的，应借记“管理费用”科目，贷记“待处理财产损溢”科目。

现金清查中如果发现现金溢余，应借记“库存现金”科目，贷记“待处理财产损溢”科目。经查属于应支付给有关人员或单位的，应借记“待处理财产损溢”科目，贷记“其他应付款”科目；属于无法查明原因的，应借记“待处理财产损溢”科目，贷记“营业外收入”科目。

【工作实例 1-2】2016 年 9 月 30 日，东海公司突击检查出纳员保管的库存现金，发现现金溢余 120 元。任务处理如下。

（1）查明原因前：

借：库存现金　120

贷：待处理财产损溢——待处理流动资产损溢　120

（2）经核查，原因不明，经批准列入利得时：

借：待处理财产损溢——待处理流动资产损溢　　120

　　贷：营业外收入　　120

【工作实例 1-3】2016 年 9 月 30 日，南海公司突击检查出纳员保管的库存现金，发现现金短缺 200 元。任务处理如下。

（1）短少现金时：

借：待处理财产损溢　　200

　　贷：库存现金　　200

（2）若经核查，经批准应由出纳员刘娜负责赔偿时：

借：其他应收款——刘娜　　200

　　贷：待处理财产损溢　　200

（3）若属于无法查明原因的，根据管理权限，批准转账时：

借：管理费用　　200

　　贷：待处理财产损溢　　200

任务三 银行存款的核算

一、银行存款管理制度与控制

（一）银行存款账户管理

根据规定，每个企业都要在银行的一个分支机构或其他金融机构开立账户，用以保存货币资金，并办理转账结算业务。开户时，企业要凭证明文件到银行的一个分支机构办理开户手续，并在银行预留有效印章样本。《银行结算账户管理办法》将单位银行结算账户分为基本存款账户、一般存款账户、临时存款账户和专用存款账户。

（1）基本存款账户，是指存款人因办理日常转账结算和现金收付需要开立的银行结算账户。存款人日常经营活动的资金收付及其工资、奖金等现金的支取，应通过基本存款账户办理。单位银行结算账户的存款人只能在银行开立一个基本存款账户。

（2）一般存款账户，是指存款人在基本存款账户以外的银行借款转存，与基本存款账户的存款人不在同一地点的附属非独立核算单位开立的账户。存款人可以通过本账户办理转账结算和现金缴存，但不得办理现金结算支取。

（3）临时存款账户，是指存款人因临时经营活动需要并在规定期限内使用而开立的银行结算账户，如设立临时机构、异地临时经营活动、注册验资等。本账户办理转账结算和根据国家现金管理的规定办理现金收付，并根据有关开户证明文件确定的期限或存款人的需要确定其有效期限，最长不得超过 2 年。

（4）专用存款账户，是指存款人按照法律、行政法规和规章，对其特定用途资金进行专项管理和使用而开立的银行结算账户，如基本建设资金、社会保障基金、财政预算外资金、粮棉油收购资金、证券交易结算资金等。

（二）支付结算的基本原则

1. 恪守信用、履约付款原则

即各单位之间、单位与个人之间发生交易往来，通过银行办理结算，并根据各自的具体条件，自行协商订约，使收付双方办理款项收付完全建立在自觉自愿、相互信任的基础上。

2. 谁的钱进谁的账、由谁支配原则

即银行在办理结算时，必须按照存款人的委托，将款项支付给其指定的收款人；对存款人的资金，除国家法律另有规定外，必须由其自主支配，银行不代扣款项。

3. 银行不垫款原则

即银行办理结算时，只负责办理结算当事人之间的款项划拨，不承担垫付任何款项的责任。该原则要求划清银行资金与存款人资金的界限，保护银行资金所有权或经营权的安全，促使开户单位和个人直接对自己的债权债务负责。

上述三个原则既可单独发挥作用，亦是一个有机的整体，分别从不同角度强调了付款人、收款人和银行在结算过程中的权利义务，从而切实保障了结算活动的正常进行。

（三）银行结算纪律

企业办理结算，必须遵守国家的法律、法规和《银行结算办法》的各项规定，遵守结算纪律，不准签发没有资金保证的票据或远期支票，套取银行信用；不准签发、取得和转让没有真实交易和债权债务的票据，套取银行和他人资金；不准无理拒绝付款，任意占用他人资金；不准违反规定开立和使用账户。

（四）银行存款收支控制

为了加强对银行存款的控制，对于银行存款的存、取和转账业务，应进行严格的审批手续，认真审查银行存款收支的合法性和合理性；并建立一套严密的内部控制制度，即企业的出纳人员负责银行存款的收、支业务，签发支票，登记银行存款日记账，会计人员负责银行存款收支业务的审核工作，并负责登记银行存款总账。

二、银行支付结算工具和方式

单位日常活动中的结算可分为现金结算和非现金结算两大类。

对于现金结算已在本项目任务二进行了专题介绍。我国目前使用的人民币非现金结算工具主要包括“三票一卡”和结算方式。“三票一卡”是指汇票、本票、支票和信用卡；

结算方式包括汇兑、托收承付、委托收款、电子支付等。企业在办理支付结算时，必须使用按中国人民银行统一规定印制的票据凭证和统一规定的结算凭证。

（一）支票

1. 支票的基本知识

支票是指出票人签发的,委托办理支票存款业务的银行在见票时无条件支付确定的金额给收款人或者持票人的票据。支票分为现金支票、转账支票和普通支票。支票上印有“现金”字样的为现金支票,现金支票只能用于支取现金。支票上印有“转账”字样的为转账支票，转账支票只能用于转账。支票上未印有“现金”或“转账”字样的为普通支票，普通支票可以用于支取现金，也可以用于转账。在普通支票左上角划两条平行线的为划线支票，划线支票只能用于转账，不得支取现金。单位和个人在同一票据交换区域的各种款项结算，均可以使用支票。签发现金支票和用于支取现金的普通支票，必须符合国家现金管理的规定。

2. 签发支票的有关规定

（1）支票的出票人签发支票的金额不得超过付款时在付款人处实有的存款金额，禁止签发空头支票。

（2）出票人不得签发与其预留银行签章不符的支票。

（3）使用支付密码的，出票人不得签发支付密码错误的支票。

（4）出票人签发空头支票，签章与预留银行签章不符的支票，使用支付密码地区，支付密码错误的支票时，银行应予以退票，并按票面金额处以 5%但不低于 1 000 元的罚款；持票人有权要求出票人赔偿支票金额 2%的赔偿金。对屡次签发不符合上述要求支票的，银行应停止其签发支票。

（5）支票的提示付款期限自出票日起 10 日，但中国人民银行另有规定的除外。超过提示付款期限提示付款的，持票人开户银行不予受理，付款人不予付款。出票人在付款人处的存款足以支付支票金额时，付款人应当在见票当日足额付款。

3. 会计核算

在会计核算中，收款方和付款方对于支票的核算账户均为“银行存款”账户，即收款方收到支票收账通知时借记“银行存款”账户；付款方根据支票存根和银行进账单回单时贷记“银行存款”账户。

（二）银行本票

1. 银行本票的基本知识

银行本票是指银行签发的，承诺自己在见票时无条件支付确定的金额给收款人或持票人的票据。单位和个人在同一票据交换区域需要支付的各种款项，均可使用银行本票。银行本票可以用于转账，注明“现金”字样的银行本票可以用于支取现金。银行本票分为不定额本票和定额本票两种。定额本票面额为 1 000 元、5 000 元、10 000 元和 50 000 元。

2. 签发银行本票的有关规定

（1）申请人使用银行本票，应向银行填写“银行本票申请书”。申请人或收款人为单位的，不得申请签发现金银行本票。

（2）出票银行受理银行本票申请书，收妥款项后签发银行本票，在本票上签章后交给申请人。申请人应将银行本票交付给本票上记明的收款人。收款人可以将银行本票背书转让给被背书人。

（3）银行本票的提示付款期限自出票日起最长不得超过 2 个月。在有效付款期内，银行见票付款。持票人超过付款期限提示付款的，银行不予受理。申请人因银行本票超过提示付款期限或其他原因要求退款时，应将银行本票提交到出票银行，并出具单位证明。

3. 会计核算

票据签发人（付款人）在收到银行退回的“银行本票申请书”存根联和不定额银行本票第一联时借记“其他货币资金”账户，贷记“银行存款”账户。

持票人（收款人）向银行提示付款时，应提交银行本票和解讫通知及有关销售凭证，借记“银行存款”账户，贷记“主营业务收入”等账户。

（三）银行汇票

1. 银行汇票的基本知识

银行汇票是指由出票银行签发的，由其在见票时按照实际结算金额无条件支付给收款人或者持票人的票据。银行汇票的出票银行为银行汇票的付款人。单位和个人各种款项的结算，均可使用银行汇票。银行汇票可以用于转账，填明“现金”字样的银行汇票也可以用于支取现金。申请人或者收款人为单位的，不得在“银行汇票申请书”上填明“现金”字样。

2. 签发银行汇票的有关规定

（1）汇款单位（申请人）使用银行汇票，应向出票银行填写“银行汇票申请书”，填明收款人名称、汇票金额、申请人名称、申请日期等事项并签章，签章为其预留银行的签章。

（2）出票银行受理银行汇票申请书，收妥款项后签发银行的签章。出票银行受理银行汇票申请书，收妥款项后签发银行汇票，并用压数机压印出票金额，将银行汇票和解讫通知一并交给申请人。申请人应将银行汇票和解讫通知一并交付给汇票上记明的收款人。

（3）收款人受理申请人交付的银行汇票时，应在出票金额以内，根据实际需要的款项办理结算，并将实际结算的金额和多余金额准确、清晰地填入银行汇票和解讫通知的有关栏内，到银行办理款项入账手续。

（4）收款人可以将银行汇票背书转让给被背书人。银行汇票的背书转让以不超过出票金额的实际结算金额为准。未填写实际结算金额或实际结算金额超过出票金额的银行汇票，不得背书转让。

（5）银行汇票的提示付款期限为自出票日起一个月，持票人超过付款期限提示付款的，银行将不予受理。持票人向银行提示付款的，必须同时提交银行汇票和解讫通知，缺少任何一联银行不予受理。

3. 会计核算

出票银行受理银行汇票申请书，收妥款项后签发银行汇票，并用压数机压印出票金额，将银行汇票和解讫通知一并交给申请人。申请人将银行汇票和解讫通知一并交付给收款人时，借记“其他货币资金”账户，贷记“银行存款”账户。

持票人向银行提示付款时，应提交银行汇票和解讫通知及有关销售凭证，借记“银行存款”账户，贷记“主营业务收入”等账户。

（四）商业汇票

1. 商业汇票的基本知识

商业汇票是指由出票人签发的，委托付款人在指定日期无条件支付确定的金额给收款人或持票人的票据。商业汇票的付款期限最长不超过 6 个月。符合条件的商业汇票持票人可以持未到期的商业汇票向银行申请贴现。

2. 商业汇票的签发

商业汇票按照承兑人不同，可以分为商业承兑汇票和银行承兑汇票。

（1）商业承兑汇票是指由付款人签发并承兑，或由收款人签发并由付款人承兑的商业汇票。商业承兑汇票的付款人收到开户银行的付款通知，应在当日通知银行付款。付款人在接到通知后次日起 3 日内未通知银行付款的，视同付款人承诺付款，银行将于付款人接到通知日的次日起第 4 日上午开始营业时，将票款划给持票人。银行在办理划款时，付款人存款账户不足支付的，银行应填制付款人未付票款通知书，连同商业承兑汇票邮寄持票人开户银行转交持票人。

（2）银行承兑汇票是指由在承兑银行开户的存款人签发，由承兑银行承兑的商业汇票。企业申请使用银行承兑汇票时，应向其承兑银行按票面金额的万分之五缴纳手续费。银行承兑汇票的出票人应于汇票到期前将票款足额缴存其开户银行，承兑银行应在汇票到期日或到其日后的见票当日支付票款。银行承兑汇票的出票人于汇票到期前未能足额缴存票款的，承兑银行除凭票向持票人无条件付款外，对出票人尚未支付的汇票金额按照每天万分之五计收利息。

3. 会计核算

付款人根据签发并承兑后的商业汇票时，应借记“原材料”、“应交税费——应交增值税（进项税额）”等账户，贷记“应付票据”账户。

持票人向银行提示付款时，应提交银行汇票和解讫通知及有关销售凭证，借记“应收票据”账户，贷记“主营业务收入”、“应交税费——应交增值税（销项税额）”等账户。

（五）委托收款

1. 委托收款的基本知识

委托收款是指收款人委托银行向付款人收取款项的结算方式。单位和个人凭已承兑商业汇票、存单等付款人债务凭证办理款项的结算，均可使用委托收款结算方式。委托收款在同城和异地均可使用。委托收款结算方式的划回方式，分为邮寄和电报两种，由收款人选用。

2. 委托收款的办理

收款人办理委托收款应向银行提交委托收款凭证和有关债务证明。银行接到寄来的委托收款凭证及债务证明，审查无误后办理付款。其中，以银行为付款人的，银行应在当日将款项主动支付给收款人；以单位为付款人的，银行应及时通知付款人，按照有关办法规定，需要将有关债务证明交给付款人的应交给付款人，并签收。付款人应于接到通知的当日书面通知银行付款，付款人未在接到通知日的次日起3日内通知银行付款的，视同付款人同意付款。

3. 会计核算

收款人在办妥委托收款手续时，应借记“应收账款”科目，贷记“主营业务收入”、“应交税费——应交增值税（销项税额）”等科目。

付款人通知银行付款时，应借记 “原材料”、“应交税费——应交增值税（进项税额）”等科目，贷记“银行存款”科目。

（六）托收承付

1. 托收承付的基本知识

托收承付是指根据购销合同由收款人发货后委托银行向异地付款人收取款项，由付款人向银行承认付款的结算方式。使用托收承付结算方式的收款单位和付款单位，必须是国有企业、供销合作社以及经营管理较好，并经开户银行审查同意的城乡集体所有制工业企业。办理托收承付结算的款项，必须是商品交易以及因商品交易而产生的劳务供应的款项。代销、寄销、赊销商品的款项，不得办理托收承付结算。收款人办理托收，必须具有商品确已发运的证件及其他有效证件。托收承付结算每笔的金额起点为10 000元。新华书店系统每笔结算的金额起点为1 000元。

2. 托收承付的办理

托收承付结算款项的划回方法，分为邮寄和电报两种，由收款人选择使用。收款人按照签订的购销合同发货后，委托银行办理托收。收款人应将托收凭证并附发运证件或其他符合托收承付结算的有关证明和交易单证送交银行。收款人开户银行接到托收凭证及其附件后，应按照托收的范条件和托收凭证记载的要求认真审查，必要时还应查验收付款人签订的购销合同。审查时间最长不得超过次日。付款人开户银行收到托收凭证及其附件后，应及时通知付款人付款。承付货款的方式由收付款双方商量选用，并在购销合同中明确规定。

3. 会计核算

收款人在办妥托收手续时，应借记“应收账款”科目，贷记“主营业务收入”、“应交税费——应交增值税（销项税额）”等科目。

付款人通知银行付款时，应借记 “原材料”、“应交税费——应交增值税（进项税额）”等科目，贷记“银行存款”科目。

（七）信用卡

1. 信用卡的基本知识

信用卡存款是指企业为取得信用卡而存入银行信用卡专户的款项。信用卡是银行卡的一种。

信用卡按使用对象分为单位卡和个人卡。凡在中国境内金融机构开立基本存款账户的单位可申领单位卡。单位卡可申领若干张，持卡人资格由申领单位法定代表人或其委托的代理人书面指定和注销。单位卡账户的资金一律从其基本存款账户转账存入，不得交存现金，不得将销货收入的款项存入其账户。持卡人可持信用卡在特约单位购物、消费，但单位卡不得用于 10 万元以上的商品交易、劳务供应款的结算，不得支取现金。

信用卡按是否向发卡银行交存备用金分为贷记卡和准贷记卡。贷记卡是指发卡银行给予持卡人一定的信用额度，持卡人可在信用额度内先消费、后还款的信用卡。准贷记卡是指持卡人须先按发卡银行要求交存一定金额的备用金，当备用金账户余额不足支付时，可在发卡银行规定的信用额度内透支的信用卡。准贷记卡的透支期限最长为 60 天，贷记卡的首月最低还款额不得低于其当月透支余额的 10%。

2. 会计核算

付款人根据 POS 小票及有关凭证，应借记 “管理费用”等科目，贷记“银行存款”科目。

特约单位在每日营业终了，应将当日受理的信用卡签购单汇总，计算手续费和净计金额，并填写汇计单和进账单，连同签购单一并送存收单银行办理进账，应借记“银行存款”科目，贷记“主营业务收入”、“应交税费——应交增值税（销项税额）”等科目。

（八）国内信用证

1. 信用证的基本知识

国内信用证（简称信用证）是适用于国内贸易的一种支付结算方式，是开户银行依据申请人（购货人）的申请向受益人（销货方）开出的有一定金额、在一定限额内凭信用证规定的单据支付款项的书面承诺。

信用证结算方式只适用于国内企业之间商品交易产生的货款结算，并且只能用于转账结算，不得支取现金。

2. 信用证的办理

企业向银行申请开立信用证，应按规定向银行提交开证申请书、信用证申请人承诺书和购销合同。通知行收到信用证，应认真审核。审核无误的应填制信用证通知书，连同信用证交付受益人。受益人在交单期或信用证有效期内向开证行交单付款。

3. 会计核算

企业填写“信用证申请书”，将信用证保证金交存银行时，应根据银行盖章退回的“信用证申请书”回单，借记“其他货币资金——信用证保证金”科目，贷记“银行存款”科目。企业接到开证行通知，根据供货单位信用证结算凭证及所附发票账单，借记“物资采购”或“原材料”、“库存商品”、“应交税金——应交增值税（进项税额）”等科目，贷记“其他货币资金——信用证保证金”科目；将未用完的信用证保证金存款余额转回开户银行时，借记“银行存款”科目，贷记“其他货币资金——信用证保证金”科目。

收款人在收到款项时，应借记“应收账款”科目，贷记“主营业务收入”、“应交税费——应交增值税（销项税额）”等科目。

【小思考】

在上述结算方式中，哪些结算方式可以背书转让？哪些结算方式适用于异地结算？

三、银行存款收支的账务处理

企业应当设置银行存款总账和银行存款日记账，分别进行银行存款的总分类核算和序时核算。企业可以按照开户银行和其他金融机构、存款种类等设置“银行存款日记账”，由出纳人员根据审核无误的银行存款收付款凭证，按照业务的发生顺序逐日逐步登记。每日终了，应计算银行存款的结余数。“银行存款日记账”应定期与“银行对账单”核对，至少每月核对一次。

四、银行存款的清查

企业应定期或不定期地进行银行存款的清查，即企业银行存款日记账的账面余额与其开户银行转来的对账单进行核对。若双方余额不一致，除记账错误外，双方还可能存在未达账项。未达账项是指由于企业与银行取得有关凭证的时间不同，而发生的一方已经取得凭证登记入账，另一方由于未取得凭证尚未入账的款项。未达账项具体有以下四种情况：

（1）企业已收款入账，而银行尚未收款入账；

（2）企业已付款入账，而银行尚未付款入账；

（3）银行已收款入账，而企业尚未收款入账；

（4）银行已付款入账，而企业尚未付款入账。

对上述未达账项应编制“银行存款余额调节表”检查核对，如果没有记账错误，调节后的双方余额应相符。银行存款余额调节表只是为了核对账目，并不能作为调整银行存款账面余额的记账依据。对于银行已经入账而企业尚未入账的未达账项，一定要等到结算凭证到达企业后，才能进行账务处理。

【工作实例 1-4】某企业 9 月 30 日银行存款日记账余额为 80 000 元，银行对账单余额为 87 000 元。经逐笔核对，发现有以下未达账项：

（1）委托银行收款 9 000 元，银行已收到 A 公司货款并已入账，而企业尚未接到收款通知；

（2）本月水电费 1 800 元，银行已从该企业银行存款户中代为付出，而企业尚未接到付款通知，尚未入账；

（3）开出转账支票支付汪军差旅费 800 元，并已作存款减少入账，但持票人尚未到银行办理转账手续；

（4）企业送存银行 B 公司转账支票一张计 1 000 元，并已作增加存款入账，而银行尚未办理转账手续，未予入账。

根据上述资料编制“银行存款余额调节表”如表 1-1 所示。

表 1-1 银行存款余额调节表 单位：元

项　目	金　额	项　目	金　额
企业银行存款日记账余额	80 000	银行对账单余额	87 000
加：银行已收、企业未收款		加：企业已收、银行未收款	
1. 收到 A 公司货款	9 000	1. B 公司转账支票存款	1 000
减：银行已付、企业未付款		减：企业已付、银行未付款	
1. 支付水电费	1 800	1. 支付汪军差旅费	800
调节后存款余额	87 200	调节后存款余额	87 200

如果调节后的银行存款余额仍不相等，则应进一步逐笔核对，发现错账、漏账等，应予以更正。调节后的存款余额即为企业可以动用的实际存款额。

【小思考】

什么是企业可动用的实际存款额？

任务四 其他货币资金的核算

一、其他货币资金的内容

其他货币资金是指企业除库存现金、银行存款以外的各种货币资金，主要包括银行汇票存款、银行本票存款、信用卡存款、信用证保证金存款、存出投资款、外埠存款等。

（一）银行汇票存款

银行汇票存款是指由出票银行签发的，由其在见票时按照实际结算金额无条件支付给收款人或持票人的票据。银行汇票的出票银行为银行汇票的付款人。单位和个人各种款项的结算，均可使用银行汇票。银行汇票可以用于转账，填明“现金”字样的银行汇票也可以用于支取现金。

（二）银行本票存款

银行本票是指银行签发的，承诺自己在见票时无条件支付确定的金额给收款人或持票人的票据。单位和个人在同一票据交换区域需要支付的各种款项，均可使用银行本票。银行本票可以用于转账，注明“现金”字样的银行本票可以用于支取现金。

（三）信用卡存款

信用卡存款是指企业为取得信用卡而存入银行信用卡专户的款项。信用卡是银行卡的一种。信用卡按照使用对象分为单位卡和个人卡；按照信用等级分为金卡和普通卡；按照是否向发卡银行交存备用金分为贷记卡和准贷记卡。

（四）信用证保证金存款

信用证保证金存款是指采用信用证结算方式的企业为开具信用证而存入银行信用证保证金专户的款项。企业向银行申请开立信用证，应按规定向银行提交开证申请书、信用证申请人承诺书和购销合同。

（五）存出投资款

存出投资款是指企业已存入证券公司但尚未进行投资的资金。

（六）外埠存款

外埠存款是指企业为了到外地进行临时或零星采购，而汇往采购地银行开立采购专户的款项。该账户的存款不计利息、支付不收、付完清户，除了采购人员可以从中提取少量现金外，一律采用转账结算。

二、其他货币资金的账务处理

为了反映和监督其他货币资金的收支和结存情况，企业应当设置“其他货币资金”科目，借方登记其他货币资金的增加数，贷方登记其他货币资金的减少数，期末余额在借方，反映企业实际持有的其他货币资金。本科目应按其他货币资金的种类设置明细科目。除存出投资款以外的其他货币资金核算基本相同，下面仅以银行汇票存款介绍其他货币资金的核算。

（一）银行汇票存款

企业在填写“银行汇票申请书”并将款项交存银行，取得银行汇票后，根据银行盖章退回的申请书存根联，借记“其他货币资金——银行汇票存款”科目，贷记“银行存款”科目；企业使用银行汇票付款后，应根据发票、账单等有关凭证，借记“材料采购”、“原材料”等科目，贷记“其他货币资金——银行汇票存款”科目。如有余款或因汇票超过付款期限等原因而退回款项时，借记“银行存款”科目，贷记“其他货币资金——银行汇票存款”科目。企业收到银行汇票，填制进账单到开户银行办理款项入账手续时，根据进账单及销货发票等，借记“银行存款”科目，贷记“主营业务收入”等科目。

【工作实例 1-5】某企业采用银行汇票结算方式采购商品物资，有关业务如下：

（1）5 月 10 日，向银行提交“银行汇票申请书”并将款项 200 000 元交存开户银行，要求银行办理银行汇票并已取得汇票。

（2）企业持银行汇票去异地采购材料，取得的增值税专用发票上注明材料价款 150 000 元，增值税 25 500 元。

（3）企业收到银行转来的银行汇票多余款收账通知，银行汇票多余款项 24 500 元已退回企业开户银行。

任务处理如下。

（1）企业根据银行盖章退回的申请书存根联时：

借：其他货币资金——银行汇票存款	200 000	
贷：银行存款		200 000

（2）企业根据取得的增值税专用发票及有关凭证时：

借：材料采购	150 000	
应交税费——应交增值税（进项税额）	25 500	
贷：其他货币资金——银行汇票存款		175 500

（3）企业收到银行汇票多余款收账通知时：

借：银行存款	24 500	
贷：其他货币资金——银行汇票存款		24 500

【学中做 1-1】

假定【工作实例 1-5】中，企业采用银行本票结算方式采购商品物资，其他条件不变，请编制相应的会计分录，并比较两者的异同。

（二）存出投资款

企业向证券公司划出资金时，应按实际划出的金额，借记“其他货币资金——存出投资款”科目，贷记“银行存款”科目；在证券市场上购买股票、债券等时，借记“交易性金融资产”等科目，贷记“其他货币资金——存出投资款”科目。

【工作实例 1-6】3 月 18 日企业委托某证券公司从证券交易所购入上市公司股票 100 000 股，企业将其划分为交易性金融资产。该笔股票在购买日的公允价值为 2 000 000 元。

任务处理如下：

借：交易性金融资产——成本　　　　2 000 000

　　贷：其他货币资金——存出投资款　　　　2 000 000

三、其他货币资金的清查

企业应该开展其他货币资金的清查工作。对于外埠存款，应查明采购专户银行对账单的结余额与企业账面结存额是否相符，是否有挪用公款等非法行为发生。对于银行汇票存款和银行本票存款，也应定期核对，以防银行汇票和银行本票的丢失，并查明其付款的有效期限，防止逾期不能办理结算业务。对于信用卡存款应核实其余额，防止存款余额过低发生透支，并检查其具体用途，防止公款私用行为的发生。

项目小结

货币资金是指企业生产经营过程中处于货币形态的资产，包括库存现金、银行存款和其他货币资金。由于货币资金具有易接受性和最强的流动性的特点，我国对货币资金的管理制定了一套严格的制度。

库存现金是指存放于企业财会部门、由出纳人员经管的货币。库存现金是企业流动性最强的资产，企业应当严格遵守国家有关现金管理制度，正确进行现金收支的核算，监督现金使用的合法性和合理性。

银行存款是指企业存放在开户银行或其他金融机构账户的货币资金。企业应加强银行存款管理与控制。银行存款的收付应严格执行银行结算制度的规定。企业应定期或不定期地进行银行存款的清查，如果账实不符应及时查明原因。

其他货币资金是指企业除库存现金、银行存款以外的各种货币资金，主要包括银行汇票存款、银行本票存款、信用卡存款、信用证保证金存款、存出投资款、外埠存款等。企业应根据业务内容选择恰当的结算方法。

复习思考题

1. 企业可以用现金支付的业务有哪些？
2. 现金管理制度包括哪些内容？
3. 银行存款账户包括哪些内容？企业发放工资、交纳税款应使用什么账户？
4. 在清查库存现金时应注意什么问题？
5. 银行存款日记账余额和银行对账单核对结果不相等的原因有哪些？清查手段是什么？
6. 其他货币资金与银行存款的专用存款户有什么区别？
7. 其他货币资金核算一般包括哪些步骤？
8. 企业销售商品收到购买企业移交的银行汇票时，应如何进行账务处理？

项目二

存货的核算

知识学习目标

- 理解存货的概念及分类，充分认识到在传统企业中存货的重要性；
- 熟悉存货的确认条件，掌握存货的成本组成和初始计量；
- 掌握存货的可变现净值的确认，正确进行存货的期末计量。

能力学习目标

- 能充分认识存货在企业中的地位和作用，加强存货管理；
- 能针对不同企业的管理要求，采用适当的存货计价方法；
- 能及时、准确提供存货的信息，为实现零库存做好服务。

工作任务

- 存货的确认和计量；原材料的核算；其他存货的核算。

项目引例

中原汽车配件公司主要为汽车厂商提供汽车部件。2015年由于金融危机，汽车市场萎靡，销售价格也不断下降，企业濒于亏损，对部件库存量一压再压。2016年国家出台拉动内需、扶持国产汽车等优惠政策，市场一派繁荣，汽车部件价格不断上升，订货量不断攀升，企业苦于无货而加班加点生产满足市场需求。面对这些纷繁复杂、眼花缭乱的市场行情，库存量大亦忧，库存量小亦忧；价格涨亦忧，价格跌亦忧；会计人员何时而乐耶？！

提出问题：

（1）企业存货的发出计价方法有哪些？

（2）存货的发出计价方法对企业的损益有无影响？

（3）在物价起伏不定的情况下，企业应采用什么方法计价才能熨平对企业绩效的波动？

（4）在一个企业中，对于存货是否可以采用不同的计价方法？

（5）对于这种“过山车”式的价格波动，企业是否可以做点准备？

带着这些问题，让我们进入本项目的学习领域。

任务一 存货的确认和计量

一、存货的概念和确认

存货是指企业在日常活动中持有以备出售的产成品或商品、处在生产过程中的在产品、在生产过程或提供劳务过程中耗用的材料和物料等。

存货在制造业、商品流通业等类型企业中占有较大的比例，它经常处于购入、耗用和销售的过程中，是流动性较大、类别品种较多的一种资产项目。具体地讲，存货包括各类材料、在产品、半成品、产成品、商品以及包装物、低值易耗品等。

为了正确地进行存货的核算与管理，提供有用的会计信息，应对存货进行科学的分类，以便按照不同的类别采用不同的会计核算方法。

（一）存货按其经济内容分类

1. 原材料

原材料是指企业在生产过程中经加工改变其形态或性质并构成产品主要实体的各种原料及主要材料、辅助材料、外购半成品（外购件）、修理用备件、包装材料、燃料等。

2. 在产品

在产品是指企业正在制造、尚未完工的生产物，包括正在各个生产工序加工的产品、已完工但尚未检验或虽已检验但尚未办理入库手续的产品。

3. 半成品

半成品是指经过一定生产过程并已检验合格交付半成品仓库保管，但尚未制造完工成为产成品，仍需进一步加工的中间产品。

4. 库存商品

库存商品是指企业已经完成全部生产过程并验收入库，可以按照合同规定的条件销售给购货单位，或者从外部购买的准备出售的商品，包括库存产成品、外购商品、存放在门市部准备出售的商品、发出展览的商品以及寄存在外的商品等。此外，接受来料加工制造的代制品和为外单位加工修理的代修品，在制造或修理完成后验收入库的，也视同库存商品。

5. 周转材料

周转材料是指企业能够多次使用、逐渐转移其价值但仍保持原有形态不确认为固定资产的材料，包括包装物、低值易耗品，以及建筑工程使用的钢模板、木模板、脚手架等。

企业为建造固定资产等各项工程而储备的各种材料、企业的特种储备以及按国家指令专项储备的资产，不符合存货的定义，因此不能作为企业的存货进行核算。

（二）存货按其存放地点分类

1. 库存存货

库存存货是指已验收合格并入库的各种存货。

2. 在途存货

在途存货是指货款已经支付、正在运输途中的存货，以及已经运达企业但尚未验收入库的存货等。

3. 加工中存货

加工中存货是指本企业正在加工中的存货和委托其他单位加工的存货。

4. 委托代销存货

委托代销存货是指本企业委托其他单位代销的存货。

二、存货的确认条件

某个项目要确认为存货，首先要符合存货的定义，在此前提下，应当符合存货确认的两个条件：

（一）与该存货有关的经济利益很可能流入企业

存货作为一项重要的流动资产，对其确认，关键是判断该存货是否很可能给企业带来经济利益或所包含的经济利益是否很可能流入企业。通常，存货的所有权是存货包含的经济利益很可能流入企业的一个重要标志。例如，根据销售合同售出并取得现金或收取现金的权利，对于所有权已经转移的存货，因其所包含的经济利益已不能流入企业，因而不再作为企业的存货进行会计处理，即使该存货尚未运离企业。对于受托代销商品，在代销商品售出之前，所有权属于委托方，因而应作为委托方的存货处理。总之，企业在判断与存货相关的经济利益能否流入企业时，主要结合该项存货所有权的归属进行分析确定。

（二）该存货的成本能够可靠计量

成本是否能够可靠计量是资产确认的另一个基本条件。如果存货成本不能可靠计量，则不能确认为一项存货。例如，企业签订的购货合同，由于并未实际发生购货交易，不能可靠地确定其交易成本，因此就不能将合同内容确认为企业购买的存货。对于约定未来购入的商品，不作为企业的存货处理。

三、存货的计量

（一）初始计量

存货应当按照成本计量。这表明企业在持续经营的前提下，存货入账价值的基础即初始计量的基础是历史成本或者说实际成本。不同类别的存货，其成本构成内容不同。在实际中，存货成本包括采购成本、加工成本和其他成本。

1. 存货的采购成本

存货的采购成本包括购买价款、进口关税和其他税费、运输费、装卸费、保险费以及其他可归属于存货采购成本的费用。

其中，存货的购买价款是指企业购入的材料或商品的发票账单上列明的价款，但不包括按规定可以抵扣的增值税额。

存货的相关税费是指企业购买存货发生的进口关税、消费税、资源税和不能抵扣的增值税进项税额以及相应的教育费附加等应计入存货采购成本的税费。

其他可归属于存货采购成本的费用是指采购成本中除上述各项以外的可归属于存货采购的费用，如在存货采购过程中发生的仓储费、包装费、运输途中的合理损耗、入库前的挑选整理费用等。

【小思考】

企业购入100公斤材料，单价10元，运杂费50元。入库时发生短少2公斤，属于运输途中的合理损耗，则该批材料的实际成本为多少元?

2. 存货的加工成本

存货的加工成本包括直接人工以及按照一定方法分配的制造费用。

制造费用是指企业为生产产品和提供劳务而发生的各项间接费用。企业应当根据制造费用的性质，合理地选择制造费用分配方法。在同一生产过程中，同时生产两种或两种以上的产品，并且每种产品的加工成本不能直接区分的，其加工成本应当按照合理的方法在各种产品之间进行分配。

3. 存货的其他成本

存货的其他成本是指除采购成本、加工成本以外的，使存货达到目前场所和状态所发生的其他支出。例如，为特定客户设计产品所发生的设计费用，应计入存货成本的借款费用等。

商品流通企业在采购商品过程中发生的运输费、装卸费、保险费以及其他可归属于存货采购成本的费用等进货费用，应当计入存货采购成本，也可以先进行归集，期末根据所购商品的存销情况进行分摊。对于已售商品的进货费用，计入当期损益；对于未售商品的进货费用，计入期末存货成本。企业采购商品的进货费用金额较小的，可以在发生时直接计入当期损益。

根据《企业会计准则第1号——存货》的规定，企业发生的下列费用应当在发生时直接确认为当期损益，不计入存货成本：

（1）非正常消耗的直接材料、直接人工和制造费用；

（2）仓储费用（不包括在生产过程中，为达到下一个生产阶段所必需的费用）；

（3）不能归属于存货达到目前场所和状态的其他支出。

（二）后续计量

存货的后续计量是指发出存货成本的确定。由于各种存货是分次购入或分批生产形成的，同一项目的存货的单价或单位成本往往不同，要确定发出存货的成本，就要选择一定的计价方法。《企业会计准则第 1 号——存货》规定的计价方法有先进先出法、月末一次加权平均法、移动加权平均法或者个别计价法，以确定发出存货的实际成本。

在选用具体计价方法时需要注意，对于性质和用途相似的存货，应当采用相同的成本计算方法确定发出存货的成本。对于不能替代使用的存货、为特定项目专门购入或制造的存货以及提供劳务的成本，通常应当采用个别计价法确定发出存货的成本。

1. 先进先出法

先进先出法是假定“先购进的存货先出售或发出”，并根据这种假定的成本流转次序确定发出存货成本的一种方法。具体做法是：收入存货时，逐笔登记收入存货的数量、单价和金额；发出存货时，按照先进先出的原则逐笔登记存货的发出成本和结存金额。

【工作实例 2-1】某企业 3 月 1 日结存 A 材料 1 000 千克，单价 6 元。3 月 6 日和 18 日分别购进 A 材料 500 千克和 800 千克，每千克单价分别为 9 元和 10 元；3 月 10 日和 22 日分别发出 A 材料 700 千克和 500 千克。企业采用先进先出法核算，发出和结存材料的成本计算如表 2-1 所示。

表 2-1 原材料明细账

编号：×× 名：A 材料 规格：×× 单位：千克

××年		凭证号码	摘要	收入			付出			结存		
月	日			数量	单价	金额	数量	单价	金额	数量	单价	金额
3	1		上月结存							1 000	6	6 000
	6	×	购进	500	9	4 500				1 000 500	6 9	6 000 4 500
	10	×	发出				700	6	4 200	300 500	6 9	1 800 4 500
	18	×	购进	800	10	8 000				300 500 800	6 9 10	1 800 4 500 8 000
	22	×	发出				300 200	6 9	1 800 1 800	300 800	9 10	2 700 8 000
			本月合计	1 300		12 500	1 200		7 800	1 100		10 700

先进先出法可以随时结转发出成本，但成本计算工作比较烦琐，如果存货收发业务较多时，平时工作量大。采用先进先出法，使结存存货的成本接近于当前的物价水平，发出存货成本与当前的存货的市价有一定的差异。在物价上涨时期，会高估企业当期利润和期末存货价值。这种方法在食品经营企业中使用广泛。

2. 月末一次加权平均法

月末一次加权平均法是按每一种商品的数量和金额，计算每种商品的平均单价，再乘以每种商品的销售数量或库存数量，计算出商品销售成本和库存商品金额的一种方法。其计算公式如下：

$$\text{加权平均单价}=\frac{\text{月初库存存货的实际成本}+\sum\left(\text{本月某批进货的实际成本}\times\text{本月某批进货的数量}\right)}{\text{月初库存存货的数量}+\text{本月各批进货数量之和}}$$

$$\text{本月发出存货成本}=\text{本月发出存货数量}\times\text{加权平均单价}$$

$$\text{月末库存存货成本}=\text{月末库存存货数量}\times\text{加权平均单价}$$

在计算加权平均单价时，计算到小数点后的分值时，能够除尽，先计算谁都没有问题。如不能除尽，为了避免尾数的影响，一般可以按加权平均单价计算月末库存存货成本，然后再计算发出存货成本。

【工作实例 2-2】根据【工作实例 2-1】的资料，采用月末一次加权平均法计算过程，如表 2-2 所示。

表 2-2 原材料明细账

编号：×× 名：A 材料 规格：×× 单位：千克

××年		凭证号码	摘 要	收 入			付 出			结 存		
月	日			数量	单价	金额	数量	单价	金额	数量	单价	金额
3	1		上月结存							1 000	6	6 000
	6	×	购进	500	9	4 500				1 500		
	10	×	发出				700			800		
	18	×	购进	800	10	8 000				1 600		
	22	×	发出				500			1 100		
			本月合计	1 300		12 500	1 200		9 652.15	1 100	8.043 5	9 278.28

【小思考】

比较在先进先出法和月末一次加权平均法下的存货明细账，看看它们在登记上有什么不同？

根据上述资料计算：

$$加权平均单价=\frac{6\,000+4\,500+8\,000}{1\,000+500+800}=8.043\,5（元）$$

期末库存商品结存金额=1 100×8.043 5=8 847.85（元）

本月发出存货的实际成本=6 000+12 500−8 847.85=9 652.15（元）

采用月末一次加权平均法，只在月末计算一次加权平均单价，计算工作量小，会计处理比较简单。在市场价格波动时，计算的单位成本平均化，对存货成本的分摊较为折中。但是，这种方法平时无法从账面上提供发出和结存存货的单价及金额，不利于加强对存货的管理。这种方法适用于经营品种少或前后进价相差幅度较大的商品。

3. 移动加权平均法

移动加权平均法是指以每次进货的成本加上原有库存存货的成本，除以每次进货数量加上原有库存存货的数量，据以计算加权平均单位成本，作为在下次进货前各次发出存货成本依据的一种方法。计算公式如下：

$$移动加权平均单价=\frac{原有库存存货的实际成本+本次进货的实际成本}{原有库存存货数量+本次进货数量}$$

$$本月发出存货成本=\sum(本次发出存货数量′本次发货前存货的单位成本)$$

$$本月月末库存存货成本=月末库存存货数量′本月月末存货单位成本$$

【工作实例 2-3】根据【工作实例 2-1】的资料，采用移动加权平均法计算过程，如表 2-3 所示。

表 2-3 原材料明细账

编号：×× 名：A 材料 规格：×× 单位：千克

××年		凭证号码	摘要	收入			付出			结存		
月	日			数量	单价	金额	数量	单价	金额	数量	单价	金额
3	1		上月结存							1 000	6	6 000
	6	×	购进	500	9	4 500				1 500	7	10 500
	10	×	发出				700	7	4 900	800	7	5 600
	18	×	购进	800	10	8 000				1 600	8.50	13 600
	22	×	发出				500	8.50	4 250	1 100	8.50	9 350
			本月合计	1 300		12 500	1 200		9 150	1 100	8.50	9 350

根据上述资料计算：

（1）3 月 6 日移动加权平均单价=（6 000+4 500）÷（1 000+500）=7（元）

3 月 10 日发出材料的实际成本=700×7=4 900（元）

3 月 10 日结存材料的实际成本=800×7=5 600（元）

（2）3 月 18 日移动加权平均单价=（5 600+8 000）÷（800+800）=8.50（元）

3 月 22 日发出材料的实际成本=500×8.50=4 250（元）

3 月 22 日结存材料的实际成本=1 100×8.50=9 350（元）

（3）本月发出材料的实际成本=4 900+4 250=9 150（元）

【小思考】

比较在移动加权平均法和月末一次加权平均法下的存货明细账，看看它们在登记上有什么不同?

4. 个别计价法

个别计价法是指每次发出存货的实际成本按其购入时的实际成本分别计价的方法。也就是说，采用这种方法是假定存货的实际成本流转与实物流转相一致，按照各种存货，逐一辨认各批发出存货和期末存货所属的购进批别或生产批别，分别按其购入或生产时所确定的单位成本作为计算各批发出存货和期末存货成本。

采用个别计价法，计算发出存货的成本和期末存货的成本比较合理、准确，但这种方法的前提是需要对发出存货和结存存货的批次进行具体辨认，所以实际操作的工作量大。它通常适用于计量大宗商品以及需要单独记录其价值的贵重商品，如汽车、机床、珠宝首饰、艺术品等。

在实务中，为了管理的需要，企业通常还采用毛利率法和零售价法等来核算发出存货的成本。

（1）毛利率法是指根据本期销售净额乘以上期实际（或本期计划）毛利率匡算本期销售毛利，并据以计算发出存货和期末结存存货成本的一种方法。本方法常见于商业流通的批发企业。其计算公式如下：

销售净额=主营业务收入–销售折扣与折让

毛利率=销售毛利÷销售净额×100%

主营业务成本=销售净额×（1–毛利率）

期末库存存货成本=期初结存存货成本+本期购货成本–主营业务成本

【工作实例 2-4】某商业企业 10 月初库存商品 20 万元，本月购进 60 万元，本月销售 92 万元，销售折让 2 万元。上月毛利率为 30%，则 10 月份销售成本和期末结存商品的成本各为多少?

销售净额=920 000–20 000=900 000（元）

主营业务成本=900 000×（1–30%）=630 000（元）

期末库存存货成本=200 000+600 000–630 000=170 000（元）

（2）零售价法是指用成本占零售价的百分比计算期末存货成本的一种方法。该方法主要适用于商业零售企业。其计算步骤和计算公式如下：

$$成本率=\frac{月初存货成本+本期购货成本}{月初存货售价+本期购货售价}\times 100\%$$

期末存货成本=期末存货售价总额×成本率

本期销售成本=期初存货进价成本+本期购货进价成本–期末存货成本

【工作实例 2-5】繁华商场本年度 10 月份有关资料如下：期初存货成本 68 000 元，售价 100 000 元；本期购入存货成本 254 000 元，售价 360 000 元，本期销售收入为 400 000 元。则 10 月销售成本和期末结存商品的成本各为多少？

成本率=（68 000+254 000）÷（100 000+360 000）×100%=70%

期末存货成本=（100 000+360 000–400 000）×70%=42 000（元）

本期销售成本=68 000+254 000–42 000=280 000（元）

（3）售价金额核算法。在我国的会计实务中，商品零售企业广泛采用售价金额核算法。在售价金额核算法下，平时对商品的购进、储存、销售均按售价记账，售价与进价的差额通过“商品进销差价”科目核算，期末计算进销差价率和本期已销商品应分摊的进销差价，并据以调整本期销售成本。计算公式如下：

$$进销差价率=\frac{月初库存商品进销差价+本期购入商品进销差价}{月初库存商品售价+本期购入商品售价}\times 100\%$$

本期已销商品应分摊的进销差价=本期商品销售收入×进销差价率

本期销售商品的实际成本=本期商品销售收入–本期已销商品应分摊的进销差价

期末结存商品的实际成本=期初库存商品的售价金额×（1–进销差价率）

【工作实例 2-6】繁华商场本年度 10 月有关资料如下：期初存货售价 100 000 元，商品进销差价 32 000 元；本期购入存货售价 360 000 元，商品进销差价 106 000 元；本期销售收入为 400 000 元。则 10 月销售成本和期末结存商品的成本各为多少？

进销差价率=（32 000+106 000）÷（100 000+360 000）×100%=30%

本期已销商品应分摊的进销差价=400 000×30%=120 000（元）

本期销售商品的实际成本=400 000–120 000=280 000（元）

期末结存商品的实际成本=（100 000+360 000–400 000）×（1–30%）=42 000（元）

【小思考】

请比较零售价法和售价金额核算法两种计算方法，两者有何异同？

（三）期末计量

1. 存货期末计价方法

《企业会计准则第 1 号——存货》规定，“资产负债表日，存货应当按照成本与可变现净值孰低计量”。成本与可变现净值孰低法是指对期末存货按照成本与可变现净值两者之中较低者进行计价的方法。即当成本低于可变现净值时，期末存货按成本计价；当成本高于可变现净值时，期末存货按可变现净值计价。

这里讲的“成本”是指存货的历史成本，即按前面所介绍的以历史成本为基础的发出存货计价方法（如先进先出法等）计算的期末存货的实际成本。如果企业在存货成本的日常核算中采用简化核算方法（如计划成本法），则成本为经调整后的实际成本。“可变现净值”是指在日常活动中，存货的估计售价减去估计将要发生的成本、估计的销售费用以及相关税费后的金额。可变现净值的特征表现为存货的预计未来净现金流量，而不是存货的售价或合同价。

2. 存货减值迹象的判断

存货存在下列情况之一的，表明存货的可变现净值低于成本：

（1）该存货的市场价格持续下跌，并且在可预见的未来无回升的希望；

（2）企业使用该项原材料生产的产品的成本大于产品的销售价格；

（3）企业因产品更新换代，原有库存原材料已不适应新产品的需要，而该原材料的市场价格又低于其账面成本；

（4）因企业所提供的商品或劳务过时或消费者偏好改变，而使市场的需求发生变化，导致市场价格逐渐下跌；

（5）其他足以证明该项存货实质上已经发生减值的情形。

存货存在下列情形之一的，表明存货的可变现净值为零：

（1）已霉烂变质的存货；

（2）已过期且无转让价值的存货；

（3）生产中已不再需要并且已无使用价值和转让价值的存货；

（4）其他足以证明已无使用价值和转让价值的存货。

3. 可变现净值的确定

（1）确定存货可变现净值的影响等因素。

企业确定存货的可变现净值，应当以取得的确凿证据为基础，并且考虑持有存货的目的、资产负债表日后事项的影响等因素。

① 在对可变现净值加以确定时，应当以取得的确凿证据为基础。存货可变现净值的确凿证据，是指对确定存货的可变现净值有直接影响的客观证明，如产成品或商品的市场销售价格、与产成品或商品相同或类似商品的市场销售价格、销货方提供的有关资料和生产成本资料等。

② 应考虑持有存货的目的。由于企业持有存货的目的不同，确定存货的可变现净值的计算方法也不同。比如用于直接出售的存货和用于继续加工的存货，在计算可变现净值时明显存在差异。

③ 资产负债表日后事项的影响。如果企业在资产负债表日发生诉讼、重大灾害，都可能对存货的可变现净值产生影响。

（2）可变现净值的确定。

① 产成品、商品和用于出售的材料等直接用于出售的商品存货在正常生产经营过程中，应当以该存货的估计售价减去估计的销售费用和相关税费后的金额，确定其可变现净值。

② 需要经过加工的材料存货，在正常生产经营过程中，应当以所生产的产成品的估计售价减去至完工时估计将要发生的成本、估计的销售费用和相关税费后的金额，确定其可变现净值。

③ 为执行销售合同或者劳务合同而持有的存货，其可变现净值应当以合同价格为基础计算。

④ 资产负债表日，同一项存货中一部分有合同价格约定、其他部分不存在合同价格的，应当分别确定其可变现净值，并与其相对应的成本进行比较，分别确定存货跌价准备的计提或转回的金额。

【工作实例 2-7】某企业对期末存货采用成本与可变现净值孰低法计价。2016 年 12 月 31 日原材料的实际成本为 20 万元，预计进一步加工所需费用为 8 万元，预计销售费用及税金为 4 万元。该材料加工完成后的产品预计销售价格为 30 万元。

2016 年 12 月 31 日该项存货可变现净值=30–8–4=18（万元）

资产负债表日应计提的存货跌价准备=20–18=2（万元）

4. 计提存货跌价准备的方法

（1）按单个存货项目计提存货跌价准备。即将每个存货项目的成本与其可变现净值逐一进行比较，按较低者计量存货，并且按成本高于可变现净值的差额，计提存货跌价准备。

（2）按存货类别计提存货跌价准备。对于数量繁多、单价较低的存货，可以按照存货类别计提存货跌价准备。即按存货类别的成本总额与其可变现净值的总额进行比较，每个存货类别均取较低者确定存货价值。

（3）合并计提存货跌价准备。具有类似目的或最终用途，并在同一地区生产和销售的产品系列相关，且难以与其他项目分开计量的存货，可以合并计提存货跌价准备。

【工作实例 2-8】某企业有甲、乙两大类材料 A、B、C、D 四种存货，各种存货分别按三种计算方法确定期末存货的成本，如表 2-4 所示。

表 2-4 期末存货成本与可变现净值比较

单位：元

项 目	成 本	可变现净值	单项比较法	分类比较法	总额比较法
甲类存货	10 000	9 600		9 600	
A 存货	4 000	3 200	3 200		
B 存货	6 000	6 400	6 000		
乙类存货	20 000	20 800		20 000	
C 存货	8 000	9 200	8 000		
D 存货	12 000	11 600	11 600		
总计	30 000	30 400	28 800	29 600	30 000

由表 2-4 可知，单项比较法确定的期末存货成本最低，为 28 800 元；分类次之，为 29 600 元；总额比较法最高，为 30 000 元。相应地，计提的存货跌价准备分别为 1 200 元、400 元和 0 元。

5. 存货跌价准备的账务处理

企业应当定期或者至少于每年年度终了时对存货进行全面清查，如存货成本高于可变现净值的，按其差额计提存货跌价准备。如果以前减记存货价值的影响因素已经消失的，减记的金额应当予以恢复，并在原先计提的存货跌价准备的金额内转回，转回的金额计入当期损益。在资产负债表中，存货项目按照存货历史成本减去存货跌价准备的净额反映。

企业应设置“存货跌价准备”科目核算企业确认或转回的存货跌价准备。资产负债表日，存货发生减值的，按存货可变现净值低于成本的差额，借记“资产减值损失”科目，贷记本科目。已计提跌价准备的存货价值以后又得到恢复，应在原已计提的存货跌价准备金额内，按恢复增加的金额，借记本科目，贷记“资产减值损失”科目。发出存货结转存货跌价准备的，借记本科目，贷记“主营业务成本”、“生产成本”等科目。期末贷方余额，反映企业已计提单尚未转销的存货跌价准备。该科目可按存货项目或类别进行明细核算。

【工作实例 2-9】甲公司采用“成本与可变现净值孰低法”进行存货计价。有关资料如下：

（1）2015 年 6 月 30 日 A 材料的账面成本 280 000 元，可变现净值为 270 000 元。

（2）2015 年 12 月 31 日 A 材料的账面成本 300 000 元，可变现净值为 294 000 元。

（3）2016 年 6 月 30 日 A 材料的账面成本 290 000 元，预计的可变现净值为 298 000 元。

任务处理如下。

（1）2015 年 6 月 30 日计提存货跌价准备 10 000 元时：

借：资产减值损失　　10 000

　　贷：存货跌价准备——A 材料　　10 000

（2）2015 年 12 月 31 日 A 材料的可变现价值有所恢复，应计提的存货跌价准备为 6 000

元（300 000–294 000），则当期应冲减已计提的存货跌价准备 4 000 元（10 000–6 000）。会计分录如下：

借：存货跌价准备——A 材料　　4 000
　贷：资产减值损失　　4 000

（3）2016 年 6 月 30 日，企业应冲减存货跌价准备为 8 000 元（290 000–298 000），但是对该材料已计提的存货跌价准备只有 6 000 元，则当期应转回的存货跌价准备为 6 000 元。会计分录如下：

借：存货跌价准备——A 材料　　6 000
　贷：资产减值损失　　6 000

【学中做 2-1】

【工作实例 2-9】中，如果 A 材料的可变现净值分别为 270 000 元、301 000 元和 288 000 元，请你计算资产负债表日的存货跌价准备，并编制相应的会计分录。

任务二 原材料的核算

企业原材料的日常核算，可以按实际成本核算，也可以按计划成本核算。如果采用计划成本核算，会计期末应调整为实际成本。规模较小、存货品种简单、采购业务不多的企业，一般选用按实际成本进行核算。

一、按实际成本计价的原材料核算

原材料按实际成本核算，是指企业对原材料的收入、发出和结存，无论是明细分类核算还是总分类核算，全部按实际成本计价。

（一）账户设置

在实际成本法下，外购存货一般设置“在途物资”、“原材料”和“库存商品”科目进行核算。

1. “在途物资”科目

本科目核算企业采用实际成本（或进价）进行材料、商品等物资的日常核算、货款已付尚未验收入库的在途物资的采购成本。企业购入材料、商品，按企业购入材料、商品，按应计入材料商品采购成本的金额，借记本科目，按实际支付或应支付的金额，贷记“银行存款”、“应付票据”、“应付账款”等科目。所购材料、商品到达验收入库，借记“原材料”、“库存商品”等科目，贷记本科目。期末借方余额反映企业在途材料、商品等物资的采购成本。该科目可按供应单位和物资品种进行明细核算。

2. “原材料”科目

本科目核算企业采用库存的各种材料，包括原料及主要材料、辅助材料、外购半成品（外购件）、修理用备件（备品配件）、包装材料、燃料等的实际成本。企业购入材料并验收入库的材料，借记本科目，贷记“在途物资”科目；企业生产经营领用材料，借“生产成本”、“制造费用”、“销售费用”、“管理费用”等科目，贷记本科目。期末借方余额反映企业库存材料的实际成本。该科目可按材料的保管地点（仓库）、材料的类别、品种和规格等进行明细核算。

（二）外购原材料的账务处理

由于支付方式不同，外购存货入库的时间与付款的时间可能一致，也可能不一致。在会计处理上也有所不同。

1. 货款已经支付或已开出、承兑商业汇票，同时存货已验收入库

对于发票账单与外购存货同时到达的采购业务，企业在支付货款或已开出、承兑商业汇票，存货验收入库后，应根据发票账单等结算凭证确定的存货的实际成本，借记“原材料”、“库存商品”科目，根据取得的增值税专用发票上注明的增值税额，借记“应交税费——应交增值税（进项税额）”科目，按实际支付的款项或应付票据面值，贷记“银行存款”、“应付票据”等科目。

【工作实例 2-10】甲公司 3 月 5 日购进 C 材料一批，增值税专用发票上注明的价款为 6 000 元，增值税 1 020 元。全部款项已用转账支票付讫，材料已验收入库。会计分录如下：

借：原材料——C 材料　　6 000
　　应交税费——应交增值税（进项税额）　　1 020
　　贷：银行存款　　7 020

2. 货款已经支付或已开出、承兑商业汇票，存货尚未到达或尚未验收入库

对于已经支付货款或已开出、承兑商业汇票，但存货尚未到达或尚未验收入库的采购业务，应根据发票账单等凭证，借记“在途物资”、“应交税费——应交税费（进项税额）”科目，贷记“银行存款”、“应付票据”等科目。待存货验收入库时，借记“原材料”、“库存商品”科目，贷记“在途物资”科目。

【工作实例 2-11】乙公司购进 B 材料一批，有关资料如下：

（1）4 月 18 日，取得增值税专用发票上注明的价款 40 000 元，增值税 6 800 元；运费

200 元，增值税 22 元。价款采用汇兑方式支付，材料尚未到达。

（2）4 月 23 日，收到购入的 B 材料。

任务处理如下。

（1）4 月 18 日，采用汇兑方式支付价税款时：

借：在途物资——乙材料　　40 200

　　应交税费——应交增值税（进项税额）　　6 822

　　贷：银行存款　　47 022

（2）4 月 23 日，收到材料时：

借：原材料——乙材料　　40 200

　　贷：在途物资——乙材料　　40 200

3. 货款尚未支付，存货已经验收入库

在这种情况下，如果发票账单已到，按发票账单所记载的有关金额记账；如果发票账单未到，无法确定存货的实际成本时，月末应按暂估价值记账，下月初再用红字冲回，收到发票账单后再按照实际金额记账。即，对于存货已经达到并验收入库，但发票账单等结算凭证未到，货款尚未支付的采购业务，应于月末，按存货的暂估价值，借记“原材料”、“库存商品”科目，贷记“应付账款——暂估应付账款”科目。下月初用红字作同样的记账凭证予以冲回，以便以后付款或已开出、承兑商业汇票后，按正常程序借记“原材料”、“库存商品”、“应交税费——应交增值税（进项税额）”科目，贷记“银行存款”、“应付票据”等科目。

【工作实例 2-12】甲公司 3 月 31 日收到上海某公司发来的 B 材料 1 000 千克，并已验收入库。至月末仍未收到发票及结算凭证，企业按实际成本估价为 5 000 元。

任务处理如下。

（1）3 月 31 日估价入账时：

借：原材料——B 材料　　5 000

　　贷：应付账款——暂估应付账款　　5 000

（2）4 月 1 日，用红字分录转回时：

借：原材料——B 材料　　[5 000]

　　贷：应付账款——暂估应付账款　　[5 000]

【小思考】

上述会计分录能够编写为下列分录吗？为什么？

借：应付账款——暂估应付账款　　5 000

　　贷：原材料——B 材料　　5 000

4. 货款已经预付，存货尚未验收入库

采用预付货款的方式采购存货，应在预付存货价款时，按照实际预付金额，借记“预付账款”科目，贷记“银行存款”科目；已经预付货款的存货验收入库，根据发票账单等结算凭证确定的存货的实际成本，借记“原材料”、“库存商品”、“应交税费——应交增值税（进项税额）”科目，贷记“预付账款”科目；按补付金额，借记“预付账款”科目，贷记“银行存款”科目；退回多付的款项，借记“银行存款”科目，贷记“预付账款”科目。

【工作实例 2-13】根据与信达公司的购销合同规定，有关业务如下：

（1）4 月 16 日甲公司为购买 D 材料向信达公司预付 60 000 元货款，价款已经汇出。

（2）5 月 20 日收到信达公司发来的材料，并已验收入库。发票账单等有关凭证上注明的价款 80 000 元，增值税 13 600 元，对方代垫运费 400 元，增值税 44 元。5 月 23 日所欠价款以银行存款支付完毕。

任务处理如下。

（1）4 月 16 日，预付货款时：

借：预付账款——信达公司　　60 000

　　贷：银行存款　　60 000

（2）5 月 20 日，材料入库时：

借：原材料——D 材料　　80 400

　　应交税费——应交增值税（进项税额）　　13 644

　　贷：预付账款——信达公司　　94 044

（3）5 月 23 日补付货款时：

借：预付账款——信达公司　　34 044

　　贷：银行存款　　34 044

5. 存货在购买过程中发生溢缺的会计处理

若购入物资发生溢余、短缺、毁损，先通过“待处理财产损溢”科目核算，同时冲减物资的采购成本。对发生的存货溢缺，应及时查明原因，分别情况处理：

（1）属于定额内的损耗、毁损，不进行账务处理，只按实际入库数量登记存货明细账，提高单位成本，而总成本不变。

（2）属于供货单位、外部运输单位责任的，应根据索赔金额，借记“应付账款”、“其他应收款”科目，贷记“待处理财产损溢”科目。

（3）属于意外灾害造成的，在扣除由保险公司赔偿的部分列入损失借记“其他应收款”、“营业外支出”贷记“待处理财产损溢”科目。

【工作实例 2-14】甲公司购买 E 材料一批，有关资料如下：

（1）8月10日，购买E材料1 000千克，单价7元，价款7 000元，增值税1 190元；对方代垫运杂费200元，增值税22元，价款以银行存款支付，材料尚未达到。

（2）8月20日，收到E材料，实收990千克，短少10千克。经查明，短少材料属于运输途中的合理损耗。

任务处理如下。

（1）8月10日，购买E材料时：

借：在途物资——E材料　　7 200
　　应交税费——应交增值税（进项税额）　　1 212
　　贷：银行存款　　8 412

（2）8月20日，验收E材料时：

借：原材料——E材料　　7 200
　　贷：在途物资——E材料　　7 200

【学中做2-2】

【工作实例2-14】中，如果短少100千克，属于运输部门责任，应如何处理？

（三）发出原材料的账务处理

企业各生产单位、销售部门及有关部门领用的材料货商品具有种类多、业务频繁等特点。为了简化核算，可以在月末根据"领料单"、"限额领料单"或"发货单"中有关领用或销售部门加以归类汇总，据以编制记账凭证、登记入账。发出存货实际成本的确定，可以由企业根据各类存货的实际流转方式、企业管理要求、存货性质等实际情况，从上述先进先出法、加权平均法和个别计价法等方法中选择。为了保证年度内存货成本计算的一致性，每个企业在一个年度内一般只能采用一种方法，不得随意变更。如需变更，应在会计报表附注中予以说明。

企业生产经营领用原材料，按实际成本，借记"生产成本"、"制造费用"、"销售费用"、"管理费用"、"劳务成本"、"研发支出"、"在建工程"等账户，贷记"原材料"账户。

【工作实例2-15】某工业企业根据"发料凭证汇总表"的记录，5月基本生产车间为生产领用A材料230 000元，车间一般耗用3 000元，企业行政部门一般耗用4 000元，共计237 000元。会计分录为：

借：生产成本　　230 000
　　制造费用　　3 000
　　管理费用　　4 000
　　贷：原材料——A材料　　237 000

（四）投资者投入原材料

投资者投入的存货的成本，应当按照投资合同或协议约定的价值确定，但合同或协议约定价值不公允的除外。企业收到投资者投入的存货时，应借记“原材料”、“库存商品”科目，根据取得的增值税专用发票上注明的增值税额，借记“应交税费——应交增值税（进项税额）”科目，按以上两项金额合计数在注册资本中所占的份额，贷记“实收资本”（或“股本”）科目，按其差额，贷记“资本公积”科目。

【工作实例 2-16】企业接受某公司投入的 A 材料，双方协议按成本计价。该批材料的成本和计税价格均为40 000元，增值税6 800元。投资成本占本企业注册资本400 000元的 8%。会计分录为：

借：原材料——A 材料	40 000	
应交税费——应交增值税（进项税额）	6 800	
贷：实收资本		32 000
资本公积——资本溢价		14 800

二、按计划成本计价的原材料核算

计划成本法是指存货的日常收发及结存，无论总分类核算还是明细分类核算，均按照计划成本进行的方法。其特点是：平时对原材料的收发均采用计划成本核算，即对“原材料”明细账和总账均按计划成本登记；原材料的实际成本与计划成本的差异通过“材料成本差异”科目核算。月末，通过分配材料成本差异，发出材料的计划成本调整为实际成本。计划成本除有特殊情况应当调整外，在年度一般不作变动。

（一）账户设置

为了对存货按计划成本进行核算，会计上应设置“材料采购”科目、“原材料”科目和“材料成本差异”科目。

1. “材料采购”科目

“材料采购”科目用于核算企业采用计划成本进行日常核算而购入材料的采购成本。企业支付材料价款和运杂费等，按应计入材料采购成本的金额，借记本科目，按实际支付或应支付的金额，贷记“银行存款”、“库存现金”、“其他货币资金”、“应付票据”、“预付账款”等科目。涉及增值税进项税额时，还应进行相应的处理。期末，对于已经付款或开出、承兑商业汇票的收料凭证，应按实际成本和计划成本分别汇总，按计划成本，借记“原材料”、“周转材料”等科目，贷记本科目；按实际成本大于计划成本的差异，借记“材料成本差异”科目，贷记本科目；实际成本小于计划成本的差异做相反的会计分录。本科目期末借方余额，表示企业在途材料的实际成本。该科目可按供应单位和材料品种进行明细核算。

2.“原材料”科目

“原材料”科目用于核算库存各种材料的收发与结存的计划成本。借方核算入库材料的计划成本，贷方登记发出材料的计划成本，期末借方余额，反映企业库存材料的计划成本。

3.“材料成本差异”科目

“材料成本差异”科目用于核算企业采用计划成本进行日常核算的实际成本与计划成本的差额。入库材料发生的实际成本大于计划成本的差额（超支差异），借记“材料成本差异”科目，贷记“材料采购”科目；实际成本小于计划成本的差额（节约差异）做相反的会计分录。结转发出材料应负担的超支差异，借记“生产成本”、“制造费用”、“管理费用”、“委托加工物资”等科目，贷记本科目。如果应负担的是节约差异，做反方向会计分录。材料成本差异月末借方余额，反映企业库存材料的超支差异；如为贷方差异，反映库存材料的节约差异。该科目可按材料类别或品种进行明细核算。

（二）购入材料的账务处理

在计划成本法下，购入的原材料先要通过“材料采购”科目进行核算，材料实际成本与计划成本的差异通过“材料成本差异”科目核算。

【工作实例 2-17】新源公司对原材料采用计划成本进行材料核算，月初结存 A 材料 1 000 千克，计划单价 100 元/千克，计划总成本为 100 000 元，成本差异为超支 3 120 元，材料成本差异逐笔结转。4 月份发生业务如下：

（1）4 月 6 日，购进 A 材料 3 200 千克，增值税专用发票上注明的价款 300 000 元，增值税 51 000 元。价款以银行存款支付，材料已验收入库。

（2）4 月 10 日，购进 A 材料 800 千克，增值税专用发票上注明的价款 80 000 元，增值税 13 600 元；另支付运费 2 300 元，增值税 253 元。价款均以银行汇票支付。材料未到。

（3）4 月 18 日，采用商业承兑汇票支付购进的 A 材料 522 千克，货款 50 000 元，增值税 8 500 元，材料未到。

（4）4 月 24 日，收到 4 月 18 日购进的 A 材料，实收 520 千克，短少 2 千克，属于合理损耗。

（5）4 月 28 日，采用托收承付结算方式购入 A 材料一批，材料已验收入库，发票账单未到，月末按计划成本估价 20 000 元入账。

任务处理如下。

（1）4 月 6 日，购进 A 材料时：

借：材料采购　　300 000

　　应交税费——应交增值税（进项税额）　　51 000

　　贷：银行存款　　351 000

同时：

借：原材料——A 材料　　320 000

贷：材料采购　　　　　　　　　　　　　　　　　300 000

　　材料成本差异——A 材料　　　　　　　　　　20 000

（2）4 月 10 日，购进 A 材料时：

借：材料采购　　　　　　　　　　　　　82 300

　　应交税费——应交增值税（进项税额）　　13 853

　　贷：其他货币资金——银行汇票存款　　　　　96 153

（3）4 月 18 日，购进 A 材料时：

借：材料采购　　　　　　　　　　　　　50 000

　　应交税费——应交增值税（进项税额）　　8 500

　　贷：应付票据　　　　　　　　　　　　　　58 500

（4）4 月 24 日，收到 A 材料时：

借：原材料——A 材料　　　　　　　　　52 000

　　贷：材料采购　　　　　　　　　　　　　　50 000

　　　　材料成本差异——A 材料　　　　　　　　2 000

【小思考】

如果企业短少的原材料不属于合理损耗范围，而是属于运输单位责任，应如何处理？

（5）4 月 28 日，估价 20 000 元入账时：

借：原材料　　　　　　　　　　　　　　20 000

　　贷：应付账款——暂估应付账款　　　　　　20 000

下月初用红字冲回：

借：原材料　　　　　　　　　　　　　　20 000

　　贷：应付账款——暂估应付账款　　　　　　20 000

（三）材料发出的核算

月末，企业应根据领料单等原始凭证编制“发料凭证汇总表”，根据材料的用途，借记“生产成本”、“制造费用”、“管理费用”、“销售费用”、“委托加工物资”等科目，贷记“原材料”科目。

【工作实例 2-18】新源公司 4 月“发料凭证汇总表”列示发出 A 材料如下：产品生产领用 260 000 元，车间领用 10 000 元，管理部门领用 20 000 元。编制会计分录为：

借：生产成本　　　　　　　　　　　　　260 000

制造费用　　　　　　　　　　　　10 000

管理费用　　　　　　　　　　　　20 000

贷：原材料　　　　　　　　　　　　　　290 000

（四）月末分摊材料成本差异的核算

由于在计划成本法下，存货发出是按计划成本计算的，不符合历史成本的要求，按照会计制度规定，企业必须按月计算材料成本差异率，并分摊发出材料应负担的材料成本差异，将发出材料的计划成本还原成实际成本。

$$\text{材料成本差异率}=\frac{\text{月初结存材料成本差异}+\text{本期收入材料成本差异}}{\text{月初结存材料计划成本}+\text{本期收入材料计划成本}}\times 100\%$$

本期发出材料应负担的成本差异=本期发出材料计划成本×成本差异率

本期发出材料的实际成本=本期发出材料计划成本+发出材料应负担的成本差异

本期结存材料的实际成本=本期结存材料计划成本+结存材料应负担的成本差异

【工作实例 2-19】承【工作实例 2-17】和【工作实例 2-18】，新源公司月初“原材料”科目计划成本为 100 000 元，“材料成本差异”科目的借方余额为 3 120 元。本月入库材料的计划成本为 372 000 元，发出材料 290 000 元。则：

A 材料成本差异率=（3 120–22 000）÷（100 000+372 000）=–4%

发出材料应负担的差异=290 000×（–4%）=–11 600（元）

月末结存材料应负担的差异=182 000×（–4%）=–7 280（元）

编制会计分录为（或编制反方向会计分录）：

借：生产成本　　　　　　　　　　　　10 400

制造费用　　　　　　　　　　　　400

管理费用　　　　　　　　　　　　800

贷：材料成本差异——A 材料　　　　　　11 600

（五）原材料的明细分类核算

按计划成本进行材料核算的企业，应设置原材料明细账、材料采购明细账和材料成本差异明细账。

1. 原材料明细账

按计划成本计价的原材料明细账的设置与实际成本计价的存货明细账设置基本相同，所不同的是，由于原材料的收发都按固定的计划成本计价，因而这种材料明细账只记收入、发出和结存的数量，不记金额。月末，根据结存数量乘以计划单价就可以计算出结存材料的金额。原材料明细账如表 2-5 所示。

表 2-5　原材料明细账

材料类别：原料及主要材料　　　　　　　　　　材料名称：A 材料

计划单价：100 元/千克　　　　　　　　　　　计量单位：千克

××年		凭证		摘要	收入数量	发出数量	结存		稽核
月	日	字	号				数量	金额	
4	1	略	略	月初结存			1 000	100 000	
	6	略	略	购入	3 200		4 200		
	24	略	略	购入	520		4 720		
	30	略	略	发出		2 900	1 820	182 000	

2. 材料采购明细账

材料采购明细账一般采用横线登记法序时逐笔登记。同一次采购应在同一行进行登记，借以同时反映实际成本和计划成本。

3. 材料成本差异明细账

材料成本差异明细账用来反映各种材料的成本差异和差异率，为调整发出材料成本提供依据。材料成本差异明细账一般采用多栏式的专用账页，如表 2-6 所示。

表 2-6　材料成本差异明细账

材料类别：原料及主要材料　　　　　　　　　　材料名称：A 材料

××年		凭证		摘要	收入			差异率	发出		结存		
月	日	字	号		计划成本	借方差异	贷方差异		计划成本	贷方差异	计划成本	借方差异	贷方差异
4	1			月初余额							100 000	3 120	
	30			购入材料	372 000		22 000				472 000		18 880
	30			分摊差异				–4%	290 000	11 600	182 000		7 280

任务三　其他存货的核算

一、周转材料的核算

（一）周转材料的概念和内容

周转材料是指企业能够多次使用、逐渐转移其价值但仍保持原有形态且不确认为固定资产的材料，包括包装物、低值易耗品，以及建造承包商使用的钢模板、木模板、脚手架等。企业的包装物、低值易耗品较多的情况下，也可以单独设置“包装物”、“低值易耗品”

科目。

包装物是指为了包装本企业产品和商品而储备的各种包装容器，如桶、箱、瓶、坛、袋等。其范围包括：

（1）生产过程中用于包装产品作为产品组成部分的包装物；

（2）随同产品出售不单独计价的包装物；

（3）随同产品出售单独计价的包装物；

（4）出租或出借给购买单位使用的包装物。

企业的各种包装材料，如纸、绳、铁丝、铁皮等，应在“原材料”科目核算；用于储存和保管产品、材料而不对外出售的包装物，应按其价值的大小和使用年限的长短，分别在“固定资产”或“周转材料”或单设的“低值易耗品”科目核算。计划上单独列作企业商品产品的自制包装物，应作为“库存商品”科目处理。

为了核算企业周转材料的计划成本或实际成本，应设置“周转材料”科目，该科目应按周转材料的种类，分别按“在库”、“在用”、“摊销”进行明细核算。

（二）周转材料的账务处理

1. 周转材料取得的核算

对于购入、自制、委托外单位加工完成并验收入库的周转材料，比照“原材料”科目的相关规定进行处理。

2. 周转材料摊销的核算

对于企业领用的周转材料，应当采用一次转销法或者五五摊销法进行摊销；企业（建造承包商）的钢模板、木模板、脚手架和其他周转材料等，可以采用一次转销法、五五摊销法或者分次摊销法进行摊销。

（1）一次转销法。一次转销法是指在领用周转材料时，将其全部价值一次计入成本、费用的摊销方法。采用一次转销法的，领用时应按其账面价值，借记“管理费用”、“生产成本”、“制造费用”、“销售费用”等科目，贷记“周转材料”科目。

（2）分次摊销法。分次摊销法是指根据周转材料的账面价值和预计使用期限，将其价值分次摊入成本、费用的摊销方法。采用分次摊销法的，周转材料应设置“在库”、“在用”和 “摊销”进行明细核算。在领用时应按其账面价值，借记“周转材料——在用”科目，贷记“周转材料——在库”科目；摊销时，借记“管理费用”、“生产成本”、“制造费用”、“销售费用”等科目，贷记“周转材料——摊销”科目。周转材料报废时，应补提当期摊销额；按收回报废周转材料的残料价值，借记“原材料”科目，贷记“管理费用”、“生产成本”、“制造费用”、“销售费用”等科目。同时，转销全部已提摊销额，借记“周转材料——摊销”科目，贷记“周转材料——在用”科目。

（3）五五摊销法。五五摊销法是指周转材料在领用时先摊销其价值的一半，在报废时再摊销其价值的另一半的方法。其账务处理与分次摊销法基本相同，只是摊销的次数为两次。

【工作实例 2-20】金星公司对周转材料（低值易耗品）摊销采用五五摊销法，发生与周转材料有关的经济业务如下：

（1）2015 年 2 月 4 日，购入办公家具 10 件，总价值 4 000 元，增值税 680 元。价款已银行存款支付，家具已交付行政部门使用。

（2）2016 年 8 月 10 日，办公家具报废。收回残料价值 50 元。

任务处理如下。

（1）2015 年 2 月 4 日，购入办公家具时：

借：周转材料——在库（办公家具） 4 000

　　应交税费——应交增值税（进项税额） 680

　　贷：银行存款 4 680

（2）2015 年 2 月，领用办公家具时：

借：周转材料——在用（办公家具） 4 000

　　贷：周转材料——在库（办公家具） 4 000

借：管理费用 2 000

　　贷：周转材料——摊销（办公家具） 2 000

（3）2016 年 8 月 10 日，报废办公家具时：

借：管理费用 2 000

　　贷：周转材料——摊销（办公家具） 2 000

借：原材料 50

　　贷：管理费用 50

同时：

借：周转材料——摊销（办公家具） 4 000

　　贷：周转材料——在用（办公家具） 4 000

【学中做 2-3】

企业销售商品一批，售价 38 000 元，增值税 6 460 元，账面成本 22 000 元。领用包装物若干，成本 400 元。该包装物随同商品出售不单独计价。请完成下列任务：

（1）编制销售商品收入和结转销售成本的会计分录。

（2）编制领用包装物的会计分录。

（3）假定领用包装物作价 600 元，随同商品出售，应如何处理？

二、委托加工物资的核算

（一）委托加工物资核算的内容

委托加工物资是指企业委托外单位加工成新的材料或周转材料等。委托单位加工完成的存货以实际耗用的原材料或者半成品、加工费、运输费、装卸费等费用以及按规定应计入成本的税金，作为实际成本。

凡属加工物资收回后直接用于销售的，其所负担的消费税应计入加工物资成本；如果收回的加工物资用于连续生产的，其所负担的消费税应计入“应交税费——应交消费税”科目的借方，按规定用以抵扣加工的消费品销售后所负担的消费税。

为了反映和监督委托加工物资的增减变动及其结存情况，企业应设置“委托加工物资”科目。该科目核算企业委托外单位加工的各种材料、商品等物资的实际成本，借方登记委托加工物资耗用的原材料或者半成品实际成本、加工费、运输费、装卸费等费用以及按规定应计入成本的税金，贷方登记加工完成验收入库的物资的实际成本和剩余物资的实际成本，期末余额在借方，反映企业尚未完工的委托加工物资的实际成本。该科目可按加工合同、委托加工单位以及加工物资的品种等进行明细核算。

（二）委托加工业物资的账务处理

委托加工业务，在会计处理上主要包括发出物资、支付有关费用、支付税金和收回加工物资等四个环节。

【工作实例 2-21】东海公司委托丙公司加工一批商品（属于应税消费品），加工后直接用于销售，两公司均为增值税一般纳税人。有关经济业务如下：

（1）2 月 10 日，根据委托加工协议，发出材料一批，实际成本为 20 000 元。

（2）2 月 12 日，以现金支付运费 300 元，增值税 33 元。

（3）2 月 28 日，以银行存款支付加工费 7 000 元，增值税 1 190 元。

（4）3 月 10 日，支付委托加工物资消费税 3 000 元。

（5）3 月 18 日，收回委托加工的商品，公司办理验收入库手续。

任务处理如下。

（1）发出委托加工物资时：

借：委托加工物资——丙公司	20 000	
贷：原材料		20 000

（2）支付运费时：

借：委托加工物资——丙公司	300	
应交税费——应交增值税（进项税额）	33	
贷：库存现金		333

（3）支付加工费时：

借：委托加工物资——丙公司　　7 000
　　应交税费——应交增值税（进项税额）　　1 190
　　贷：银行存款　　8 190

（4）支付消费税时：

借：委托加工物资——丙公司　　3 000
　　贷：银行存款　　3 000

（5）收回委托加工的商品时：

借：库存商品　　30 300
　　贷：委托加工物资——丙公司　　30 300

【小思考】

如果将收回的物资用于连续生产应税消费品，那么委托加工物资的实际成本为多少？其账务处理有什么变化？

三、库存商品的核算

（一）库存商品的内容

库存商品是指企业已完成全部生产过程并已验收入库、合乎标准规格和技术条件，可以按照合同规定的条件送交订货单位，或可以作为商品对外销售的产品以及外购或委托加工完成验收入库用于销售的各种商品。

库存商品具体包括库存产成品、外购商品、存放在门市部准备出售的商品、发出展览的商品以及寄存在外的商品、接受来料加工制造的代制品和为外单位加工修理的代修品等。

已完成销售手续、但购买单位在月末未提取的产品，不应作为企业的库存商品，而应作为代管商品处理，单独设置代管商品备查簿进行登记。

库存商品可以采用实际成本核算，也可以采用计划成本核算，其方法与原材料类似。采用计划成本时，库存商品的实际成本与计划成本之间的差异，可单独设置“产品成本差异”科目核算。

为了反映和监督库存商品的增减变动及结存情况，企业应当设置“库存商品”账户，借方反映登记验收入库的库存商品成本，贷方登记发出的库存商品成本，期末余额在借方，反映各种尚未销售的库存商品的实际成本或计划成本。

（二）库存商品核算的内容

1. 商品验收入库

对于库存商品采用实际成本核算的企业，当库存商品生产完成并验收入库时，应按实际成本，借记“库存商品”科目，贷记“生产成本——基本生产成本”科目。

【工作实例 2-22】丽达公司“产品入库单”记录，8 月完工验收入库甲产品 20 000 件，实际单位成本为 10 元；乙产品 30 000 件，实际单位成本为 30 元。如表 2-7 所示。

表 2-7 产品入库单

2016 年 8 月 31 日　　凭证编号：168

用途：　　产成品库：1#仓库

产品名称	型号规格	计量单位	数量	单位成本（元）	总成本（元）
甲产品		件	20 000	10	200 000
乙产品		件	30 000	30	900 000

保管员：武卫　　仓库负责人：于立志　　复核：王慧

依据产品入库单，做如下账务处理：

借：库存商品——甲产品　　200 000
　　　　　　——乙产品　　900 000
　贷：生产成本——基本生产成本（甲产品）　　200 000
　　　　　　　——基本生产成本（乙产品）　　900 000

2. 商品销售

企业销售商品、确认收入时，应结转其销售成本，借记“主营业务成本”等科目，贷记“库存商品”科目。

【工作实例 2-23】丽达公司“产品出库单”记录，5 月份已销售甲产品 10 000 件，乙产品 20 000 件。甲产品的实际单位成本为 10 元，乙产品的实际单位成本为 30 元。如表 2-8 所示。

表 2-8 产品出库单

2016 年 8 月 30 日　　凭证编号：203

用途：　　产成品库：1#仓库

产品名称	型号规格	计量单位	数量	单位成本（元）	总成本（元）
甲产品		件	12 000	10	120 000
乙产品		件	20 000	30	600 000

保管员：武卫　　仓库负责人：于立志　　复核：王慧

依据产品出库单，做如下账务处理：

借：主营业务成本——甲产品　　120 000

　　　　　　　——乙产品　　600 000

　贷：库存商品——甲产品　　　　120 000

　　　　　　　——乙产品　　　　600 000

任务四 存货清查的核算

企业进行存货清查盘点时，应当编制“存货盘存报告单”，并将其作为存货清查的原始凭证。经过存货盘存记录的实存数与存货的账面记录核对，若账面存货小于实际存货，为存货的盘盈；反之为存货的盘亏。对于盘盈、盘亏的存货要先记入“待处理财产损溢”科目，期末应查明存货的盘盈、盘亏的原因，在期末结账前报经批准核销，处理完毕。

一、存货盘盈的会计处理

发生盘盈的存货经查明是由于收发计量或核算上的误差等原因造成的，应及时办理存货入账的手续，调整存货账的实存数，按盘盈存货的实际成本记入“待处理财产损溢”科目，期末再冲减管理费用。

【工作实例 2-24】A 公司在财产清查中盘盈乙材料 10 千克，单价 5 元，经查属于材料收发计量方面的差错。

任务处理如下。

（1）在未查明原因时：

借：原材料——乙材料　　50

　贷：待处理财产损溢　　　　50

（2）在查明原因时：

借：待处理财产损溢　　50

　贷：管理费用　　　　50

二、存货盘亏的会计处理

发生盘亏或毁损的存货，应按其实际成本转入“待处理财产损溢”科目。期末再根据造成盘亏或毁损的原因,分情况进行处理：

（1）属于自然损耗、管理不善导致定额内损耗的，应记入“管理费用”科目。

（2）对于入库的残料，应记入“原材料”科目。

（3）对于应由保险公司和过失人赔偿的，应记入“其他应收款”科目。

（4）属于非常损失的，在扣除赔偿和残值后的部分，列入“营业外支出”科目。

如果在期末结账前尚未查明原因尚未处理的，应在对外提供财务会计报告时，也应按上述规定处理完毕，待查明原因后进行调整。如果有关部门批准处理的金额与已处理的存货盘盈、盘亏或毁损的金额不一致，应当调整当期会计报表相关项目的年初数。

知识链接

非正常损失对增值税的影响

按照《增值税暂行条例》和《营业税改证增值税试点办法》的规定：非正常损失，是指因管理不善造成货物被盗、丢失、霉烂变质，以及因违反法律法规造成货物或者不动产被依法没收、销毁、拆除的情形。下列项目的进项税额不得从销项税额中抵扣：

（1）非正常损失的购进货物以及相关的加工修理修配劳务和交通运输服务；

（2）非正常损失的在产品、产成品所耗用的购进货物（不包括固定资产）、加工修理修配劳务和交通运输服务。

【工作实例 2-25】A 公司在财产清查中发现毁损丙材料 400 千克，单价 10 元，增值税 680 元。经查属于保管员的过失导致的，按规定由其个人赔偿 2 000 元，其余列入当期损益。

任务处理如下。

（1）在未查明原因时：

借：待处理财产损溢	4 680	
贷：原材料		4 000
应交税费——应交增值税（进项税额转出）		680

（2）在查明原因时：

借：其他应收款	2 000	
管理费用	2 680	
贷：待处理财产损溢		4 680

项目小结

存货是指企业在日常活动中持有以备出售的产成品或商品、处在生产过程中的在产品、在生产过程或提供劳务过程中耗用的材料和物料等，包括各类材料、在产品、半成品、产成品、商品以及包装物、低值易耗品等。作为存货，首先要符合存货的定义，同时要符合存货确认的两个条件：该存货包含的经济利益很可能流入企业；该存货的成本能够可靠计量。

存货应当按照实际成本计量。一般来说，存货成本包括采购成本、加工成本和其他成本。

企业应当采用先进先出法、加权平均法或者个别计价法确定发出存货的实际成本。存货的初始计量可以按实际成本核算，也可以按计划成本核算或其他方式核算，会计期末应调整为实际成本。

资产负债表日，存货应当按照成本与可变现净值中低者计量。在确定可变现净值时应考虑持有存货的目的、资产负债表日后事项的影响等因素。企业应当按单个存货项目计提存货跌价准备。必要时也可以按存货类别或合并计提存货跌价准备。以前减记存货价值的影响因素已经消失的，减记的金额应当予以恢复，并在原先计提的存货跌价准备的金额内转回，转回的金额计入当期损益。

企业存货的日常核算，既可以按实际成本核算，也可以按计划成本核算。如果采用计划成本核算，会计期末应调整为实际成本。规模较小、存货品种简单、采购业务不多的企业，一般选用按实际成本进行核算。

发生盘盈、盘亏或毁损的存货，应按其实际成本转入“待处理财产损溢”科目。期末再根据造成盘盈、盘亏或毁损的原因，分别情况进行处理。

复习思考题

1. 存货计价的实际成本和计划成本可以在一个企业内同时应用吗？

2. 在实际成本计价下，购入的商品物资是否必须通过“在途物资”科目核算？

3. “在途物资”科目和“材料采购”科目有什么不同？

4. 企业在委托加工物资过程中所发生的增值税和消费税，在什么情况下应计入委托加工物资成本？

5. 可变现净值与售价是不是一回事？

6. 企业转回存货跌价准备有什么规定？

7. 哪些包装物通过“周转材料”科目进行核算？

8. 什么是非正常损失？存货发生非正常损失后，其价格中包含的增值税应如何处理？

项目三

金融资产的核算

知识学习目标

- 熟悉金融资产的分类，正确划分不同类金融资产；
- 掌握交易性金融资产初始计量和后续计量；
- 掌握应收及预付款项的日常核算，掌握应收款项减值损失的核算；
- 熟悉持有至到期投资及可供出售金融资产的核算。

能力学习目标

- 能根据企业会计准则的要求，正确划分各种类型金融资产；
- 能对不同应收及预付款项加以区分，并完成会计核算；
- 能区分交易性金融资产、持有至到期投资及可供出售金融资产在会计核算中的差异。

工作任务

划分不同类型金融资产；交易性金融资产的核算；应收票据的核算；应收账款的核算；预付账款的核算；其他应收款的核算；应收款项减值的核算；持有至到期投资的核算；可供出售金融资产的核算。

项目引例

由于2015年中国股市指数不断攀升，牛市到来，市场一派繁荣！股民排队申请开户，成为世界股市历史一大亮点！华达公司也不甘示弱，于2015年6月投入1 000万元进入股市，当月实现收益100万元！这让企业上下一遍欢腾，奖金自然人人有份。公司为此专门指定王会计担任操盘手，每天进行股市交易，赚取价差收益。可是，好景不长，国家加强对股市泡沫的治理，企业持有的股市每天都缩水 5%以上。是卖出还是持有，公司高层专门召开会议进行讨论。不少人认为，“留得青山在，不愁没柴烧”。最后，公司决定“潜伏”，准备长期持有。

至 2016 年 5 月，中国股市由 5 500 多点下跌到 2 800 多点，缩水率一半以上。公司因此损失惨重，资金周转困难，财务危机不断出现，企业再次面临着“是卖出还是持有”的抉择。

提出问题：

（1）企业对持有的随时用于交易的股票应划归流动资产的哪一类？

（2）企业是否可以将划归为交易性金融资产的资产重新分类为可供出售金融资产？

（3）对于投资发生的损失，会计上应如何处理？

（4）在对股票投资与债券投资时，企业应如何进行分类？

带着这些问题，让我们进入本项目的学习领域。

任务一 金融资产的分类

一、金融资产的分类

金融资产是一切可以在有组织的金融市场上进行交易、具有现实价格和未来估价的金融工具的总称。它主要包括库存现金、应收账款、应收票据、贷款、垫款、其他应收款、应收利息、债权投资、股权投资、基金投资、衍生金融资产等。

企业应当结合自身业务特点和风险管理要求，将取得的金融资产在初始确认金融资产时划分为下列四类：① 以公允价值计量且其变动计入当期损益的金融资产；② 持有至到期投资；③ 贷款和应收款项；④ 可供出售金融资产。

二、金融资产的内容

（一）以公允价值计量且其变动计入当期损益的金融资产

此类金融资产可以进一步划分为交易性金融资产和直接指定为以公允价值计量，且其变动计入当期损益的金融资产。

（1）交易性金融资产，主要是指企业为了近期内出售的金融资产。比如，企业以赚取差价为目的的从二级市场购入的债权、股权、基金等。

（2）直接指定为以公允价值计量且其变动计入当期损益的金融资产，主要是指企业基于风险管理、战略投资需要等而将其直接指定为以公允价值计量且其公允价值变动计入当期损益的金融资产。

（二）持有至到期投资

持有至到期投资，是指到期日固定、回收金额固定或可确定，且企业有明确意图和能力持有至到期的非衍生金融资产。

（1）到期日固定、其回收金额固定或可确定，是指相关合同明确了投资者在确定的期间内获得或应收取现金流量的金额和时间。如：某债券投资，其到期日是确定的，在到期时应收取的本金和投资利息是固定的。

（2）有明确意图持有至到期，是指投资者在取得投资时意图就是明确的，除非遇到一些企业所不能控制的、预期不会重复发生且难以合理预计的独立事件，否则将持有至到期。

（3）有能力持有至到期，是指企业有足够的财务资源，并不受外部因素的影响将投资持有至到期。

企业应当在每个资产负债表日对持有至到期投资的意图和能力进行评价，发生变化的，应当将其重分类为可供出售金融资产进行处理。

（三）贷款和应收款项

贷款和应收款项是指在活跃市场中没有报价、回收金额固定或可确定的非衍生金融资产。对非金融企业持有的现金和银行存款、销售商品或提供劳务形成的应收款项、持有的其他企业债权等，只要符合贷款和应收款项的定义，就可以划分为这一类。

（四）可供出售金融资产

可供出售金融资产，是指初始确认时即被指定为可供出售的非衍生金融资产，以及没有划分为持有至到期投资、贷款和应收款项、以公允价值计量且其变动计入当期损益的金融资产。可供出售金融资产在活跃市场中应有报价或公允价值能够可靠计量。在活跃市场中没有报价、公允价值不能可靠计量的权益工具投资，不得指定为可供出售金融资产。

（五）不同类金融资产之间的重分类

企业在金融资产初始确认时对其进行分类后，不得随意变更。具体规定如下：

（1）企业在初始确认时将某金融资产划分为以公允价值计量且其变动计入当期损益的金融资产后，不能重分类为其他类金融资产；其他类金融资产也不能重分类为以公允价值计量且其变动计入当期损益的金融资产。

（2）持有至到期投资、贷款和应收款项、可供出售金融资产三类金融资产之间，也不得随意重分类。

（3）企业因持有意图或能力的改变，使某项投资不再适合划分为持有至到期投资的，应当将其重分类为可供出售金融资产。

企业将持有至到期投资在到期前处置或重分类，通常表明其违背了将投资持有至到期的最初意图。如果处置或重分类为其他类金融资产的金额相对于该类投资（企业全部持有至到期投资）在出售或重分类前的总额较大，则企业在处置或重分类后应立即将其剩余的持有至到期投资（全部持有至到期投资扣除已处置或重分类的部分）重分类为可供出售金融资产。

任务二 交易性金融资产的核算

一、科目设置

为了核算以公允价值计量且变动计入当期损益的金融资产的取得、收取现金股利或利息、处置等业务，企业应设置“交易性金融资产”、“公允价值变动损益”和“投资收益”等科目。

“交易性金融资产”科目，用来核算企业为了交易目的所持有的交易性金融资产的公允价值。企业持有的直接指定为以公允价值计量且其变动计入当期损益的金融资产也在本科目核算。该科目借方登记交易性金融资产的取得成本、资产负债表日其公允价值高于账面余额的差额等；贷方登记资产负债表日其公允价值低于账面余额的差额，以及企业出售交易性金融资产时结转的成本和公允价值变动损益。期末余额在借方，表示企业实际持有的交易性金融资产、直接指定为以公允价值计量且其变动计入当期损益的金融资产的公允价值。企业应当按照交易性金融资产的类别和品种，分别设置“成本”、“公允价值变动”等明细科目进行核算。

“公允价值变动损益”科目，用来核算企业交易性金融资产等公允价值变动而形成的应计入当期损益的利得和损失。该科目贷方登记资产负债表日企业持有的交易性金融资产等公允价值高于账面余额的差额；借方登记资产负债表日企业持有的交易性金融资产等的公允价值低于账面余额的差额。期末结转本年利润后，应无余额。

“投资收益”科目，用来核算企业持有交易性金融资产期间取得的投资收益以及处置交易性金融资产等实现的投资收益或投资损失。该科目贷方登记企业出售交易性金融资产等实现的投资收益；借方登记企业出售交易性金融资产等发生的投资损失。期末结转本年利润后，应无余额。

二、交易性金融资产的确认和计量

（一）交易性金融资产的取得

企业取得交易性金融资产时，应当按照该金融资产取得时的公允价值入账。取得交易性金融资产所支付价款中包含已宣告尚未发放的现金股利或已到付息期但尚未领取的债券利息的，应单独确认为应收项目，记入“应收股利”或“应收利息”科目。取得交易性金融资产所发生的相关交易费用应在发生时记入“投资收益”科目。

【工作实例 3-1】2016 年 1 月 20 日，甲公司委托某证券公司从证券交易所购入上市公司股票，并将其划分为交易性金融资产。该笔股票在购买日的公允价值为 200 000 元。另支付相关交易费用金额为 1 200 元。会计处理如下：

借：交易性金融资产——成本　　200 000
　　投资收益　　1 200
　　贷：其他货币资金——存出投资款　　201 200

【工作实例 3-2】2016 年 2 月 1 日，甲公司从证券交易所购入某公司股票，并将其划分为交易性金融资产。该股票在购买日的公允价值为 600 000 元，其中包含已宣告但尚未发放的现金股利 5 000 元。另支付相关交易费用 500 元。会计处理如下：

借：交易性金融资产——成本　　595 000
　　应收股利　　5 000
　　投资收益　　500
　　贷：其他货币资金——存出投资款　　600 500

（二）交易性金融资产持有期间收到的股利和利息

企业持有交易性金融资产期间收到的，属于取得交易性金融资产时已宣告尚未发放的现金股利或已到付息期尚未领取的债券利息，应作垫付资金的收回处理，借记“银行存款”科目，贷记“应收股利”或“应收利息”科目。

企业持有交易性金融资产期间对于被投资单位宣告发放的现金股利，或企业在资产负债表日按分期付息、一次还本债券投资的票面利率计算的利息收入，属于企业投资所得的，应确认为应收股利或应收利息，并计入投资收益。

【工作实例 3-3】A 公司以银行存款购入丙公司发行的公司债券，企业划分为交易性金融资产。有关业务如下：

（1）该债券已于 2016 年 1 月 1 日发行，面值 300 000 元，票面利率 4%，债券利息每半年年支付一次。

（2）2016 年 7 月 1 日，A 公司支付价款为 320 000 元，其中包含已到期尚未收到的债券利息 6 000 元，另支付交易费用 400 元。

（3）2016 年 7 月 5 日，甲公司收到该笔债券利息 6 000 元。

（4）2016 年 12 月 31 日，A 公司应计债券利息 6 000 元。

（5）2017 年 1 月 2 日收到利息 6 000 元。

任务处理如下。

（1）2016 年 7 月 1 日，购入丙公司债券时：

借：交易性金融资产——成本　　314 000

应收利息　　6 000
投资收益　　400
贷：银行存款　　320 400

【小思考】

比较【工作实例 3-2】和【工作实例 3-3】，为什么使用的贷方会计科目不同？

（2）2016 年 7 月 5 日，收到购买价款中包含的已宣告发放的债券利息时：

借：银行存款　　6 000
贷：应收利息　　6 000

（3）2016 年 12 月 31 日，确认债券投资的利息收入时：

借：应收利息　　6 000
贷：投资收益　　6 000

（4）2017 年 1 月 12 日，收到债券利息时：

借：银行存款　　6 000
贷：应收利息　　6 000

（三）交易性金融资产的期末计量

资产负债表日，交易性金融资产应当按照公允价值计量，公允价值与账面余额之间的差额计入当期损益（公允价值变动损益）。

【小思考】

资产负债表日是否对交易性金融资产进行减值测试，计提减值准备？

【工作实例 3-4】假定 A 公司购买的丙公司债券初始成本为 314 000 元；2016 年 12 月 31 日的市价为 318 000 元；2017 年 6 月 30 日的市价为 316 000 元。

任务处理如下。

（1）2016 年 12 月 31 日，确认公允价值变动损益时：

借：交易性金融资产——公允价值变动　　4 000
贷：公允价值变动损益　　4 000

（2）2017 年 6 月 30 日，确认公允价值变动损益时：

借：公允价值变动损益　　2 000
贷：交易性金融资产——公允价值变动　　2 000

（四）交易性金融资产的处置

出售交易性金融资产时，应当将该金融资产出售时的公允价值与其初始入账金额之间的差额确认为投资收益，同时调整公允价值变动损益。

【工作实例 3-5】2016 年 7 月 1 日，B 公司将其短期持有的 X 公司的股票出售。该股票在取得时的成本为 200 000 元，公允价值变动（贷方）2 000 元，出售收入为 236 000 元。

任务处理如下：

	借方	贷方
借：银行存款	236 000	
交易性金融资产——公允价值变动	2 000	
贷：交易性金融资产——成本		200 000
投资收益		38 000

同时：

	借方	贷方
借：投资收益	2 000	
贷：公允价值变动损益		2 000

知识链接

金融商品转让增值税的核算

2016 年 3 月 23 日，财政部、国家税务总局以财税〔2016〕36 号印发《关于全面推开营业税改征增值税试点的通知》及《营业税改征增值税试点有关事项的规定》。制度规定：金融商品转让按照卖出价扣除买入价后的余额为销售额。

转让金融商品出现的正负差，按盈亏相抵后的余额为销售额。金融商品实际转让月末，如产生转让收益，则按应纳税额借记“投资收益”等科目，贷记“应交税费——转让金融商品应交增值税”科目。若相抵后出现负差，可结转下一纳税期与下期转让金融商品销售额相抵，借记“应交税费——转让金融商品应交增值税”科目，贷记“投资收益”等科目。但年末时仍出现负差的，不得转入下一个会计年度。

金融商品的买入价，可以选择按照加权平均法或者移动加权平均法进行核算，选择后 36 个月内不得变更。

金融商品转让，不得开具增值税专用发票。

【学中做 3-1】

某企业 3 月 10 日以存出投资款购买 A 公司的股票 10 000 股，每股售价 5 元，另支付交易费用 50 元，企业将其划为交易性金融资产。6 月 30 日，该股票每股售价 6 元。7 月 18 日，将该股票全部出售，取得收入 61 200 元。请完成下列任务：

（1）编制3月10日购买股票的会计分录。
（2）编制6月30日交易性金融资产期末计量的会计分录。
（3）编制7月18日出售交易性金融资产的会计分录。

任务三 持有至到期投资的核算

一、科目设置

为了核算企业拥有的持有至到期投资，应设置“持有至到期投资”科目，并设置“成本”、“利息调整”、“应计利息”（适用于一次到期还本付息债券）三个二级科目。

“持有至到期投资——成本”科目，核算持有至到期投资的面值。

“持有至到期投资——利息调整”科目，核算持有至到期投资取得时发生的溢价或折价，以及溢价或折价的摊销。

“持有至到期投资——应计利息”科目，核算持有至到期投资持有期间应计的分期计息到期还本付息的债券利息。若为分期付息，到期还本债券，则需通过“应收利息”科目，不在本科目核算。

二、持有至到期投资的确认和计量

持有至到期投资的确认和计量主要应解决该金融资产初始成本的计量、实际利率的计算、摊余成本的确定、持有期间的收益确认及将其处置时损益的处理。

（一）初始计量

企业取得的持有至到期投资，应按该投资的面值，借记“持有至到期投资——成本”科目，按支付的价款中包含的已到付息期但尚未领取的利息，借记“应收利息”科目，按实际支付的金额，贷记“银行存款”，按其差额，借记或贷记 “持有至到期投资——利息调整”科目。

（二）后续计量

持有至到期投资应当以摊余成本进行后续计量。

持有至到期投资在持有期间应当按照摊余成本和实际利率计算确认利息收入，计入投资收益。实际利率应当在取得持有至到期投资时确定，在该持有至到期投资预期存续期间或适用的更短期间内保持不变。实际利率与票面利率差别较小的，也可按票面利率计算利息收入，计入投资收益。

处置持有至到期投资时，应将所取得价款与该投资账面价值之间的差额计入投资收益。

知识链接

金融资产的摊余成本，是指该金融资产的初始确认金额经下列调整后的结果：

（1）扣除已收回的本金；

（2）加上或减去采用实际利率法将该初始确认金额与到期日金额之间的差额进行摊销形成的累计摊销额；

（3）扣除已发生的减值损失。

实际利率是指将金融资产在预期存续期间或适用的更短期间内的未来现金流量，折现为该金融资产当前账面价值所使用的利率。在确定实际利率时，应当在考虑金融资产所有合同条款的基础上预计未来现金流量，但不应当考虑未来信用损失。

（三）持有至到期投资出售

出售持有至到期投资，应按实际收到的金额，借记“银行存款”等科目，按其账面余额，贷记“持有至到期投资——成本、利息调整、应计利息”科目，按其差额，贷记或借记“投资收益”科目。已计提减值准备的，还应同时结转减值准备。

【工作实例 3-6】2015 年 1 月 1 日，甲公司支付价款 101 900 元从活跃市场上购入某公司 3 年期债券，面值 100 000 元，票面利率 6%，到期一次还本付息。甲公司在购买该债券时，准备持有至到期。购入该债券时的市场利率为 5%。

根据以上数据，任务处理如下。

（1）编制持有至到期投资利息调整计算表，如表 3-1 所示。

表 3-1 持有至到期投资利息调整计算表

年份	期初摊余成本（A）	实际利息 B（按 5%计算）	现金流入（C）	期末摊余成本（D=A+B-C）
2015	101 900	5 095	—	106 995
2016	106 995	5 350	—	112 345
2017	112 345	5 655	118 000	0

（2）编制相关会计分录。

1）2015 年 1 月 1 日购入债券时：

借：持有至到期投资——成本　　100 000

　　　　　　　　——利息调整　　1 900

　贷：银行存款　　101 900

2）2015 年 12 月 31 日确认利息收入时：

借：持有至到期投资——应计利息　　6 000

　　贷：投资收益　　5 095

　　　　持有至到期投资——利息调整　　905

3）2016 年 12 月 31 日确认利息收入时：

借：持有至到期投资——应计利息　　6 000

　　贷：投资收益　　5 350

　　　　持有至到期投资——利息调整　　650

4）2017 年 12 月 31 日确认利息收入时：

借：持有至到期投资——应计利息　　6 000

　　贷：投资收益　　5 655

　　　　持有至到期投资——利息调整　　345

5）2018 年 1 月 1 日收到债券本息时：

借：银行存款　　118 000

　　贷：持有至到期投资——成本　　100 000

　　　　　　　　　　——应计利息　　18 000

【学中做 3-2】

在【工作实例 3-6】中，如果企业购入的是分期付息、到期还本的债券，购入价格为 102 719 元。请完成下列任务：

（1）编制购入债券的会计分录；

（2）编制 2015 年、2016 年和 2017 年年末确认利息收入和利息调整的会计分录；

（3）编制 2016 年和 2017 年年初收到利息，以及 2018 年年初收到本金和最后一期利息分录。

任务四　应收及预付款项的核算

一、应收及预付款项的内容

应收及预付款项是指企业在日常生产经营的过程中发生的各项债权，包括应收款项和预付款项。应收款项包括应收账款、应收票据和其他应收款。预付款项是指企业因购买商品或接受劳务等而预先支付给有关单位的款项，如预付账款等。

企业一般对外销售商品或提供劳务形成的应收债权，通常应按从购买方应收的合同或协议价款作为初始确认金额。

应收款项应当以摊余成本进行后续计量。企业收回或处置应收款项时，应将取得的价款与该应收款项账面价值之间的差额计入当期损益。

二、应收票据的核算

应收票据是指企业因销售商品、提供劳务等而收到的商业汇票。

为了反映和监督应收票据的取得、收回等经济业务，企业应设置“应收票据”科目。该科目借方登记取得的应收票据的面值和计提的利息，贷方登记到期收回票款或到期前向银行贴现的应收票据的票面金额，期末余额在借方，反映企业尚未收回且未申请贴现的应收票据的面值和应计利息。

企业还应当设置“应收票据备查簿”，逐笔登记商业汇票的种类、号数和出票日、票面金额、交易合同号和付款人、承兑人、背书人的姓名或单位名称、到期日、背书转让日、贴现日、贴现率和贴现净额以及收款日和收回金额、退票情况等资料。

（一）取得应收票据

应收票据取得的原因不同，其会计处理亦有不同。企业因销售商品、提供劳务等而收到的开出、承兑的商业汇票，按商业汇票的票面金额，借记“应收票据”科目，按确认的营业收入，贷记“主营业务收入”等科目，涉及增值税销项税额的，还应贷记“应交税费——应交增值税（销项税额）”科目。企业收到付款人因抵偿所欠购货款而签发的商业汇票时，应借记“应收票据”科目，贷记“应收账款”科目。

（二）背书转让应收票据

企业将持有的商业汇票背书转让以取得所需物资，按应计入取得物资成本的金额，借记“材料采购”、“原材料”、“库存商品”等科目，按商业汇票的票面金额，贷记“应收票据”科目，如有差额，借记或贷记“银行存款”等到科目，涉及增值税进项税额的，还应借记“应交税费——应交增值税（进项税额）”科目。

（三）应收票据贴现

贴现是指以未到期票据向银行融通资金，银行按票据的应收金额扣除一定期间的利息后的余额付给企业的融资行为。

1. 应收票据贴现额的计算

$$贴现息=票据到期值\times贴现率\times贴现期$$

$$贴现额=票据到期值-贴现息$$

公式中，贴现率由银行统一制定。如果属于不带息票据，票据到期值就是面值。我国的票据一般均为不带息票据。贴现期通常是指从贴现日至票据到期日前 1 日的时期。计算时以实际日历天数计算到期日及利息，到期日那天不计息，称为“算头不算尾”。

【工作实例 3-7】企业收到一张 6 个月的不带息商业汇票，面值 180 000 元，出票日为 3 月 18 日，到期日为 9 月 18 日。企业准备于 6 月 1 日持往银行贴现，贴现率为 7.2%。

任务处理如下：

（1）计算贴现期。贴现期为 109 天（6 月 30 天，7 月 31 天，8 月 31 天，至 9 月 18 天共计 110 天。按“算头不算尾”办法计算贴现期为 109 天。）

（2）计算贴现息及贴现额：

贴现息=票据到期值×贴现率×贴现期=180 000×7.2%×109÷360=3 924（元）

贴现额=票据到期值−贴现息=180 000−3 924=176 076（元）

2. 应收票据贴现的账务处理

企业将未到期的商业汇票向银行贴现，应按实际收到的金额，借记“银行存款”科目，按贴现息部分，借记“财务费用”科目，按商业汇票面值，贷记“应收票据”科目。

【学中做 3-3】

请根据【工作实例 3-7】的计算结果，编制应收票据贴现的会计分录。

（四）应收票据到期收回

商业汇票到期，应分别以下情况处理：

（1）商业汇票到期，应按实际收到的金额，借记“银行存款”科目，按商业汇票的票面金额，贷记“应收票据”科目。

（2）因付款人无力支付票款，收到银行退回的商业承兑汇票、委托收款凭证、未付票据款通知书拒绝付款证明等，按应收票据的票面金额，借记“应收账款”科目，贷记“应收票据”科目。

【工作实例 3-8】某企业本年发生与应收票据有关的业务如下：

（1）3 月 10 日，销售商品一批，开出的增值税专用发票上注明价款 20 000 元，增值税 3 400 元，收到对方开来的不带息的商业汇票，面值 23 400 元。

（2）4 月 15 日，收到乙公司签发并承兑的商业汇票一张，面值 50 000 元，用于抵偿以前欠本企业的货款。

（3）4 月 22 日，企业从甲公司购入材料一批，取得的增值税专用发票上注明价款 50 000 元，增值税 8 500 元。企业将其持有的乙公司签发的面值 50 000 元的商业汇票背书转让给甲公司，同时以银行存款补付差额。材料已验收入库。

（4）6 月 10 日，企业持有的面值 23 400 元的商业汇票到期，收回票款。

任务处理如下。

（1）3 月 10 日，销售商品，收到商业汇票时：

借：应收票据	23 400	
贷：主营业务收入		20 000
应交税费——应交增值税（销项税额）		3 400

（2）4 月 15 日，收到乙公司抵债的商业汇票时：

借：应收票据	50 000	
贷：应收账款		50 000

（3）4 月 22 日，商业汇票背书转让时：

借：原材料	50 000	
应交税费——应交增值税（进项税额）	8 500	
贷：应收票据		50 000
银行存款		8 500

（4）6 月 10 日，商业汇票到期收回票款时：

借：银行存款	11 800	
贷：应收票据		11 800

【小思考】

如果企业到期无法收回票款，会计上应如何处理？

三、应收账款的核算

（一）应收账款的范围

应收账款是指企业因销售商品、提供劳务等，应向购货单位或接受劳务单位收取的款项，包括企业销售商品或提供劳务等应向有关债务人收取的价款、增值税，以及为购货单位代垫的包装费、运杂费等。在确认应收账款的初始金额时，应当考虑有关的折扣因素。

应收账款通常是由企业赊销活动引起的，因此，应收账款的确认时间与收入的确认标准密切相关，应收账款应于收入实现时确认。

（二）应收账款的计价

应收账款的计价是指应收账款入账金额的确认。在通常情况下，应收账款应按买卖双方成交时的实际金额计价入账。但是在商业活动中由于存在商业折扣、现金折扣、销货退回与折让等，会使交换价格发生变动，从而影响应收账款价值的确定。

1. 商业折扣

商业折扣是指企业为了鼓励客户多购商品而在商品标价上给予的优惠。商业折扣采用百分数表示。由于商业折扣一般在交易发生时已确定，它影响实际的销售价格，因此，应收账款应按扣除商业折扣后的金额入账。

2. 现金折扣

现金折扣是指企业为了鼓励债务人在规定的期限内及早付款，而向债务人提供的债务扣除。

现金折扣通常用“折扣率/付款期限”来表示。如：“2/10、1/20、*n*/30”分别表示：如果客户在 10 天内付款，企业按售价给予客户 2%的折扣；如果客户超过 10 天，在 20 天内付款，企业按售价给予客户 1%的折扣；如果客户超过 20 天，在信用期内付款（信用期为 30 天），企业将不给予折扣。

现金折扣一般在债务人付款时才发生，因此，现金折扣不影响销售商品或提供劳务所产生的应收账款的入账金额。我国《企业会计准则》规定对现金折扣采用总价法核算。发生的现金折扣应作为销货方的理财支出，计入财务费用的借方。

（三）应收账款的账务处理

为了反映应收账款的增减变动以及结存情况，企业应设置“应收账款”科目。该科目借方登记应收账款的增加数，贷方登记应收账款的收回以及确认的坏账损失，如果期末余额在借方，反映企业尚未收回的应收账款；如果期末余额在贷方，反映企业预收的账款。

【工作实例 3-9】某企业属于增值税一般纳税人，增值税基本税率为 17%。5 月发生与应收账款有关的业务如下：

（1）4 日，销售一批商品给甲公司，增值税专用发票上注明价款 60 000 元，增值税 10 200 元，代垫运费 555 元（含税，税率为 11%）。货款尚未收到。

（2）8 日，销售一批商品给乙公司，按价目表标明的价格计算的金额为 180 000 元，由于成批购进，决定给予购货方 10%的商业折扣。

（3）11 日，销售一批商品丙公司，增值税专用发票上注明价款 80 000 元，增值税 13 600 元。双方签订的交易合同中规定了现金折扣条款：2/10、*n*/30。假定计算现金折扣时不考虑增值税。

（4）15 日，企业收到甲公司支付的购货款。

（5）21 日，企业收到丙公司支付的购货款。

（6）假定，丙公司于 5 月 31 日支付价款，会计上如何处理？

任务处理如下。

（1）4 日赊销商品时：

借：应收账款	70 755	
贷：主营业务收入		60 000
应交税费——应交增值税（销项税额）		10 200
银行存款		555

(2) 8 日赊销商品时：

借：应收账款　　189 540

　　贷：主营业务收入　　162 000

　　　　应交税费——应交增值税（销项税额）　　27 540

(3) 11 日赊销商品时：

借：应收账款　　93 600

　　贷：主营业务收入　　80 000

　　　　应交税费——应交增值税（销项税额）　　13 600

(4) 15 日收到销售货款时：

借：银行存款　　70 755

　　贷：应收账款　　70 755

(5) 21 日收到销售货款时：

借：银行存款　　92 000

　　财务费用　　1 600

　　贷：应收账款　　93 600

(6) 如果付款人在 10 天以后，则收款企业不提供现金折扣：

借：银行存款　　93 600

　　贷：应收账款　　93 600

四、预付账款的核算

预付账款是指企业按照购货合同规定，预付给销货单位的款项。企业预付账款后有权要求销货方按照购货合同规定发货。

为了核算和监督预付账款的增减变动情况，企业应设置“预付账款”科目。该科目借方登记预付的款项和补付的款项，贷方登记收到采购货物时发票金额冲销的预付账款以及因预付货款多余而退回的款项。期末余额一般在借方，反映企业实际预付的款项。

预付款项不多的企业，可以不设“预付账款”科目，而直接在“应付账款”科目核算。但企业在编制“资产负债表”时，应当将“预付账款”科目和“应付账款”科目分别反映。

企业的预付账款，如有确凿证据表明其不符合预付账款的性质，或因销货单位破产、撤销等原因，已无望收到所购货物的，应将原计入预付账款的金额转入“其他应收款”科目。

【工作实例 3-10】企业 2016 年 6 月 6 日与销售方签订购销合同，根据合同规定预付货款 60 000 元。2016 年 8 月 8 日收到所购商品，取得的增值税专用发票上注明价款 40 000 元，增值税 6 800 元。8 月 10 日，收到退回的多余款。

任务处理如下。

（1）6 月 6 日预付款项时：

借：预付账款　　60 000

　　贷：银行存款　　60 000

（2）8 月 8 日收到所购商品时：

借：库存商品　　40 000

　　应交税费——应交增值税（进项税额）　　6 800

　　贷：预付账款　　46 800

（3）8 月 10 日余款退回时：

借：银行存款　　13 200

　　贷：预付账款　　13 200

五、其他应收款的核算

其他应收款是指企业除应收票据、应收账款、预付货款以外的其他各种应收、暂付款项。包括应收的各种赔款、罚款；应收的出租包装物的租金；应向职工收取的代付款项；备用金；存出保证金；预付账款转入；其他各种应收、暂付款。

为了反映其他应收款的增减变动和结存情况，企业应当设置“其他应收款”科目。该科目借方登记其他应收款的增加数，贷方登记其他应收款的收回，期末余额在借方，表示尚未收回的其他应收款。

【工作实例 3-11】某企业发生与其他应收款有关的业务如下：

（1）企业期末在财产清查中发现存货盘亏，按保险合同规定应由保险公司赔偿 20 000 元。

（2）企业为职工垫付的应由职工负担的水电费 5 000 元，从职工工资中扣回。

（3）企业租入包装物一批，以银行存款支付押金 6 000 元。

任务处理如下。

（1）确认应收保险公司赔偿款时：

借：其他应收款　　20 000

　　贷：待处理财产损溢——待处理流动资产损溢　　20 000

（2）从职工薪酬中扣除水电费时：

借：应付职工薪酬　　5 000

　　贷：其他应收款　　5 000

（3）支付租入包装物押金时：

借：其他应收款　　6 000

　　贷：银行存款　　6 000

六、应收款项减值的核算

（一）应收款项发生减值判断

企业应在资产负债表日对应收款项的账面价值进行减值测试，有确凿证据表明应收款项发生减值的，应当对该应收款项计提坏账准备，确认当期减值损失。应收款项的减值损失也称为坏账损失。

企业对应收款项进行减值测试，应根据本单位的实际情况分为单项金额重大和非重大的应收款项分别进行。对于单项金额重大的应收款项，应当单独进行减值测试。有客观证据表明其发生了减值的，应当根据其未来现金流量现值低于其账面价值的差额，确认减值损失，计提坏账准备。对于单项金额非重大的应收款项以及单独测试后未发生减值的单项金额重大的应收款项，应当采用组合方式进行减值测试，分析判断是否发生减值。

（二）应收款项减值的账务处理

为了反映企业坏账准备的计提、转销等情况，企业应设置“坏账准备”科目。该科目贷方登记当期计提的坏账准备额以及已确认再次收回所转回的坏账准备额，借方登记当期冲销的坏账准备额以及实际发生坏账损失的金额。期末余额一般在贷方，表示企业已经提取但尚未转销的坏账准备。

企业计提坏账准备时，借记“资产减值损失”科目，贷记“坏账准备”科目；冲销多提的坏账准备时，借记“坏账准备”科目，贷记“资产减值损失”科目；实际发生坏账损失时，借记“坏账准备”科目，贷记“应收账款”等科目；已确认的坏账再次收回时，借记“应收账款”科目，贷记“坏账准备”科目，同时，借记“银行存款”科目，贷记“应收账款”等科目。

计提坏账准备的计算公式：

当期期末应计提的坏账准备额=当期按应收款项一定比例计算的应提坏账准备金额+（–）“坏账准备”科目的借方（或贷方）余额

【小思考】

按照现行会计制度，企业应对所有应收款项均需要计提减值准备吗？

【工作实例 3-12】某企业采用应收账款余额百分比法计提坏账准备，计提比例为1%。有关资料如下：

（1）2014 年 12 月 31 日应收账款期末余额为 1 000 000 元。

（2）2015 年 2 月，应收账款实际发生损失 4 000 元，确认为坏账损失。

（3）2015 年 12 月 31 日，应收账款期末余额为 1 300 000 元。

（4）2016 年 3 月，已确认为坏账的应收账款又收回 2 000 元。

（5）2016 年 12 月 31 日应收账款期末余额为 1 400 000 元。

任务处理如下。

（1）2014 年 12 月 31 日首次计提坏账准备金额=1 000 000×1%=10 000（元）。

借：资产减值损失　　10 000

　　贷：坏账准备　　10 000

（2）2015 年 2 月发生确认坏账损失：

借：坏账准备　　4 000

　　贷：应收账款　　4 000

（3）2015 年 12 月 31 日计提坏账准备：

年末未调整前“坏账准备”科目余额=10 000–4 000=6 000（元）（贷方余额）

当期应提取的坏账准备金额=1 300 000×1%–6 000=7 000（元）

借：资产减值损失　　7 000

　　贷：坏账准备　　7 000

（4）2016 年 3 月收回已确认的坏账：

借：应收账款　　2 000

　　贷：坏账准备　　2 000

同时，

借：银行存款　　2 000

　　贷：应收账款　　2 000

（5）2016 年 12 月 31 日计提坏账：

年末未调整前“坏账准备”科目余额=13 000+2 000=15 000（元）（贷方余额）

当期应提取的坏账准备金额=1 400 000×1%–15 000=–1 000（元）

借：坏账准备　　1 000

　　贷：资产减值损失　　1 000

任务五　可供出售金融资产的核算

一、科目设置

为了核算企业拥有的可供出售金融资产，应设置“可供出售金融资产”科目，并设置“成本”、“利息调整”、“应计利息”、“公允价值变动”4 个二级科目。

“可供出售金融资产——成本”科目，核算可供出售金融资产（债券）的面值，以及股票等其他金融资产的公允价值和交易费用之和。

“可供出售金融资产——利息调整”科目，核算可供出售金融资产（债券）取得时发生的溢价或折价，以及溢价或折价的摊销。

“可供出售金融资产——应计利息”科目，核算可供出售金融资产（债券）持有期间应计的分期计息到期还本付息的债券利息。若为分期付息，到期还本债券，则需通过“应收利息”科目，不在本科目核算。

“可供出售金融资产——公允价值变动”科目，核算可供出售金融资产在资产负债表日的公允价值与其账面余额之间的差额。

二、可供出售金融资产的确认和计量

（一）可供出售金融资产的初始计量

企业取得可供出售的金融资产为股票投资的，应按其公允价值与交易费用之和，借记“可供出售金融资产——成本”科目，按支出的价款中包含的已宣告但尚未发放的现金股利，借记“应收股利”科目，按实际支付的金额，贷记“银行存款”或“其他货币资金”等科目。

企业取得的可供出售金融资产为债券投资的，应按债券的面值，借记“可供出售金融资产——成本”科目，按支付的价款中包含的已到付息期但尚未领取的利息，借记“应收利息”科目，按实际支付的金额，贷记“银行存款”或“其他货币资金”等科目，按差额，借记或贷记“可供出售金融资产——利息调整”科目。

??

【小思考】

企业购买交易性金融资产和持有至到期投资所发生的交易费用，在会计处理方法上是否一致?

（二）可供出售金融资产的后续计量

1. 确认债券利息收入

资产负债表日可供出售金融资产（债券）应按票面利率计算确定的应收未收利息，借记“应收利息”或“可供出售金融资产——应计利息”科目，按可供出售金融资产（债券）的摊余成本和实际利率计算确定的利息收入，贷记“投资收益”科目，按其差额，借记或贷记“可供出售金融资产——利息调整”科目。

2. 确认股票投资股利收入

可供出售金融资产（股票）在收到被投资方宣告发放的现金股利时，借记“应收股利”科目，贷记“投资收益”科目。实际收到股利时，借记“银行存款”或“其他货币资金”科目，贷记“应收股利”科目。

3. 公允价值变动

资产负债表日可供出售金融资产的公允价值高于其账面余额的差额，借记“可供出售金融资产——公允价值变动”科目，贷记“其他综合收益”科目；公允价值低于其账面余额的差额做相反的会计分录。

4. 确认或转回减值

可供出售金融资产发生减值的，按应减记的金额，借记“资产减值损失”科目，按应从所有者权益中转出原计入其他综合收益的累计损失金额，贷记“其他综合收益”科目，按其差额，贷记“可供出售金融资产——公允价值变动”科目。

对于已确认减值损失的可供出售金融资产（债券），在随后会计期间内公允价值已上升且客观上与确认原减值损失事项有关的，应按原确认的减值损失，借记“可供出售金融资产——公允价值变动”科目，贷记“资产减值损失”科目：但可供出售金融资产为股票等权益工具投资的（不含在活跃市场上没有报价、公允价值不能可靠计量的权益工具投资），借记“可供出售金融资产——公允价值变动”科目，贷记“其他综合收益”科目。

5. 持有至到期投资重分类为可供出售金融资产

将持有至到期投资重分类为可供出售金融资产的，应在重分类日按其公允价值，借记“可供出售金融资产”科目，按其账面余额，贷记“持有至到期投资”科目，按其差额，贷记或借记“其他综合收益”科目。

6. 出售可供出售金融资产

出售可供出售的金融资产，应按实际收到的金额，借记“银行存款”等科目，按其账面金额，贷记“可供出售金融资产——成本、公允价值变动、利息调整、应计利息”科目，按应从所有者权益中转出的公允价值累计变动额，借记或贷记“其他综合收益”科目，按其差额，贷记或借记“投资收益”科目。

【工作实例 3-13】大宇公司进行可供出售金融资产投资业务如下：

（1）2015 年 2 月 10 日从二级市场上购入股票 100 000 股，每股市价 8 元，手续费及佣金 30 000 元。初始确认时，企业将其划分为可供出售金融资产。

（2）2015 年 6 月 30 日，该股票市价为 9 元。

（3）2015 年 12 月 31 日，该股票市价为 8.8 元。

（4）2016 年 4 月 18 日出售，每股市价 10 元，另支付有关税费 5 000 元。

任务处理如下。

（1）2015 年 2 月 10 日购入股票时：

借：可供出售金融资产——成本　　830 000

　　贷：银行存款　　830 000

（2）2015 年 6 月 30 日确认股票价格变动时：

借：可供出售金融资产——公允价值变动　　70 000

　　贷：其他综合收益　　　　　　　　　　　　　　　　70 000

（3）2015 年 12 月 31 日确认股票价格变动时：

借：其他综合收益　　　　　　　　　　　　　　20 000

　　贷：可供出售金融资产——公允价值变动　　　　　20 000

（4）2016 年 4 月 18 日出售股票时：

借：银行存款　　　　　　　　　　　　　　　995 000

　　贷：可供出售金融资产——成本　　　　　　　　　830 000

　　　　　　　　　　　——公允价值变动　　　　　　50 000

　　　　投资收益　　　　　　　　　　　　　　　　115 000

同时，

借：其他综合收益　　　　　　　　　　　　　　50 000

　　贷：投资收益　　　　　　　　　　　　　　　　50 000

项目小结

金融资产主要包括库存现金、应收账款、应收票据、其他应收款、应收利息、债权投资、股权投资、基金投资、衍生金融资产等。

交易性金融资产主要是指企业为了近期内出售而持有的金融资产。为了核算交易性金融资产的取得、收取现金股利或利息、处置等业务，企业应设置“交易性金融资产”、“公允价值变动损益”和“投资收益”等科目。

持有至到期投资是指到期日固定、其回收金额固定或可确定的，且企业有明确意图和能力持有至到期的非衍生金融资产，即持有至到期的债券投资。为了核算持有至到期投资，应设置“成本”、“利息调整”、“应计利息”（适用于一次到期还本付息债券）等明细科目。若为分期付息，到期还本债券，则设置“应收利息”科目。

应收及预付款项是指企业在日常生产经营的过程中发生的各项债权，包括应收款项和预付款项。应收款项包括应收账款、应收票据和其他应收款。预付款项是指企业因购买商品或接受劳务等而预先支付给有关单位的款项，如预付账款等。企业一般对外销售商品或提供劳务形成的应收债权，通常应按从购买方应收的合同或协议价款作为初始确认金额。应收款项应当以摊余成本进行后续计量。企业收回或处置应收款项时，应将取得的价款与该应收款项账面价值之间的差额计入当期损益。

可供出售金融资产是指初始确认时即被指定为可供出售的非衍生金融资产。可供出售金融资产应当以公允价值进行后续计量。公允价值变动形成的利得或损失，除减值损失和外币货币性金融资产形成的汇兑差额外，应当直接计入所有者权益。在该金融资产终止确认时转出，计入当期损益。

复习思考题

1. 金融资产包括哪些内容？怎样理解金融资产的含义？
2. 交易性金融资产核算应包括哪些内容？
3. 在取得交易性金融资产和可供出售金融资产时发生的交易费用应如何处理？
4. 应收款项确认减值损失应具备哪些条件？
5. 企业是如何计算和提取坏账准备的？
6. “持有至到期投资”科目下设哪些明细科目？各明细科目的核算内容是什么？
7. 在什么情况下，可以把持有至到期投资重分类为可供出售金融资产？
8. 比较交易性金融资产、持有至到期投资和可供出售金融资产的会计处理，请总结它们的区别与联系。

项目四

长期股权投资的核算

知识学习目标

- 掌握不同合并方式对长期股权投资初始投资成本的影响；
- 熟练掌握和运用长期股权投资在成本法下的后续计量；
- 熟练掌握和运用长期股权投资在权益法下的后续计量；
- 熟练掌握长期股权投资减值和处置的会计处理。

能力学习目标

- 能运用长期股权投资准则和企业合并准则，正确判断企业合并类型；
- 能对不同形式下的长期股权投资进行正确的初始计量；
- 能对不同的长期股权投资采用正确的后续计量；
- 熟悉长期股权投资的成本法和权益法的转换，能对长期股权投资处置进行正确核算。

工作任务

- 正确运用长期股权投资准则和企业合并准则，提高会计职业判断能力；
- 正确对长期股权投资进行初始计量和后续计量，及时提供长期股权投资的信息。

项目引例

森海公司于2015年2月从市场上购买森林公司30%的股权，支付价款500万元，同时支付过户费等相关费用5万元，并准备长期持有。购买日，森林公司净资产账面价值1 800万元，公允价值2 000万元。2015年森林公司实现净利润200万元，未发生其他权益变动。

提出问题：

（1）企业进行权益性投资有哪些形式？

（2）长期股权投资的初始投资成本是如何确定的？

（3）在本例中，森海公司持有的森林公司的投资成本是多少？

（4）长期股权投资的后续计量方法有哪些？

（5）在长期股权投资持有期间，对于被投资企业发生的所有者权益增减变动，投资企业是否应进行相关会计处理？

带着这些问题，让我们进入本项目的学习领域。

任务一 长期股权投资的确认

一、长期股权投资概念

长期股权投资是指投资方对被投资单位实施控制、重大影响的权益性投资，以及对其合营企业的权益性投资。包括以下具体内容：

（1）投资企业能够对被投资单位实施控制的权益性投资，即对子公司投资。控制是指投资方拥有对被投资方的权力，通过参与被投资方的相关活动而享有可变回报，并且有能力运用对被投资方的权力影响其回报金额。

（2）投资企业与其他合营方同时对被投资单位实施共同控制的权益性投资，即对合营企业投资。共同控制是指按照合同约定，对某项经济活动所共有的控制，仅在与该项经济活动相关的重要财务和经营决策需要分享控制权的投资方一致同意时存在。

（3）投资企业对被投资单位施加重大影响的权益性投资，即联营企业投资。重大影响是指对一个企业的财务和经营政策有参与决策的权力，但并不能够控制或者与其他方一起共同控制这些政策的制定。

二、企业合并

企业合并是指将两个或两个以上单独的企业合并形成一个报告主体的交易或事项。企业合并可以不同标准分类。

（一）以合并方式为基础对企业合并的分类

以合并方式为基础，企业合并包括控股合并、吸收合并和新设合并三种。

1. 控股合并

控股合并是指企业通过收购其他企业的股份或相互交换股票取得对方股份，达到对其他企业进行控制的一种合并形式。也就是说，一个企业通过购买另一个企业的股份，使被购买股份的企业成为它的附属公司或子公司，它自己则成为这些子公司的控股公司，又称为“母公司”。例如，A 公司购买 B 公司 60%的股份，A 公司就成了 B 公司的母公司，B 公司则是 A 公司的子公司。在控股合并中，控股企业和被控股企业仍继续存在并经营，且相互组成一个集团公司。

2. 吸收合并

吸收合并，又称为兼并，是指两个或两个以上的企业合并形成一个单一的企业，其中一个企业保留法人资格，其他企业的法人资格随着合并而消失。例如，A 公司兼并 B 公司，兼并后 A 公司仍然存在，拥有了原 A、B 公司的资产，承担了原 A、B 公司相应的负债，而 B 公司宣告解散。

3. 新设合并

新设合并，又称为“创立合并”，是指两个或两个以上的企业协议合并组成一个新的企业，原参与合并的企业在合并后均注销其法人资格。例如，A 公司和 B 公司合并，成立一家 C 公司，其中 A 公司和 B 公司分别以其全部资产换取新成立 C 公司的股份，A 公司和 B 公司随即宣告解散。

（二）以是否在同一控制下进行企业合并方式为基础对企业合并的分类

以是否在同一控制下进行企业合并方式为基础，企业合并分为同一控制下的企业合并和非同一控制下的企业合并。

1. 同一控制下的企业合并

参与合并的企业在合并前后均受同一方或相同的多方最终控制，且该控制并非暂时性的，为同一控制下的企业合并。对于同一控制下的企业合并，在合并日取得对其他参与合并企业控制权的一方为合并方，参与合并的其他企业为被合并方。同一控制下的企业合并常常表现为母子公司之间、同一母公司下的各子公司之间的合并。

2. 非同一控制下的企业合并

参与合并的各方在合并前后不受同一方或相同的多方最终控制的，为非同一控制下的企业合并。非同一控制下的企业合并，在购买日取得对其他参与合并企业控制权的一方为购买方，参与合并的其他企业为被购买方。

三、科目设置

为了核算企业的长期股权投资，企业应设置“长期股权投资”和“长期股权投资减值准备”等科目。

“长期股权投资”科目核算企业持有的长期股权投资。该科目借方登记长期股权投资取得时的成本以及采用权益法核算时按被投资企业实现的净利润、发生的其他综合收益和资本公积计算的应分享的份额，贷方登记收回长期股权投资的价值或采用权益法核算时被投资企业宣告分派的现金股利或利润、发生的亏损、其他综合收益和资本公积时企业按持股比例计算应减少的份额。

“长期股权投资减值准备”科目核算企业计提的长期股权投资减值准备。该科目贷方登记在资产负债表日发生的长期股权投资减值金额，借方登记处置长期股权投资而结转的减值准备金额。期末贷方余额，反映企业已计提但尚未转销的长期股权投资减值准备。该科目可按被投资单位进行明细核算。

任务二 长期股权投资初始计量

长期股权投资在取得时，应按初始投资成本入账。长期股权投资的初始投资成本，应分别企业合并和非企业合并两种情况确定。

一、企业合并形成的长期股权投资的初始计量

（一）同一控制下的企业合并形成的长期股权投资的初始计量

同一控制下的企业合并形成的长期股权投资，投资双方在会计上称为“合并方”和“被合并方”。

1. 初始投资成本的确定

（1）在同一控制下的企业合并形成的长期股权投资，合并方以支付现金、转让非现金资产或承担债务方式作为合并对价的，应当在合并日按照取得被合并方所有者权益账面价值的份额，作为长期股权投资的初始投资成本。长期股权投资初始投资成本与支付的现金、转让的非现金资产及所承担债务账面价值之间的差额，应当调整资本公积；资本公积不足冲减的，应调整留存收益。

（2）合并方以发行权益性证券作为合并对价的，应当在合并日按照取得被合并方所有者权益账面价值的份额作为长期股权投资的初始投资成本，按照发行股份的面值总额作为股本，长期股权投资初始投资成本与所发行股份面值总额之间的差额应当调整资本公积；资本公积不足冲减的，应调整留存收益。

（3）在同一控制下的企业合并中所形成的长期股权投资，实际支付的价款或对价中包含的已宣告但尚未发放的现金股利或利润应作为“应收股利”处理。

（4）因同一控制下企业合并过程中发生的审计、法律服务、评估咨询等中介费用以及其他相关管理费用，应当于发生时计入当期“管理费用”。

2. 账务处理

同一控制下企业合并形成的长期股权投资，应在合并日按取得被合并方所有者权益账面价值的份额，借记“长期股权投资”科目，按享有被投资企业已宣告但尚未发放的现金股利或利润，借记“应收股利”科目，按支付的合并对价的账面价值，贷记有关资产或有关负债科目，按其差额，贷记“资本公积——资本溢价（或“股本溢价”）”科目；如为借方差额的，借记“资本公积——资本溢价（或“股本溢价”）”科目；资本公积（资本溢价或股本溢价）不足冲减的，借记“盈余公积”、“利润分配——未分配利润”科目。上述业务如以发行权益性证券方式进行的，应按发行权益性证券的面值总额，贷记“股本”科目。

【工作实例 4-1】2016 年 1 月 1 日，泰山公司向同一集团内的泰源公司发行 800 万股普通股（每股面值 1 元，市价 3.5 元），取得泰源公司 100%的股权，并于当日起能够对泰源公司实施控制。合并后泰源公司仍保持其独立的法人资格继续经营。两公司在企业合并前采用的会计政策相同。合并日，两公司的所有者权益的构成如表 4-1 所示。

表 4-1 合并日合并双方净资产账面价值 单位：元

会计科目	泰山公司账面价值	泰源公司账面价值
股本	30 000 000	10 000 000
资本公积	18 000 000	4 000 000
盈余公积	15 000 000	5 000 000
未分配利润	22 000 000	3 000 000
合计	85 000 000	22 000 000

由于泰山公司发行的股票面值为 800 万元，比泰源公司股本 1 000 万元少 200 万元，这 200 万元就转为泰山公司的资本公积，同时，将泰源公司的 400 万元资本公积、500 万元盈余公积和 300 万元未分配利润一并转为泰山公司的资本公积。泰山公司编制会计分录如下：

借：长期股权投资 22 000 000
　　贷：股本 8 000 000
　　　　资本公积——股本溢价 14 000 000

【工作实例 4-2】沿用【工作实例 4-1】，假定 2016 年 1 月 1 日，泰山公司发行 1 300 万股普通股（每股面值 1 元，市价 3.5 元），取得泰源公司 100%的股权，其他条件不变。则泰山公司在合并日编制的会计分录如下：

借：长期股权投资 22 000 000
　　贷：股本 13 000 000
　　　　资本公积——股本溢价 9 000 000

【学中做 4-1】

（1）如果【工作实例 4-1】中，泰山公司发行 1 500 万股普通股，其他条件不变。则泰山公司在合并日编制的会计分录是什么？

（2）如果【工作实例 4-1】中，泰山公司发行 2 000 万股普通股，其他条件不变。应如何编制泰山公司在合并日的会计分录？

【工作实例 4-3】东方公司与南方公司属于同一集团公司的两个企业。2016 年 6 月 30 日，东方公司以无形资产专利权（原价为 2 500 万元，累计摊销 500 万元，公允价值为 2 100 万元）和银行存款 600 万元为对价，取得了南方公司 60%的股权。合并时，南方公司净资产账面价值 4 000 万元，公允价值为 5 000 万元。

由于合并前后均受同一方控制，为同一控制下的企业合并。合并日，东方公司作会计分录如下：

借：长期股权投资	24 000 000	
累计摊销	5 000 000	
资本公积——资本溢价	2 000 000	
贷：无形资产——专利权		25 000 000
银行存款		6 000 000

【小思考】

在【工作实例 4-3】中，东方公司在确认长期股权投资的初始投资成本时为什么不使用公允价值进行计量？转让的无形资产为什么不产生损益？

（二）非同一控制下的企业合并形成的长期股权投资的初始计量

在非同一控制下的企业合并，是将合并行为看作一方购买另一方的交易，因此，投资双方在会计上称为“购买方”和“被购买方”。

1. 初始投资成本的确定

在非同一控制下的企业合并中，购买方为了取得对被购买方的控制权而放弃的资产、发生或承担的负债、发行的权益性证券等均应按其在购买日的公允价值计量。购买方确定的合并成本包括购买方因合并而支付对价的公允价值之和以及为进行企业合并发生的各项直接相关费用。具体来说：

（1）一次交换交易实现的企业合并，合并成本为购买方在购买日为取得对被购买方的控制权而付出的资产、发生或承担的负债以及发行的权益性证券的公允价值。

（2）通过多次交换交易分步实现的企业合并，合并成本为每一单项交易成本之和。

（3）购买方为进行企业合并发生的各项直接相关费用，也应当计入企业合并成本。该直接相关费用不包括为企业合并发行的债券或承担其他债务支付的手续费、佣金等，也不包括企业合并中发行权益性证券发生的手续费、佣金等费用。

（4）在非同一控制下的企业合并中所形成的长期股权投资，实际支付的价款或对价中包含的已宣告但尚未发放的现金股利或利润，应作为“应收股利”处理。

（5）因非同一控制下企业合并过程中发生的审计、法律服务、评估咨询等中介费用以及其他相关管理费用，应当于发生时计入当期“管理费用”。

2. 账务处理

非同一控制下企业合并形成的长期股权投资，应在购买日按企业合并成本，借记“长期股权投资”科目，按享有被投资企业已宣告但尚未发放的现金股利或利润，借记“应收股利”科目，按支付的合并对价的账面价值，贷记有关资产或借记有关负债科目，按发生的直接相关费用，贷记“银行存款”等科目，按其差额，贷记“营业外收入”或借记“营业外支出”等科目。非同一控制下企业合并涉及以库存商品等作为合并对价的，应按库存商品的公允价值，贷记“主营业务收入”科目，并同时结转销售成本。涉及增值税的，还应按财政部、国家税务总局关于增值税会计处理的相关规定进行相应的处理。

【工作实例 4-4】2016 年 4 月 1 日，京华公司以无形资产（专利权）、大型设备和部分银行存款购买了北华公司的 60%的股权（购买日，京华公司支付的资产账面价值和公允价值如表 4-2 所示）。合并中，京华公司聘请注册会计师进行资产评估和咨询，另支付相关费用 40 万元。在本次合并前，京华公司与北华公司不存在任何关联方关系。

表 4-2 购买日京华公司支付的资产账面价值和公允价值 单位：元

项目	账面价值	公允价值
固定资产	10 000 000 （成本 15 000 000，累计折旧 5 000 000）	12 000 000
银行存款	16 000 000	16 000 000
合计	26 000 000	28 000 000

则京华公司在合并日编制的会计分录如下：

借：长期股权投资 28 000 000

　　累计折旧 5 000 000

　　管理费用 400 000

　　贷：固定资产 15 000 000

　　　　银行存款 16 400 000

　　　　营业外收入 2 000 000

二、非企业合并形成的长期股权投资的初始计量

除企业合并形成的长期股权投资以外其他方式取得的长期股权投资，应当按照下列规定确定其初始投资成本。

（一）以支付现金取得的长期股权投资

以支付现金取得的长期股权投资应当按照实际支付的购买价款作为初始投资成本。初始投资成本包括与取得长期股权投资直接相关的费用、税金及其他必要支出。企业取得长期股权投资实际支付的价款或对价中包含的已宣告但尚未发放的现金股利或利润应作为应收项目处理。

【工作实例 4-5】2016 年 3 月 1 日，东方公司自公开市场中买入 A 公司 20%的股份，实际支付价款 600 万元，其中包含已到期尚未支付的现金股利 20 万元。另外，在购买过程中支付手续费等相关费用 2 万元。东方公司根据有关凭证，编制会计分录如下：

借：长期股权投资	5 820 000	
应收股利	200 000	
贷：银行存款		6 020 000

（二）以发行权益性证券取得的长期股权投资

以发行权益性证券取得的长期股权投资，应当按照发行权益性证券的公允价值，作为初始投资成本。为发行权益性证券支付的手续费、佣金等自权益性证券的溢价发行收入中扣除，溢价收入不足的，应冲减盈余公积和未分配利润。

【工作实例 4-6】2016 年 4 月 8 日，华瑞公司通过增发 200 万股普通股（每股面值 1 元）取得对杉杉公司的 30%的股权，合并日，股票的公允价值为 800 万元。为增发该部分股票，华瑞公司支付了 15 万元的佣金和手续费。华瑞公司根据有关凭证，编制会计分录如下：

借：长期股权投资	8 000 000	
贷：股本		2 000 000
资本公积——股本溢价		5 850 000
银行存款		150 000

（三）投资者投入的长期股权投资

投资者投入的长期股权投资是指投资者将其持有的对第三方的投资作为出资投入企业形成的长期股权投资。对于接受投资的企业，原则上应当按照投资合同或协议约定的价值作为初始投资成本。例外的情况是，如果投资各方在投资合同或协议中约定的价值明显高于或低于该项投资公允价值的，应以公允价值作为长期股权投资的初始投资成本。

（四）其他方式取得的长期股权投资

企业通过非货币性资产交换、债务重组等方式取得的长期股权投资，其初始投资成本应当参照本书非货币性资产交换和债务重组等章节的有关规定处理。

任务三 长期股权投资的后续计量

长期股权投资在持有期间，根据投资企业对被投资企业的影响程度及是否存在活跃市场、公允价值能否可靠计量等因素进行划分，应分别采用成本法及权益法进行后续计量。

一、长期股权投资核算的成本法

（一）成本法的概念和适用范围

成本法是指按投资成本计价的方法。

投资方能够对被投资单位实施控制的长期股权投资应当采用成本法核算。

控制是指投资方拥有对被投资方的权力，通过参与被投资方的相关活动而享有可变回报，并且有能力运用对被投资方的权力影响其回报金额。

控制的定义包含三项基本要素：①拥有对被投资方的权力；②通过参与被投资方的相关活动而享有可变回报；③有能力运用对被投资方的权力影响其回报金额。在判断投资方是否能够控制被投资方时，如果投资方具备以上所有的要素，则会计上认定投资方能够控制被投资方。投资企业对子公司的长期股权投资，纳入合并财务报表的合并范围。在日常核算中，应当采用成本法，但编制合并财务报表时按照权益法进行调整。

（二）成本法的核算

1. 长期股权投资初始投资成本的确定

在成本法下，长期股权投资应当按照初始投资成本计价。追加或收回投资应当调整长期股权投资的初始投资成本。同一控制下的企业合并形成的长期股权投资初始投资成本为取得被合并方账面所有者权益的份额。企业取得长期股权投资实际支付的价款或对价中包含的已宣告但尚未发放的现金股利或利润应作为“应收股利”处理。

2. 长期股权投资持有期间被投资单位宣告发放现金股利或利润

长期股权投资持有期间被投资单位宣告发放现金股利或利润时，企业按应享有的部分确认为投资收益，借记“应收股利”科目，贷记“投资收益”科目。投资企业在确认从被投资单位应分得的现金股利或利润后，应当考虑长期股权投资是否发生减值。如果发生减值，应当确认资产减值损失。

3. 长期股权投资的处置

处置长期股权投资时，按实际取得的价款与长期股权投资账面价值的差额确认为投资损益，并应同时结转已计提的长期股权投资减值准备。其会计处理是：企业处置长期股权投资时，应按实际收到的金额借记“银行存款”等科目，按原已计提的减值准备，借记“长期股权投资减值准备”科目，按该项长期股权投资的账面余额贷记“长期股权投资”科目，按尚未领取的现金股利或利润贷记“应收股利”科目，按其差额贷记或借记“投资收益”科目。

【工作实例 4-7】华亿公司对长江公司投资业务如下：

（1）2014 年 3 月 2 日，华亿公司以银行存款购入长江公司 60%的股份 100 万股，每股价格 6.20 元，其中包含已到期尚未支付的现金股利 0.20 元。华亿公司准备长期持有，采用成本法进行核算。

（2）2014 年 3 月 10 日，收到长江公司发放的现金股利 20 万元。

（3）2014 年长江公司实现净利润 400 万元。

（4）2015 年 4 月 15 日，长江公司宣告发放 2014 年现金股利 160 万元，并于 4 月 16 日发放。

（5）2015 年长江公司发生亏损 100 万元。

（6）2016 年 4 月 15 日，公司将持有的长江公司的股份全部出售，取得价款 585 万元存入银行。

任务处理如下。

（1）2014 年 3 月 2 日取得投资时：

借：长期股权投资——长江公司	6 000 000	
应收股利	200 000	
贷：银行存款		6 200 000

（2）2014 年 3 月 10 日从长江公司分回股利时：

借：银行存款	200 000	
贷：应收股利		200 000

（3）2014 年长江公司实现净利润 400 万元，本公司不进行账务处理。

（4）2015 年从长江公司分回股利时：

借：应收股利	960 000	
贷：投资收益		960 000
借：银行存款	960 000	
贷：应收股利		960 000

（5）2015 年长江公司发生亏损 100 万元，本公司不进行账务处理。

（6）2016 年 4 月 15 日，出售长江公司的股份时：

借：银行存款　　5 850 000
　　投资收益　　150 000
　　贷：长期股权投资——长江公司　　6 000 000

二、长期股权投资核算的权益法

（一）权益法的概念和适用范围

权益法是指投资以初始投资成本计量后，在投资持有期间根据投资企业享有被投资单位所有者权益份额的变动对投资的账面价值进行调整的方法。企业对被投资单位具有共同控制或者重大影响时，长期股权投资应当采用权益法核算。

（二）科目设置

长期股权投资采用权益法核算的，需要在“长期股权投资”科目下设置“成本”、“损益调整”、“其他综合收益”和“其他权益变动”4个二级科目进行明细核算。

“长期股权投资——成本”科目，核算初始投资成本及对初始投资成本的调整。

“长期股权投资——损益调整”科目，核算投资企业因被投资单位实现的净利润、发生的净亏损、宣告分派的现金股利等而调整的份额。

“长期股权投资——其他综合收益”科目，核算投资企业根据被投资单位其他综合收益变动应享有的份额。

“长期股权投资——其他权益变动”科目，核算投资企业根据被投资单位除净损益、其他综合收益变动以及利润分配以外的所有者权益变动计算应享有的份额。

（三）权益法的核算

1. 初始投资成本的调整

长期股权投资的初始投资成本大于投资时应享有被投资单位可辨认净资产公允价值份额的，该部分差额系投资企业在购入该项投资过程中通过购买作价体现出的与所取得股权份额相对应的商誉，不需调整已确认的初始投资成本。

长期股权投资的初始投资成本小于投资时应享有被投资单位可辨认净资产公允价值份额的，该部分差额可以看作被投资单位的股东给予投资企业的让步，或者出于其他方面的考虑，被投资单位的原有股东无偿赠予投资企业的价值，因而应确认为当期损益（营业外收入），同时调整长期股权投资的成本。

【工作实例4-8】2015年1月2日，A公司以银行存款400万元购入B公司30%的股份，并对B公司施加重大影响，采用权益法核算。初始投资时发生相关税费3万元。取得投资时被投资单位所有者权益公允价值为1 000万元（假定该时点被投资单位各项可辨认资产、负债的公允价值与其账面价值相同）。在取得投资时，A公司进行的账务处理如下：

（1）由于取得投资时点上的被投资单位净资产公允价值为1 000万元，A公司按持股比例30%计算确定应享有300万元，初始投资成本403万元大于应享有被投资单位净资产公允价值份额300万元，不需调整已确认的初始投资成本。

借：长期股权投资——成本　　4 030 000

　　贷：银行存款　　4 030 000

（2）假定，本例中取得投资时点上的被投资单位净资产公允价值为1 500万元，A公司按持股比例30%计算确定应享有450万元，则初始投资成本与应享有被投资单位净资产公允价值份额之间的差额47万元应计入取得投资当期的损益。即：

借：长期股权投资——成本　　4 500 000

　　贷：银行存款　　4 030 000

　　　　营业外收入　　470 000

2. 投资损益的确认

（1）根据被投资单位实现的净利润计算应享有的份额，确认投资收益，调增长期股权投资的账面价值。借记“长期股权投资——损益调整”科目，贷记“投资收益”科目。

（2）被投资单位发生净亏损，应当确认为投资损失，并冲减长期股权投资的账面价值。借记“投资收益”科目，贷记“长期股权投资——损益调整”科目。权益法下，投资企业确认应分担被投资企业发生的损失，原则上应以“长期股权投资”科目的账面价值减记至零为限，投资企业负有承担额外损失的除外。

（3）被投资单位宣告发放现金股利或利润时，企业计算应分得的部分，应当确认为应收股利，同时冲减长期股权投资的账面价值。收到被投资单位宣告发放的股票股利，不进行账务处理，但应在备查簿中登记。

【工作实例4-9】承【工作实例4-8】，B公司2015年实现净利润300万元。2016年4月12日宣告分派现金股利120万元。2016年4月13日A公司收到现金股利。A公司应作如下会计处理。

（1）确认A公司实现的投资收益时：

借：长期股权投资——损益调整　　900 000

　　贷：投资收益　　900 000

（2）B公司宣告分派现金股利时：

借：应收股利　　360 000

　　贷：长期股权投资——损益调整　　360 000

（3）A公司收到现金股利时：

借：银行存款　　360 000

　　贷：应收股利　　360 000

知识链接

在确认投资收益时，对被投资单位净利润的调整

在确认应享有或应分担被投资单位的净利润或净亏损时，如果取得投资时被投资单位各项资产、负债的公允价值与其账面价值不同，投资企业在计算确认投资收益时，一是不能完全按照以被投资单位自身核算的净利润与持股比例计算确定，二是需要在被投资单位实现净利润的基础上经过适当调整后确定。具体主要表现在：

（1）以取得投资时被投资单位存货的公允价值为基础计算的营业成本对被投资单位净利润的影响。

（2）以取得投资时被投资单位固定资产和无形资产的公允价值为基础计提的折旧额或摊销额对被投资单位净利润的影响。

【工作实例 4-10】2015 年 1 月 2 日，甲公司以银行存款 200 万元购入乙公司 30% 的股份，并对乙公司施加重大影响，采用权益法核算。取得投资时，乙公司可辨认净资产公允价值为 6 000 万元，除表 4-3 列示项目外，其他资产、负债的公允价值与账面价值相同。

表 4-3 存货和固定资产会计数据变动表 单位：万元

项　目	账面原价	已提折旧	公允价值	原预计使用年限	原预计使用年限
存货	200		300		
固定资产	1 000	200	1 200	20	16

假定乙公司 2015 年实现净利润 400 万元，其中在甲公司取得投资时的账面存货 200 万元有 60%对外出售。C 公司和乙公司对存货的会计处理方法相同。

调整后的净利润=400 –（300–200）× 60% –（1 200÷16–1 000÷20）=315（万元）

C 公司应享有的份额=315×30%=94.5（万元）

C 公司编制的会计分录如下：

借：长期股权投资——损益调整　　945 000

　　贷：投资收益　　945 000

【小思考】

C 公司在确认投资收益时，为什么扣除而不是调增多计的营业成本和多计的固定资产折旧？

3. 长期股权投资持有期间被投资单位其他综合收益的变动

投资企业在持有长期股权投资期间，应当按照应享有或应分担的被投资单位实现其他综合收益的份额，调整长期股权投资的账面价值，同时增加或减少其他综合收益。

【工作实例 4-11】承【工作实例 4-8】，B 公司 2015 年 6 月增加其他综合收益 10 万元。A 公司按照持股比例应确认的其他综合收益 3 万元。A 公司应作如下会计处理：

借：长期股权投资——其他综合收益　　30 000

　　贷：其他综合收益　　30 000

4. 长期股权投资持有期间被投资单位所有者权益的其他变动

在持股比例不变的情况下，投资企业对于被投资单位除净损益、其他综合收益和利润分配外所有者权益的其他变动，企业按持股比例计算应享有或承担的份额，调整长期股权投资的账面价值，同时增加或减少资本公积（其他资本公积）。

5. 长期股权投资的处置

处置长期股权投资时，按实际取得的价款与长期股权投资账面价值的差额确认为投资损益，采用与被投资单位直接处置相关资产或负债相同的基础，按相应比例对原计入“其他综合收益”和“资本公积——其他资本公积”科目中的相关金额。如果对长期股权投资计提了减值准备，还应同时结转已计提的长期股权投资减值准备。

其会计处理步骤是：

第一步，企业应按实际收到的金额，借记“银行存款”等科目，按原已计提的减值准备借记“长期股权投资减值准备”科目，按该长期股权投资的账面余额贷记“长期股权投资”科目，按尚未领取的现金股利或利润贷记“应收股利”科目，按其差额贷记或借记“投资收益”科目。

第二步，应当采用与被投资单位直接处置相关资产或负债相同的基础，按相关的其他综合收益的部分进行会计处理。按结转的长期股权投资的投资成本比例结转原计入“其他综合收益”科目中的相关金额，借记或贷记“其他综合收益”科目，贷记或借记“投资收益”科目。

第三步，还应按结转的长期股权投资的投资成本比例结转原计入“资本公积——其他资本公积”科目中的金额，借记或贷记“资本公积——其他资本公积”科目，贷记或借记“投资收益”科目。

【工作实例 4-12】承【工作实例 4-8】、【工作实例 4-9】、【工作实例 4-11】，假定 2016 年 8 月 15 日，A 公司出售所持有的 B 公司全部股票，取得价款 450 万元。A 公司应作如下会计处理：

借：银行存款　　4 500 000

　　贷：长期股权投资——成本　　4 030 000

——损益调整 240 000
——其他综合收益 30 000
投资收益 200 000

同时，

借：其他综合收益 30 000
贷：投资收益 30 000

【小思考】

在成本法和权益法下，处置长期股权投资的会计处理有何区别？

三、长期股权投资核算方法的转换

（一）成本法转换为权益法

因处置投资导致对被投资单位的影响能力由控制转为具有重大影响或共同控制的情况下，应当由成本法核算改按权益法核算，并对该剩余股权视同自取得时即采用权益法核算进行调整。

1. 处置或收回投资

应按处置或收回投资的比例结转应终止的长期股权投资成本，并确认相应的投资收益或损失。

2. 重新确定初始成本

应当比较剩余的长期股权投资成本与按照剩余持股比例计算原投资时应享有被投资单位可辨认净资产公允价值的份额：

（1）属于投资作价中体现的商誉部分，不调整长期股权投资的账面价值；

（2）属于原取得投资时因投资成本小于应享有被投资单位可辨认净资产公允价值份额的差额，一方面应该调整长期股权投资的账面价值，同时调增留存收益。

3. 确认投资期间的收益及权益变动

对于原取得投资后至处置日之间被投资单位可辨认净资产公允价值的变动相对于处置后持股比例的部分：

（1）属于被投资单位实现净损益中应享有份额的，一方面应当调整长期股权投资的账面价值，另一方面分别不同情况调整留存收益或当期损益：

1）对于原取得投资时至处置投资当期期初按照剩余持股比例应享有被投资单位实现的净损益，应调整留存收益。

2）对于处置投资当期期初至处置投资交易日之间应享有被投资单位的净损益，应计入当期损益。

（2）属于其他原因导致的被投资单位可辨认净资产公允价值变动中应享有的的份额，在调整长期股权投资账面价值的同时，应当计入“其他综合收益”或“资本公积——其他资本公积”科目。

【工作实例 4-13】长江公司与 A 公司发生长期股权投资业务如下：

（1）长江公司于 2015 年 1 月 10 日取得 A 公司 60%的股权，成本为 3 900 万元，取得投资时 A 公司可辨认净资产公允价值总额为 6 000 万元（假定公允价值与账面价值相同）。因对被投资单位实施控制，长江公司对其采用成本法核算。

（2）A 公司 2015 年实现净利润 400 万元，按照净利润的 10%提取盈余公积，未派发现金股利或利润。

（3）A 公司 2016 年 1～4 月实现净利润 200 万元。

（4）2016 年 4 月 30 日，长江公司以 1 750 万元的价格出售持有的 A 公司 1/3 的股权。出售股权后，长江公司对该项长期股权投资采用权益法核算。

（5）除所实现净利润外，A 公司未发生其他计入净资产的交易或事项。

任务处理如下。

（1）2015 年 1 月 10 日取得 A 公司 60%的股权时：

借：长期股权投资——A 公司　　39 000 000

　　贷：银行存款　　39 000 000

（2）2015 年及 2016 年 1～4 月 A 公司实现净利润时，长江公司不进行账务处理。

（3）2016 年 4 月 30 日出售 A 公司 1/3 股权时：

借：银行存款　　17 500 000

　　贷：长期股权投资——A 公司　　13 000 000

　　　　投资收益　　4 500 000

（4）对 2016 年 4 月 30 日长期股权投资账面价值的调整。

剩余长期股权投资 2 600 万元大于原投资时应享有被投资单位可辨认净资产公允价值份额 2 400 万元（6 000×40%），两者之间的差额 200 万元为商誉，不调整长期股权投资的账面价值。

处置投资后，按照持股比例计算享有被投资单位自购买日至处置日期间实现的净利润 240 万元（600×40%），其中属于享有 2015 年实现净利润 160 万元（400×40%）调增长期股权投资和留存收益，属于享有 2016 年前 4 个月实现的净利润 80 万元（200×40%）调增长期股权投资和投资收益；编制会计分录如下：

借：长期股权投资——损益调整　　2 400 000

　　贷：盈余公积　　160 000

利润分配——未分配利润　　　　　　　　　　　　　　1 440 000

投资收益　　　　　　　　　　　　　　　　　　　　　800 000

(二) 权益法转换为成本法

投资方因追加投资等原因由具有重大影响或共同控制转为实施控制的，应当由权益法改为成本法核算。

具体会计处理为：

1. 重新确定初始成本

应当按照原持有的股权投资账面价值加上新增投资成本之和，作为改按成本法核算的初始投资成本。

2. 结转其他综合收益和资本公积

购买日之前持有的股权投资因采用权益法核算而确认的其他综合收益和资本公积，应当在处置该项投资时转入到“投资收益”账户。

【工作实例 4-14】黄河公司于 2015 年 4 月 1 日取得 W 公司 30%的股权，成本为 3 000 万元，取得投资时 W 公司可辨认净资产公允价值总额为 10 000 万元（假定公允价值与账面价值相同）。因对被投资单位实施共同控制，黄河公司对其采用权益法核算。黄河公司按照净利润的 10%提取盈余公积。

2016 年 1 月 1 日黄河公司又以 3 400 万元购入 W 公司 30%的股权，至此对 W 公司的持股比例达到 60%，按规定采用成本法核算。

假定黄河公司在取得对 W 公司 30%股权后至追加投资日，W 公司通过生产经营活动实现的净利润为 500 万元，发生其他综合收益 100 万元。

分析：购买日前，黄河公司持有 W 公司的投资作为对联营企业的投资进行会计核算，购买日前黄河公司原持有股权的账面价值为 3 180 万元（3 000+500×30%+100×30%）。

本次投资的公允价值为 3 400 万元。

购买日对于 W 公司按成本法核算的初始投资成本为 6 580 万元（3 180+3 400）。

根据工作任务，黄河公司编制会计分录如下：

借：长期股权投资——W 公司　　　　　　　　　65 800 000

　　贷：长期股权投资——W 公司——成本　　　　　　　30 000 000

　　　　　　　　　　　　　　　——损益调整　　　　　　1 500 000

　　　　　　　　　　　　　　　——其他综合收益　　　　300 000

　　　　银行存款　　　　　　　　　　　　　　　　　34 000 000

同时，

借：其他综合收益　　　　　　　　　　　　　　300 000

　　贷：投资收益　　　　　　　　　　　　　　　　300 000

四、长期股权投资与可供出售金融资产的转换

（一）可供出售金融资产转换为长期股权投资（权益法）的核算

原持有的对被投资单位的股权投资（不具有控制、共同控制或重大影响的），按照金融工具确认和计量准则进行核算的，因追加投资等原因导致持股比例上升，能够对被投资单位施加重大影响或实施共同控制但不构成控制的，应将“可供出售金融资产”转换为“长期股权投资”权益法进行核算。

在转换权益法核算时，应当按可供出售金融资产持有的股权投资的公允价值加上新增投资成本之和，作为改按权益法核算的初始投资成本。原持有的股权投资分类为可供出售金融资产的，其公允价值与账面价值之间的差额，以及原计入其他综合收益、资本公积等的累计公允价值变动应当转入改按权益法核算的当期损益。

然后，比较上述计算所得的初始投资成本，与按照追加投资后全新的持股比例计算确定的应享有被投资单位在追加投资日可辨认净资产公允价值份额之间的差额，前者大于后者的，不调整长期股权投资的账面价值；前者小于后者的，差额调整长期股权投资的账面价值，并计入当期营业外收入。

【工作实例 4-15】甲公司对乙公司投资业务如下：

（1）2015 年 7 月 1 日，甲公司以银行存款购入乙公司 10%的股权，成本为 800 万元，企业指定为可供出售金融资产。

（2）2015 年 12 月 31 日该项金融资产公允价值 1 000 万元。

（3）2016 年 3 月 1 日，甲公司又以支付银行存款 1 800 万元取得对乙公司 15%的股权，至此，甲公司对乙公司的生产经营决策产生重大影响。购买当日，乙公司可辨认净资产公允价值总额为 14 000 万元。

（4）2015 年 3 月 1 日，甲公司持有的乙公司 10%股权的公允价值为 1 100 万元。

（5）2016 年 6 月，乙公司宣告分派现金股利 40 万元，甲公司按其持股比例可取得 10 万元。

根据上述资料，任务处理如下。

（1）2015 年 7 月 1 日取得乙公司 10%的股权时：

借：可供出售金融资产——成本　　8 000 000

　　贷：银行存款　　8 000 000

（2）2015 年 12 月 31 日确认公允价值变动时：

借：可供出售金融资产——公允价值变动　　2 000 000

　　贷：其他综合收益　　2 000 000

（3）2016 年 2 月追加投资时，可供出售金融资产持有的股权投资的公允价值 1 100 万元，加上新增投资成本 1 800 万元，共计 2 900 万元作为改按权益法核算的初始投资成本。

会计处理如下：

借：长期股权投资——成本　29 000 000
　贷：可供出售金融资产——成本　8 000 000
　　——公允价值变动　2 000 000
　　银行存款　18 000 000
　　投资收益　1 000 000

同时，

借：其他综合收益　2 000 000
　贷：投资收益　2 000 000

（4）由于上述计算所得的初始投资成本为 2 900 万元，与按照追加投资后全新的持股比例 25%计算确定的应享有被投资单位在追加投资日可辨认净资产公允价值 14 000 万元的份额 3 500 万元，其结果前者大于后者的，不调整长期股权投资的账面价值。

（5）2016 年 6 月确认应收股利时：

借：应收股利　100 000
　贷：长期股权投资——成本　100 000

（二）可供出售金融资产转换为长期股权投资（成本法）的核算

原持有的对被投资单位的股权投资（不具有控制、共同控制或重大影响的），按照金融工具确认和计量准则进行核算的，因追加投资等原因导致持股比例上升，能够对被投资单位构成控制的，应将“可供出售金融资产”转换为“长期股权投资”成本法进行核算，其核算方法应按本项目前面所述企业合并形成的长期股权投资有关内容进行会计处理。

（三）长期股权投资权益法转换为可供出售金融资产

原持有的对被投资单位具有共同控制或重大影响的长期股权投资，因处置部分股权投资等原因丧失了对被投资单位的共同控制或重大影响的，处置后的剩余股权应当改按《企业会计准则第 22 号——金融工具确认和计量》核算，其在丧失共同控制或重大影响之日的公允价值与账面价值之间的差额计入当期损益。原股权投资因采用权益法核算而确认的其他综合收益和其他资本公积，应当在终止采用权益法核算时采用与被投资单位直接处置相关资产或负债相同的基础进行会计处理。

【工作实例 4-16】A 公司对 B 公司投资业务如下：

（1）2015 年 4 月 1 日，A 公司以银行存款 2 000 万元购入 B 公司 30%的股权，并对 B 公司的生产经营决策产生重大影响。

（2）2015 年 12 月 31 日 B 公司实现净利润 300 万元，未派发现金股利或利润。除所实现净利润外，未发生其他计入综合收益和资本公积的交易或事项。

（3）2016 年 4 月 1 日，A 公司以 1 300 万元出售持有的 B 公司 50%的股权。企业对剩余的15%股权指定为可供出售金融资产。出售日，该金融资产的公允价值为1 300万元。

根据上述资料，任务处理如下。

（1）2015年4月1日取得A公司30%的股权时：

借：长期股权投资——成本　　20 000 000

　　贷：银行存款　　20 000 000

（2）2015年12月31日确认投资收益时：

借：长期股权投资——损益调整　　900 000

　　贷：投资收益　　900 000

（3）2016年4月出售股权投资时：

借：银行存款　　13 000 000

　　可供出售金融资产——成本　　13 000 000

　　贷：长期股权投资——成本　　20 000 000

　　　　　　　　　　——损益调整　　900 000

　　　　投资收益　　5 100 000

（四）长期股权投资（成本法）转换为可供出售金融资产

原持有的对被投资单位具有控制的长期股权投资，因处置部分股权投资等原因丧失了对被投资单位控制的，且不再对被投资单位实施共同控制或重大影响的，应该按《企业会计准则第 22 号——金融工具确认和计量》核算，在丧失控制之日的公允价值与账面价值之间的差额计入当期损益。

【工作实例4-17】黄山公司对黄河公司投资业务如下：

（1）2015年6月1日，黄山公司以银行存款3 000万元购入黄河公司60%的股权，并对黄河公司实施控制，对该股权投资采用成本法核算。

（2）2016年8月10日黄山公司将该项股权投资中的80%出售给非关联方，取得收入2 650万元，相关手续于当日完成。

（3）黄山公司对黄河公司无法实施控制，也不能施加共同控制和重大影响，将剩余投资转为可供出售金融资产。出售时，剩余股权投资的公允价值为680万元。

根据上述资料，任务处理如下。

（1）2015年6月1日取得黄河公司60%的股权时：

借：长期股权投资　　30 000 000

　　贷：银行存款　　30 000 000

（2）2016年8月10日出售80%股权时：

借：银行存款　　26 500 000

　　贷：长期股权投资——损益调整　　24 000 000

投资收益　　　　　　　　　　　　　　　　　　2 500 000

（3）剩余投资转为可供出售金融资产时：

借：可供出售金融资产——成本　　　　　　　　6 800 000

　贷：长期股权投资　　　　　　　　　　　　　　6 000 000

　　投资收益　　　　　　　　　　　　　　　　　800 000

五、长期股权投资减值

（一）长期股权投资减值金额的确定

企业对子公司、合营企业及联营企业的长期股权投资，在资产负债表日存在可能发生减值的迹象时，其可收回金额低于账面价值的，应当将该长期股权投资的账面价值减记至可收回金额，减记的金额确认为减值损失，计入当期损益，同时计提相应的资产减值准备。

（二）长期股权投资减值的会计处理

企业计提长期股权投资减值准备，应当设置“长期股权投资减值准备”科目核算。

企业按应减记的金额，借记“资产减值损失——计提的长期股权投资减值准备”科目，贷记“长期股权投资减值准备”科目。

长期股权投资减值损失一经确认，在以后会计期间不得转回。

项目小结

长期股权投资包括企业持有的对其子公司、合营企业及联营企业的权益性投资。

长期股权投资在取得时，应按初始投资成本入账。长期股权投资的初始投资成本，应分为企业合并和非企业合并两种情况确定。

长期股权投资的后续计量应当分别使用成本法和权益法。

在成本法下，长期股权投资应当按照初始投资成本计价。长期股权投资持有期间被投资单位宣告发放现金股利或利润时，企业按应享有的部分确认为投资收益。

在权益法下，投资企业在确认应享有被投资单位净损益的份额时，应当以取得投资时被投资单位各项可辨认资产等的公允价值为基础，对被投资单位的净利润进行调整后确认。

长期股权投资的核算方法转换包括两个方面：因处置投资导致对被投资单位的影响能力由控制转为具有重大影响或共同控制的情况下，应当由成本法核算改按权益法核算；投资方因追加投资等原因由具有重大影响或共同控制转为实施控制的，应当由权益法改为成本法核算。

长期股权投资与可供出售金融资产的转换也包括两个方面：投资方因追加投资等原因

能够对被投资单位施加重大影响或实施共同控制但不构成控制的，由可供出售金融资产转换为长期股权投资的核算；投资方因处置部分股权投资等原因丧失了对被投资单位的共同控制或重大影响的，由长期股权投资转换为可供出售金融资产。

长期股权投资与可供出售金融资产的转换包括四个方面：投资方因追加投资等原因能够对被投资单位施加重大影响或实施共同控制但不构成控制的，由可供出售金融资产转换为长期股权投资（权益法）的核算；投资方因追加投资等原因能够对被投资单位实施控制的，由可供出售金融资产转换为长期股权投资（成本法）的核算；投资方因处置部分股权投资等原因丧失了对被投资单位实施控制的，由长期股权投资（成本法）转换为可供出售金融资产；投资方因处置部分股权投资等原因丧失了对被投资单位的共同控制或重大影响的，由长期股权投资（权益法）转换为可供出售金融资产。

投资方应当关注长期股权投资的账面价值是否大于享有被投资单位所有者权益账面价值的份额等类似情况。出现类似情况时，投资方应当对长期股权投资进行减值测试，可收回金额低于长期股权投资账面价值的，应当计提减值准备。

复习思考题

1. 同一控制下的企业合并与非同一控制下的企业合并形成的长期股权投资初始投资成本的确定有何区别？

2. 同一控制下的企业合并取得的长期股权投资支付的价款中包括的已宣告发放但尚未领取的现金股利应如何进行处理？

3. 长期股权投资核算的成本法与权益法的适用范围有何不同？

4. 在权益法下，为什么投资企业在确认应享有被投资单位净损益的份额时，应当以取得投资时被投资单位各项可辨认资产等的公允价值为基础，对被投资单位的净利润进行调整后确认？

5. 长期股权投资的核算由成本法转为权益法时，如何确认长期股权投资成本？

6. 长期股权投资与可供出售金融资产相互转换，如何进行会计处理？

项目五

固定资产的核算

知识学习目标

- 熟悉固定资产的概念和确认条件；
- 掌握不同途径下取得的固定资产初始计量；
- 掌握固定资产的折旧范围、折旧影响因素和折旧方法；
- 掌握固定资产后续支出及其会计处理方法；
- 掌握固定资产处置和减值的核算。

能力学习目标

- 能运用固定资产的概念和确认条件，正确制定固定资产核算目录；
- 能对在不同途径下取得的固定资产进行正确的初始计量；
- 能运用固定资产折旧理论，正确确定折旧方法，计算固定资产折旧；
- 正确划分固定资产后续支出的费用化和资本化界限，加强固定资产后续支出的管理；
- 运用固定资产处置的步骤，及时完成固定资产清理工作。

工作任务

- 正确划分周转材料与固定资产的界限，能制定符合实际情况的固定资产目录；
- 选择合适的固定资产折旧方法，使折旧方法与企业绩效有机结合；
- 强化固定资产后续管理，盘活存量资产。

项目引例

大宇公司于 2016 年 8 月 5 日购入一台不需要安装的生产设备，增值税发票上注明的价款 1 000 万元，增值税 170 万元，运费 2 万元，增值税 0.22 万元。价款以银行存款支付。设备在购买过程中，发生差旅费 0.4 万元。该设备当月投入使用，预计可使用 5 年，预计净残值率 5%。

提出问题：

（1）企业因购入生产设备而支付的增值税是否可以抵扣？

（2）大宇公司购入的生产设备入账价值是多少？

（3）会计上对固定资产折旧范围有什么规定？

（4）对于固定资产折旧，企业可供选择的方法有哪些？

（5）如果固定资产提前报废，会计上应如何处理？

带着这些问题，让我们进入本项目的学习领域。

任务一 固定资产的确认和计量

一、固定资产概念和特征

固定资产是指同时具有以下特征的有形资产：①为生产商品、提供劳务、出租或经营管理而持有的；②使用寿命超过一个会计年度。使用寿命是指企业使用规定资产的预计期间，或者该固定资产所能生产产品或提供劳务的数量。

从这一定义可以看出，某一资产项目要作为企业的固定资产，应具备以下两个特征：

第一，企业持有固定资产的目的，是生产商品、提供劳务、出租或经营管理的需要，而不像商品一样对外出售。这一特征是固定资产区别于商品等流动资产的重要标志。

第二，企业使用固定资产的期限较长，使用寿命一般超过一个会计年度。这一特征表明企业固定资产的收益期超过一年，能在一年以上的时间里为企业创造经济利益。

二、固定资产的确认

（一）固定资产的确认条件

固定资产在同时满足以下两个条件时，才能予以确认。

1. 与该固定资产有关的经济利益很可能流入企业

在实务工作中，确认固定资产时，首先需要判断该项固定资产所包含的经济利益是否很可能流入企业。如果该项固定资产包含的经济利益不是很可能流入企业，那么，即使其满足固定资产确认的其他条件，企业也不应将其确认为固定资产；如果该项固定资产包含的经济利益很可能流入企业，并同时满足固定资产确认的其他条件，那么，企业应将其确认为固定资产。

2. 该固定资产的成本能够可靠计量

成本能够可靠地计量，是资产确认的一项基本条件。固定资产作为企业资产的重要组成部分，要予以确认，其为取得该固定资产而发生的支出也必须能够可靠地计量。如果固定资产的成本能够可靠地计量，并同时满足其他确认条件，就可以加以确认；否则，企业不应加以确认。

在务实中，对于固定资产进行确认时，还需要注意以下两个问题：

一是固定资产的各组成部分具有不同使用寿命或者以不同方式为企业提供经济利益，适用不同折旧率或折旧方法的，应当分别将各组成部分确认为单项固定资产。

二是与固定资产有关的后续支出，满足固定资产确认条件的，应当计入固定资产成本；不满足固定资产确认条件的，应当在发生时计入当期损益。

（二）固定资产确认条件的具体运用

在固定资产的确认过程中，有的资产使用不能直接为企业带来经济利益，而是有助于企业从相关资产获得经济利益，或者将减少企业未来经济利益的流出，例如企业购置的环保设备和安全设备等。对于这类设备，企业也应将其确认为固定资产。

企业拥有的备品备件和维修设备通常确认为存货，但某些备品备件和维修设备需要与相关固定资产组合发挥效用的，例如民用航空运输企业的高价周转件，应当确认为固定资产。

对于构成固定资产的各个组成部分，如果各自具有不同的使用寿命或者以不同的方式为企业提供经济利益，从而适用于不同的折旧率或者折旧方法，此时，该各组成部分实际上是以独立的方式为企业提供经济利益，因此，企业应当将其各组成部分单独确认为固定资产。

企业在确定固定资产成本时，有时需要根据所获得的最新资料，对固定资产的成本进行合理的估计。比如，企业对于已达到预定可使用状态的固定资产，在尚未办理竣工决算前，需要根据工程预算、工程造价或者工程实际发生的成本等资料，按估计价值确定固定资产的成本，待办理竣工决算后，再按实际成本调整原来的暂估价值。

工业企业持有的工具、模具、管理用具、玻璃器皿等资产，施工企业持有的模板、挡板、架料等周转材料，以及地质勘探企业持有的管材等资产，企业应当根据实际情况进行核算和管理。如果这些资产项目符合固定资产的定义及确认条件，就应当确认为固定资产；如果这些资产项目不符合固定资产的定义或不满足固定资产的确认条件，就不应当确认为固定资产，而应当作为流动资产进行核算和管理。

三、固定资产的分类

企业的固定资产种类繁多、规格不一，为加强管理，便于组织会计核算，有必要对其进行科学、合理的分类。根据不同的管理需要和核算要求以及不同的分类标准，可以对固定资产进行不同的分类，主要有以下几种分类方法：

（一）按固定资产的经济用途分类

固定资产按的经济用途分类，可分为生产经营用固定资产和非生产经营用固定资产。

1. 生产经营用固定资产

生产经营用固定资产是指直接服务于企业生产、经营过程的各种固定资产，如生产经营用的房屋、建筑物、机器、设备、器具、工具等。

2. 非生产经营用固定资产

非生产经营用固定资产是指不直接服务于生产、经营过程的各种固定资产，如职工宿舍等使用的房屋、设备和其他固定资产等。

固定资产按照经济用途分类，可以归类反映和监督企业生产经用固定资产和非生产经营用固定资产之间，以及生产经营用各类固定资产之间的组成和变化情况，借以考核和分析企业固定资产的利用情况，促使企业合理地配备固定资产，充分发挥其效用。

（二）按固定资产的使用情况分类

固定资产按使用情况分类，可分为使用中的固定资产、未使用的固定资产和不需用的固定资产。

（1）使用中的固定资产是指正在使用中的经营性和非经营性固定资产。由于季节性经营或大修理等原因，暂时停止使用的固定资产仍属于企业使用中的固定资产。企业出租给其他单位使用的固定资产和内部替换使用的固定资产也属于使用中的固定资产。

（2）未使用的固定资产是指已经完工或已经购建的尚未交付使用的新增固定资产以及因进行改建、扩建等原因暂停使用的固定资产。

（3）不需用的固定资产是指本企业多余或不适用的，需要调配处理的固定资产。

固定资产按照使用情况分类，有利于反映固定资产的使用情况及其比例关系，便于分析固定资产的利用效率，挖掘固定资产的使用潜力，促使企业合理地使用固定资产。

（三）按固定资产的经济用途和使用情况等综合分类

固定资产按经济用途和使用情况等综合分类，可把企业的固定资产划分为 7 大类：

（1）生产经营用固定资产；

（2）非生产经营用固定资产；

（3）租出固定资产（指在经营租赁方式下出租给外单位使用的固定资产）；

（4）不需用固定资产；

（5）未使用固定资产；

（6）土地（指过去已经评估单独入账的土地。因征地而支付的补偿费，应计入与土地有关的房屋、建筑物的价值内，不单独作为土地价值入账。企业取得的土地使用权，应作为无形资产管理，不作为固定资产管理）；

（7）融资租入固定资产（指企业以融资租赁方式租入的固定资产，在租赁期内，应视同自有固定资产进行管理）。

【小思考】

企业为什么要对固定资产进行综合分类？

总之，由于企业的经营性质不同，经营规模各异，对固定资产的分类不可能完全一致。但在实际工作中，为了便于核算与管理，企业大多采用综合分类的方法作为编制固定资产目录，进行固定资产核算的依据。企业应编制固定资产目录，对每一项固定资产进行编号，并标注在固定资产实物上。在编制固定资产会计凭证、登记账簿时，也应填列编号，以便查对。固定资产应当按照成本进行初始计量。

四、固定资产的计量

固定资产的成本是指企业购建某项固定资产达到预定可使用状态前所发生的一切合理、必要的支出。这些支出包括：直接发生的价款、运费、包装费和安装成本等，也包括间接发生的，如应承担的借款利息、外币借款折算差额以及应分摊的其他间接费用。

对于特殊行业的特定固定资产，确定其初始入账成本时还应考虑弃置费用。

任务二 取得固定资产的核算

企业取得的固定资产主要包括外购、自行建造、融资租入、接受投资、接受捐赠、债务重组、非货币交易等。固定资产来源不同，其初始计量的方法也不同。

一、外购固定资产

企业外购固定资产的成本包括购买价款、相关税费、使固定资产达到预定可使用状态前所发生的可归属于该项资产的其他支出，如场地整理费、运输费、装卸费、安装费和专业人员服务费等。

1. 购入不需要安装的固定资产

购入不需要安装的固定资产，应按实际支付的购买价款、相关税费以及使固定资产达到预定可使用状态前所发生的可归属于该项资产的其他支出，作为固定资产成本，借记“固定资产”、“应交税费——应交增值税（进项税额）”等科目，贷记“银行存款”等科目。

【工作实例 5-1】2016 年 9 月 15 日，甲公司购入一台管理用复印机，取得的增值税专用发票上注明的价款为 430 000 元，增值税额为 73 100 元；另支付运费 200 元，增值税额为 22 元；款项均以银行存款支付。编制会计分录为：

借：固定资产　　430 200
　　应交税费——应交增值税（进项税额）　　73 122
　　贷：银行存款　　503 322

2. 购入需要安装的固定资产

购入需要安装的固定资产，应在购入的固定资产取得成本的基础上加上安装调试成本等，作为购入固定资产的成本。会计上先通过“在建工程”科目核算，待安装完毕达到预定可使用状态时，再由“在建工程”科目转入“固定资产”科目。

企业购入固定资产时，按实际支付的购买价款、运输费、装卸费和其他相关税费等，借记“在建工程”、“应交税费——应交增值税（进项税额）”等科目，贷记“银行存款”等科目；支付安装费用时，借记“在建工程”科目，贷记“银行存款”等科目；安装完毕达到预定可使用状态时，按其实际成本，借记“固定资产”科目，贷记“在建工程”科目。

【工作实例 5-2】甲公司购入一台需要安装的生产设备，有关资料如下：

（1）增值税税专用发票上注明的设备买价为 800 000 元，增值税额为 136 000 元。价税款以银行存款支付。设备运到后交付安装。

（2）以银行存款支付运杂费 10 000 元，增值税额为 1 100 元。

（3）以银行存款支付安装费 30 000 元。

（4）应付安装人员工资 60 000 元。

任务处理如下。

（1）购入设备时：

借：在建工程　　800 000
　　应交税费——应交增值税（进项税额）　　136 000
　　贷：银行存款　　936 000

（2）支付运杂费时

借：在建工程　　10 000
　　应交税费——应交增值税（进项税额）　　1 100
　　贷：银行存款　　11 100

（3）支付安装费时：

借：在建工程　　30 000
　　贷：银行存款　　30 000

（4）应付安装人员工资时：

借：在建工程　　60 000

　　贷：应付职工薪酬　　60 000

（5）设备安装完毕交付使用时：

借：固定资产　　900 000

　　贷：在建工程　　900 000

3. 购入多项没有单独标价的固定资产

以一笔款项购入多项没有单独标价的固定资产，应当按照各项固定资产的公允价值比例对总成本进行分配，分别确定各项固定资产的成本。

【工作实例 5-3】甲公司向乙公司一次购入三台不同型号具有不同生产能力的设备 A、B、C，有关资料如下：

（1）增值税专用发票上中注明的价款 460 万元，增值税税额为 78.2 万元；包装费及运输费 3 万元，增值税税额为 0.33 万元；A 设备需要安装，B、C 设备不需要安装。全部价税款通过银行存款支付。设备已经运抵企业，交付安装或使用。

（2）三台设备的公允价值分别为 200 万元、180 万元和 120 万元。

（3）以银行存款支付 A 设备安装费 6 万元，增值税税额为 0.66 万元。

（4）A 设备已经安装完毕，达到预定可使用状态。

任务处理如下。

（1）确定应计入固定资产成本的金额，包括包装费及运输费。

应计入固定资产的成本=460+3=463（万元）

（2）确定设备 A、B、C 的价值分配比例。

A 设备应分配的固定资产价值比例=200÷（200+180+120）×100%=40%

B 设备应分配的固定资产价值比例=180÷（200+180+120）×100%=36%

C 设备应分配的固定资产价值比例=120÷（200+180+120）×100%=24%

（3）确定设备 A、B、C 各自的成本。

A 设备应分配的固定资产成本=463×40%=185.2（万元）

B 设备应分配的固定资产成本=463×36%=166.68（万元）

C 设备应分配的固定资产成本=463×24%=111.12（万元）

（4）编制购置固定资产的分录：

借：在建工程　　1 852 000

　　固定资产——B 设备　　1 666 800

　　　　　　——C 设备　　1 111 200

　　应交税费——应交增值税（进项税额）　　785 300

贷：银行存款　　　　　　　　　　　　　　　　　　　　5 415 300

（5）支付 A 设备的安装费：

借：在建工程　　　　　　　　　　　　　　　　60 000

应交税费——应交增值税（进项税额）　　　　　6 600

贷：银行存款　　　　　　　　　　　　　　　　　　　　66 600

（6）A 设备已经安装完毕，达到预定可使用状态时：

借：固定资产——A 设备　　　　　　　　　　　1 912 000

贷：在建工程　　　　　　　　　　　　　　　　　　　　1 912 000

二、自行建造固定资产

企业自行建造固定资产，应按建造该项资产达到预定可使用状态前所发生的必要支出，作为固定资产的成本入账。其中，“建造该项资产达到预定可使用状态前所发生的必要支出”包括工程所用物资的成本、人工成本、缴纳的相关税费、应予以资本化的借款费用以及应分摊的间接费用等。企业为在建工程准备的各种物资，应按实际支付的购买价款、运输费、保险费等相关税费，作为实际成本，并按各种专项物资的种类进行明细核算。

自建固定资产应先通过“在建工程”科目核算。

企业自建固定资产，主要有自营和出包两种方式，由于采用的建设方式不同，其会计处理也不同。企业的自营工程应当按照直接材料、直接人工、直接机械施工费等计量；采用出包工程方式的企业，按照应支付的工程价款等计量；设备安装工程，按照所安装设备的价值、工程安装费用、工程试运行等所发生的支出等确定工程成本。

（一）自营工程

自营工程是指企业自行组织工程采购，自行组织施工人员施工的建筑工程和安装工程。工程项目较多且工程支出较大的企业，应当按照工程项目的性质分别核算各工程项目的成本。

企业为工程购入工程物资时，按照实际支付的买价、运输费、保险费等相关税费作为实际成本，借记“工程物资”科目，按增值税专用发票上注明的增值税，借记“应交税费——应交增值税（进项税额）”科目，按实际支付的价款，贷记“银行存款”等科目。

知识链接

《不动产进项税额分期抵扣暂行办法》（国家税务总局公告 2016 年第 15 号）规定：

（1）增值税一般纳税人 2016 年 5 月 1 日后取得并在会计制度上按固定资产核算的不动产，以及 2016 年 5 月 1 日后发生的不动产在建工程，其进项税额应按照规定分 2

年从销项税额中抵扣，第 1 年抵扣比例为 60%，第 2 年抵扣比例为 40%。

（2）纳税人 2016 年 5 月 1 日后购进货物和设计服务、建筑服务，用于新建不动产，或者用于改建、扩建、修缮、装饰不动产并增加不动产原值超过 50%的，其进项税额同样分 2 年抵扣。

（3）待抵扣进项税额记入“应交税费——待抵扣进项税额”科目核算，并于可抵扣当期转入“应交税费——应交增值税（进项税额）”科目。

（4）购进时已全额抵扣进项税额的货物和服务，转用于不动产在建工程的，其已抵扣进项税额的 40%部分，应与转用的当期从进项税额中扣减，计入待抵扣进项税额，并于转用的当月起第 13 个月从销项税额中抵扣。

领用工程物资时，借记“在建工程”科目，贷记“工程物资”科目。在建工程领用本企业原材料时，借记“在建工程”科目，贷记“原材料”、等科目。在建工程领用本企业生产的商品时，借记“在建工程”科目，贷记“库存商品”等科目。自营工程发生的其他费用（如分配工程人员工资等），借记“在建工程”科目，贷记“银行存款”、“应付职工薪酬”等科目。

自营工程达到预定可使用状态时，以其实际成本作为固定资产的入账价值，借记“固定资产”科目，贷记“在建工程”科目。盘盈、盘亏、报废、毁损的工程物资，减去保险公司、过失人赔偿部分后的差额，应分别情况处理：如果工程项目尚未完工的，计入或冲减所建工程项目的成本；如果工程项目已经完工的，计入当期“营业外支出”或”营业外收入”科目。

企业的在建工程在达到预定可使用状态前，因进行试运行而形成的、能够对外销售的产品，其发生的成本记入在建工程成本，销售或转为库存商品时，按其实际销售收入或预计收入冲减在建工程成本。所建造的固定资产已达到预定可使用状态，但尚未办理竣工决算的，应当自达到预定可使用状态之日起，根据工程预算、造价或者工程实际成本等，按暂估价值转入固定资产，并按有关计提固定资产折旧的规定，计提固定资产折旧。待办理竣工决算手续后再调整原来的暂估价值，但不需要调整原已计提的折旧额。

【工作实例 5-4】某企业采用自营方式建造厂房一幢，有关业务如下：

（1）购入为工程准备的各种物资 400 万元，增值税 68 万元，全部用于工程建设。

（2）厂房建造工程领用本企业生产的水泥一批，实际成本为 80 万元。

（3）经核查，该批水泥应负担的进项税额 6 万元，已在上期全额抵扣进项税额。

（4）工程人员应计工资 12 万元。

（5）工程期间应由工程负担的长期借款利息为 37 万元。

（6）以银行存款支付的其他费用 6 万元。

（7）年末，工程完工并达到预定可使用状态。

任务处理如下。

（1）购入工程物资时：

借：工程物资	4 000 000	
应交税费——应交增值税（进项税额）	408 000	
应交税费——待抵扣进项税额	272 000	
贷：银行存款		4 680 000

工程领用工程物资时：

借：在建工程	4 000 000	
贷：工程物资		4 000 000

（2）工程领用本企业生产的水泥时：

借：在建工程	800 000	
贷：库存商品		800 000

（3）结转已全额抵扣水泥的40%进项税额时：

借：应交税费——待抵扣进项税额	24 000	
贷：应交税费——应交增值税（进项税额）		24 000

（4）分配工程人员工资时：

借：在建工程	120 000	
贷：应付职工薪酬		120 000

（5）工程期间应由工程负担的长期借款利息：

借：在建工程	370 000	
贷：应付利息		370 200

（6）支付工程发生的其他费用时：

借：在建工程	60 000	
贷：银行存款		60 000

（7）工程完工转入固定资产时：

借：固定资产	5 350 000	
贷：在建工程		5 350 000

（二）出包工程

出包工程是指企业通过招标等方式将工程项目发包给建造承包商，由建造承包商组织施工的建筑工程和安装工程。企业采用出包方式进行的固定资产工程，其工程的具体支出由建造承包商核算，在这种方式下，“在建工程”科目主要是企业与建造承包商办理工程价款的结算科目。企业支付给建造承包商的工程价款作为工程成本，通过“在建工程”科目核算。企业按合理估计的发包工程进度和合同规定向建造承包商结算的进度款，借记“在建工程”科目，贷记“银行存款”等科目；工程达到预定可使用状态时，按其成本，借记

"固定资产"科目，贷记"在建工程"科目。

【工作实例 5-5】某企业将一幢厂房的建造工程出包给丙公司承建，有关资料如下：

（1）按合理估计的发包工程进度和合同规定，工程开工时向丙公司预付工程款 400 000 元，增值税税额为 4.4 万元，价税款以银行存款支付。

（2）工程完工后，收到丙公司有关工程结算单据，补付工程款 260 000 元，增值税税额为 2.86 万元。

（3）工程达到预定可使用状态，已交付使用。

任务处理如下。

（1）按合理估计的发包工程进度和合同规定向丙公司预付工程款时：

借：在建工程	400 000	
应交税费——应交增值税（进项税额）	26 400	
应交税费——待抵扣进项税额	17 600	
贷：银行存款		444 000

（2）补付工程款时：

借：在建工程	260 000	
应交税费——应交增值税（进项税额）	17 160	
应交税费——待抵扣进项税额	11 400	
贷：银行存款		288 600

（3）工程完工并达到预定可使用状态时：

借：固定资产	660 000	
贷：在建工程		660 000

三、投资者投入固定资产

投资者投入的固定资产，按照投资合同或协议约定的价值，作为固定资产的入账价值（但投资合同或协议约定的价值部公允的除外），借记"固定资产"、"应交税费——应交增值税（进项税额）"科目，贷记"实收资本（或股本）"等科目。

【工作实例 5-6】某公司成立时收到投资人作为资本投入的不需要安装的生产设备一台，合同约定该设备的价值为 600 000 元，假定合同约定的固定资产价值与公允价值相符，增值税 102 000 元。任务处理如下：

借：固定资产	600 000
应交税费——应交增值税（进项税额）	102 000

贷：实收资本　　702 000

四、融资租入固定资产

企业采用融资租赁方式租入固定资产，按照实质重于形式要求，企业应将融资租入固定资产作为企业固定资产入账，同时确认相应的负债，并采用与自有应折旧资产相一致的折旧政策计提折旧。

在融资租赁方式下，承租人应于租赁开始日，将租赁开始日租入固定资产公允价值与最低租赁付款额现值两者中较低者，加上在租赁过程中发生的、可直接归属于租赁项目的手续费、律师费、差旅费、印花税等初始直接费用，作为租入固定资产入账价值，借记“在建工程”或“固定资产——融资租入固定资产”、“应交税费——应交增值税（进项税额）”等科目，按最低租赁付款额，贷记“长期应付款”科目，按发生的初始直接费用，贷记“银行存款”、“库存现金”等科目，按其差额，贷记“未确认融资费用”科目。

【工作实例 5-7】2015 年 12 月 8 日，金星公司与星辉公司签订了一项大型设备租赁合同。租赁合同规定：租赁期开始日为 2016 年 1 月 1 日，租赁期 3 年，每年年末支付租赁 100 万元。租赁期满后，该租赁设备退回星辉公司，金星公司担保余值 40 万元。该设备于 2015 年 12 月 25 日运到金星公司，当日投入使用。

租赁开始日，该设备的公允价值为 320 万元，增值税 54.40 万元（增值税在租赁期开始日一次支付）。租赁时的市场利率为 6%。

金星公司的会计处理如下：

最低租赁付款额=100×3+40=340（万元）

租赁设备的公允价值=320（万元）

最低租赁付款额现值=100×2.673+40×0.839 6=3 008 840（元）

固定资产的入账价值=3 008 840（元）

未确认融资费用=3 400 000–3 008 840=391 160（元）

借：固定资产	3 008 840	
应交税费——应交增值税（进项税额）	544 000	
未确认融资费用	391 160	
贷：长期应付款		3 400 000
银行存款		544 000

【小思考】

如果企业租入固定资产的属于经营租赁，会计上应如何处理？

任务三 固定资产折旧的核算

一、固定资产折旧概述

固定资产折旧是指在固定资产的使用寿命内，按照确定的方法对应计折旧额进行的系统分摊。其中：应计折旧额是指应当计提折旧的固定资产的原价扣除其预计净残值后的金额。已计提减值准备的固定资产还应当扣除已计提的固定资产减值准备累计金额。固定资产的折旧按期转入成本和费用，并随着产品销售的实现，收回货款，弥补成本费用，从而使这部分价值损耗得到补偿。由此可见，正确计算和提取固定资产折旧，不仅影响成本、费用和企业盈亏的正确计算，而且也是保证固定资产再生产资金来源的重要手段。

企业根据固定资产的性质和使用情况，合理确定固定资产的使用寿命和预计净残值。固定资产的使用寿命、预计净残值一经确定，不得随意变更。上述事项在报经股东大会或董事会、经理（厂长）会议或类似机构批准后，作为计提折旧的依据，并按照法律、行政法规等的规定报送有关各方备案。

企业固定资产折旧的核算主要涉及计提折旧的固定资产范围、预计固定资产使用寿命应考虑的因素、固定资产折旧方法的选择以及对预计使用寿命和折旧方法的复核等问题。

二、影响折旧的因素

影响折旧的因素主要有以下几个方面：

（1）固定资产原价，是指固定资产的历史成本。

（2）预计净残值，是指假定固定资产预计使用寿命已满并处于寿命终了时的预期状态，企业目前从该项资产处置中获得的扣除预处置费用后的金额。

（3）固定资产减值准备，是指固定资产已计提的固定资产减值准备累计金额。

（4）固定资产的使用寿命，是指企业使用固定资产的预计期间，或者该固定资产所能生产产品或提供劳务的数量。

知识链接

企业在确定固定资产使用寿命时，应当考虑下列因素：

（1）该项资产预计生产能力或实物产量；

（2）该项资产预计有形损耗，如设备使用中发生磨损、房屋建筑物受到自然侵蚀等；

（3）该项资产预计无形损耗，如因新技术的出现而使现有的资产技术水平相对陈旧、市场需求变化使产品过时等；

（4）法律或者类似规定对该项资产使用的限制。

企业应在考虑上述因素的基础上，结合不同固定资产的性质、消耗方式、所处环境等因素，对固定资产使用寿命做出职业判断。

三、固定资产的折旧范围

除以下情况外，企业应当对所有固定资产计提折旧：

（1）已提足折旧仍继续使用的固定资产；

（2）单独计价入账的土地。

在确定计提折旧的范围时，还应注意以下几点：

（1）固定资产应当按月计提折旧，当月增加的固定资产，当月不计提折旧，从下月起计提折旧；当月减少的固定资产，当月仍计提折旧，从下月起不计提折旧。

（2）固定资产提足折旧后，不论能否继续使用，均不再计提折旧；提前报废的固定资产，也不再补提折旧。所谓提足折旧，是指已经提足该项固定资产的应计折旧额。

（3）已达到预定或使用状态但尚未办理竣工决算的固定资产，应当按照估计价值确定其成本，并计提折旧；待办理竣工决算后，再按实际成本调整原来的暂估价值，但不需要调整原已计提的折旧额。

（4）处于更新改造过程停止使用的固定资产，应将其账面价值转入在建工程，不再计提折旧。更新改造项目达到预定可使用状态转为固定资产后，再按照重新确定的折旧方法和该项固定资产尚可使用寿命计提折旧。

（5）因进行大修理而停用的固定资产，应当照提折旧，计提的折旧额应计入相关资产成本或当期损益。

四、固定资产的折旧方法

企业应当根据与固定资产有关的经济利益的预期实现方式，合理选择固定资产折旧方法。固定资产折旧方法包括年限平均法、工作量法、双倍余额递减法和年数总和法等。

年限平均法和工作量法均属于直线法范畴，固定资产折旧会随着其使用年限的延长或工作量的增加而增加。而双倍余额递减法和年数总和法是常见的加速折旧法，其特点是固定资产使用前期提取的折旧多，使用后期提取的折旧逐年减少。为了保持固定资产折旧方法的相对稳定，固定资产折旧方法一经确定，不得随意变更。

（一）年限平均法

年限平均法是根据固定资产的应计折旧总额和规定的折旧年限来平均计算折旧的方法。其特点是将固定资产的应计折旧额均衡的分摊到固定资产预计使用寿命内，采用这种方法计算的每期折旧额都是相等的。

固定资产折旧率包括个别折旧率、分类折旧率和综合折旧率。现行制度规定按分类折旧率计提折旧。分类折旧率是指把性质、结构类似，使用年限大致相同的固定资产归为一类，分类计算的平均折旧率。年限平均法的计算公式如下：

年折旧率=（1–预计净残值率）÷预计使用寿命（年）×100%

月折旧率=年折旧率÷12

月折旧额=固定资产原价×月折旧率

【工作实例 5-8】甲公司有一幢厂房，原价为 2 000 000 元，预计可使用 20 年，预计净残值率为 4%。该厂房的折旧率和折旧额的计算如下：

年折旧率=（1–4%）÷20×100%=4.8%

月折旧率=4.8%÷12=0.4%

月折旧额=2 000 000×0.4%=8 000（元）

采用年限平均法计算比较简单，但是当固定资产在各个使用期间的损耗程度不同时，将应计折旧总额平均分摊到各期就不合理。因此，这种方法适用于固定资产在各个使用期间的损耗较均衡的情况。

（二）工作量法

工作量法是根据固定资产的应激折旧额和预计在使用寿命内的工作量（如行驶里程、工作小时等）来计算折旧的方法。

工作量法的基本计算公式如下：

每单位工作量折旧额=固定资产原价×（1–预计净残值率）÷预计总工作量

某项固定资产月折旧额=该项固定资产当月工作量×单位工作量折旧额

【工作实例 5-9】某企业的一辆运货卡车的原价为 600 000 元，预计总行驶里程为 500 000 公里，预计净残值率 5%，本月行驶 4 000 公里。该辆汽车的月折旧额计算如下：

单位里程折旧额=600 000×（1–5%）÷500 000=1.14（元/公里）

本月折旧额=4 000×1.14=4 560（元）

采用工作量法，固定资产的折旧额与其损耗程度相符，所以费用分摊较为合理。但是，这种方法只注重固定资产的使用程度，忽略了其自然侵蚀的影响。这种方法适用于固定资产在各个使用期间的损耗程度不均衡的情况。

（三）双倍余额递减法

双倍余额递减法是指在不考虑固定资产预计净残值的情况下，根据每期期初固定资产原价减去累计折旧后的金额和双倍的直线折旧率计算固定资产折旧的方法。同时，在固定资产使用寿命到期前两年内，将固定资产账面净值扣除预计净残值后的净值平均摊销。采用这种方法时折旧率是固定不变的，而折旧额逐年递减。其计算公式如下：

年折旧率=2÷预计使用寿命（年）×100%

月折旧率=年折旧率÷12

月折旧额=每月月初固定资产账面净值×月折旧率

【工作实例 5-10】某企业一项固定资产的原价为 1 000 000 元，预计使用年限为 5 年，预计净残值为 50 000 元。按双倍余额递减法计提折旧，每年的折旧额计算如下：

年折旧率=2÷5×100%=40%

第 1 年应计提的折旧额=1 000 000×40%=400 000（元）

第 2 年应计提的折旧额=（1 000 000–400 000）×40%=240 000（元）

第 3 年应计提的折旧额=（1 000 000–400 000–240 000）×40%=144 000（元）

从第 4 年起改用年限平均法（直线法）计提折旧，即：

第 4 年、第 5 年应计提的折旧额=[（1 000 000–400 000–240 000–144 000）–50 000]÷2
=83 000（元）

每年各月折旧额根据年折旧额再除以 12 来计算。

【小思考】

双倍余额递减法是指在不考虑固定资产预计净残值的情况下进行计算折旧的，为什么在第 4 年、第 5 年计算折旧时又考虑预计净残值呢？

（四）年数总和法

年数总和法是指将固定资产的原价减去预计净残值后的余额，乘以一个逐年递减的分数来计算每年折旧额的方法。这个分数的分子代表固定资产尚可使用寿命，分母代表预计使用寿命逐年数字总和。这种方法下，折旧率是逐年递减的，而计提折旧的基数是固定不变的。其计算公式如下：

年折旧率=尚可使用年限÷预计使用寿命的年数总和×100%

月折旧率=年折旧率÷12

月折旧额=（固定资产原价–预计净残值）×月折旧率

【工作实例 5-11】某企业一项固定资产的原价为 30 万元，预计使用年限为 5 年，预计净残值为 30 000 元。则每年折旧的计算如表 5-1 所示。

表 5-1　年数总和法下固定资产折旧计算表

年　份	原价-净残值	尚可使用年限	折旧率	年折旧额	累计折旧
1	270 000	5	5/15	90 000	90 000

续表

年　份	原价-净残值	尚可使用年限	折旧率	年折旧额	累计折旧
2	270 000	4	4/15	72 000	162 000
3	270 000	3	3/15	54 000	216 000
4	270 000	2	2/15	36 000	252 000
5	270 000	1	1/15	1 800	270 000

注：每年各月折旧额根据当年折旧额除以 12 来计算。

五、固定资产的使用寿命、预计净残值和折旧方法的复核

企业至少于每年年度终了，对固定资产的使用寿命、预计净残值和折旧方法进行复核。在固定资产使用过程中，由于经济环境、技术环境以及其他环境等客观情况的改变，使原有的固定资产预计使用寿命、预计净残值和折旧方法已经不能恰当地反映其实际情况，使用寿命预计数与原先估计数有差异的，应当调整固定资产使用寿命；预计净残值预计数与原先估计数有差异的，应当调整预计净残值；与固定资产有关的经济利益预期实现方式有重大改变的，应当改变固定资产折旧方法。固定资产使用寿命、预计净残值和折旧方法的改变应当作为会计估计变更。通过对固定资产的使用寿命、预计净残值和折旧方法恰当地调整，使固定资产信息更加真实，也更加有助于会计信息使用者做出正确的经济决策。

六、固定资产折旧的会计处理

企业每月计提的折旧额应按照固定资产的用途和使用部门，分别计入不同的成本、费用账户。企业自行建造固定资产过程中使用的固定资产，其计提的折旧应计入“在建工程”科目；基本生产车间所使用的固定资产，其计提的折旧应计入“制造费用”科目；管理部门所使用的固定资产，其计提的折旧应计入“管理费用”科目；销售部门所使用的固定资产，其计提的折旧应计入“销售费用”科目；经营租出的固定资产，其应提的折旧额应计入“其他业务成本”科目；闲置不用的固定资产，其应提的折旧额应计入“管理费用”科目。

【工作实例 5-12】某企业采用年限平均法对固定资产计提折旧。2016 年 8 月固定资产折旧如下：一车间 760 000 元，二车间 640 000 元，厂部 500 000 元，销售部 200 000 元，在建工程 480 000 元。会计处理如下：

借：制造费用——一车间　　760 000
　　　　　　——二车间　　640 000
　　管理费用　　500 000

销售费用	200 000	
在建工程	480 000	
贷：累计折旧		2 580 000

任务四 固定资产后续支出的核算

固定资产的后续支出是指固定资产在使用过程中发生的更新改造支出、修理费用等。企业的固定资产投入使用后，为了适应新技术发展的需要，或者为了维护或提高固定资产的使用效能，往往需要对现有的固定资产进行维护、改建、扩建，这些支出就是固定资产的后续支出。固定资产的后续支出通常包括固定资产在使用过程中发生的日常修理费、大修理费、更新改造支出、房屋的装修费等。

固定资产的后续支出，满足固定资产确认条件的，应当计入固定资产成本，即固定资产后续支出应予以资本化，如果有被替换的部分，应同时将被替换部分的账面价值从该固定资产原账面价值中扣除；不满足固定资产确认条件的后续支出，应当在发生时计入当期损益，即固定资产的后续支出应予以费用化。

一、资本化的后续支出

固定资产发生的可资本化的后续支出，通过“在建工程”科目核算。在对固定资产发生可资本化的后续支出后，企业应将该固定资产的原价、已计提的累计折旧和减值准备转销，将固定资产的账面价值转入在建工程，并停止计提折旧。在固定资产发生的后续支出完工并达到预定可使用状态时，应在后续支出资本化后的固定资产账面价值不超过其可收回金额的范围内，从“在建工程”科目转入“固定资产”科目，并按重新确定的使用寿命、预计净残值和折旧方法计提折旧。

【工作实例 5-13】某企业准备对一条生产线进行改建。有关业务资料如下：

（1）该生产线原价 480 000 元，预计净残值率 4%，预计使用 6 年，已使用了 2 年，采用年限平均法计提折旧。

（2）因生产需要，2016 年 1 月 2 日决定对该生产线进行改扩建，历时 5 个月。

（3）改建过程中，以银行存款支付改扩建支出 83 600 元，应付工人工资 140 000 元，领用生产用材料 50 000 元。

（4）2016 年 5 月 31 日改扩建完成。该生产线改扩建达到预定可使用状态后，大大提高了生产能力，预计尚可使用 5 年。假定改扩建后的生产线预计净残值率和折旧方法不变。

任务处理如下。

（1）2016 年 1 月 2 日，生产线转入改扩建时：

该生产线已计提折旧额=480 000×（1−4%）÷6×2=153 600（元）

借：在建工程　　326 400

　　累计折旧　　153 600

　　贷：固定资产　　480 000

（2）2016 年 1 月 2 日至 5 月 31 日，发生改扩建支出时：

借：在建工程　　273 600

　　贷：银行存款　　83 600

　　　　原材料　　50 000

　　　　应付职工薪酬　　140 000

（3）2016 年 5 月 31 日，改扩建工程达到预定可使用状态时：

借：固定资产——新生产线　　600 000

　　贷：在建工程　　600 000

（4）2016 年 6 月 1 日，转为固定资产后，按重新确定的使用寿命、预计净残值和折旧方法计提折旧。

应计折旧额=600 000×（1−4%）=576 000（元）

月折旧额=576 000÷（4×12）=12 000（元）

借：制造费用　　12 000

　　贷：累计折旧　　12 000

二、费用化的后续支出

在一般情况下，固定资产投入使用后，由于磨损、各组成部分的耐用程度不同，可能会导致固定资产的局部损坏，为了维护固定资产的正常运转和使用，充分发挥其使用效能，企业应对固定资产进行必要的维护。固定资产的日常维护支出只是确保固定资产的正常工作状况，通常不满足资本化支出的确认条件，应在发生时费用化处理，计入当期损益，不得采用待摊或预提的方式处理。

企业发生的固定资产修理费用等后续支出，应根据发生的部门，分别计入“管理费用”、“销售费用”等科目。

【工作实例 5-14】2016 年 11 月 1 日，甲公司对厂部现有的一台生产设备进行修理，修理过程中发生的材料费 10 000 元，应支付的维修人员工资为 2 000 元。会计处理如下：

借：管理费用　　12 000

　　贷：原材料　　10 000

　　　　应付职工薪酬　　2 000

任务五 固定资产处置的核算

企业在生产经营中，可能将不适用或不需用的固定资产对外出售转让，或因磨损、技术进步、自然灾害等原因使固定资产发生报废或毁损、或由于企业经营需要对外资产置换或抵债等。对于上述事项发生时，应按规定程序办理有关手续，办理固定资产清理，同时结转固定资产的账面价值，计算有关的清理损益等。

固定资产处置包括固定资产的出售、报废、毁损、对外投资、非货币性资产交换、债务重组等。固定资产满足下列条件之一的，应当予以终止确认：①该固定资产处于处置状态；②该固定资产预期通过使用或处置不能产生经济利益。

一、固定资产的出售、报废和毁损的会计处理

处置固定资产应通过“固定资产清理”科目核算。具体包括以下几个环节：

1. 固定资产转入清理

企业因出售、报废或毁损而转出的固定资产，按固定资产的账面价值，借记“固定资产清理”科目，按已计提的累计折旧，借记“累计折旧”科目，按已计提的减值准备，借记“固定资产减值准备”科目，按其账面原价，贷记“固定资产”科目。

2. 发生的清理费用

固定资产清理过程中应支付的相关税费及其他费用，借记“固定资产清理”科目，贷记“银行存款”等科目。

3. 收回出售固定资产的价款、残料价值和变价收入或保险赔偿

收回出售固定资产的价款、残料价值和变价收入或保险赔偿等，借记“银行存款”、“原材料”、“其他应收款”等科目，贷记“固定资产清理”、“应交税费——应交增值税（销项税额）”等科目。

4. 清理净损益的处理

固定资产清理完成后，如果发生净损失，应计入“营业外支出”科目；如发生净收益，应计入“营业外收入”科目。

【工作实例 5-15】甲公司一项固定资产毁损，原价为 540 000 元，预计净残值率 5%，预计使用寿命为 10 年，已经使用 7 年 6 个月，以银行存款支付清理费用 2 000 元，残料价值 3 000 元，未计提减值准备，应收保险公司赔款 2 600 元。假定固定资产采用年限平均法计提折旧。会计处理如下。

（1）将固定资产转入清理时：

已计提折旧=540 000×（1−5%）÷10÷12×（7×12+6）=384 750（元）

借：固定资产清理　　155 250
　　累计折旧　　384 750
　　贷：固定资产　　540 000

（2）支付清理费：

借：固定资产清理　　2 000
　　贷：银行存款　　2 000

（3）收回残料入库：

借：原材料　　3 000
　　贷：固定资产清理　　3 000

（4）应收保险公司赔款：

借：其他应收款　　2 600
　　贷：固定资产清理　　2 600

（5）结转固定资产清理净损益：

借：营业外支出　　151 650
　　贷：固定资产清理　　151 650

二、其他方式减少的固定资产

其他方式减少的固定资产，如以固定资产清偿债务、投资转出固定资产、非货币资产交易换出固定资产等，将分别在以后的章节中予以介绍。

任务六 固定资产的清查和减值的核算

企业应定期或者至少每年年末对固定资产进行清查盘点，以保证固定资产核算的真实性，充分挖掘企业现有固定资产的潜力。在固定资产清查过程中，如果发现盘盈、盘亏的固定资产，应填制固定资产盘盈盘亏报告表。清查固定资产的损益，应及时查明原因，并按照规定程序报批处理。

一、固定资产盘盈

企业在财产清查中盘盈的固定资产，作为前期差错处理。企业在财产清查中盘盈的固定资产，在按管理权限报经批准处理前应先通过“以前年度损益调整”科目核算。

【小思考】

为什么会计准则中将固定资产盘盈作为前期差错处理?

盘盈固定资产的入账价值、应按以下顺序确定：如果同类或类似固定资产存在活跃市场的，按同类或类似固定资产的市场价格，减去按该项资产的新旧程度估计的价值损耗后的余额，作为入账价值；如果同类或类似固定资产不存在活跃市场的，按该项固定资产的预计未来现金流量的现值，作为入账价值。

【工作实例 5-16】企业在财产清查中，发现一台账外设备，同类设备的市场价格为 500 000 元，估计 8 成新（假定与其计税基础不存在差异）。企业适用的所得税税率为 25%，企业按净利润的 10%计提法定盈余公积。会计处理如下。

（1）盘盈固定资产时：

借：固定资产　　400 000

　　贷：以前年度损益调整　　400 000

（2）确定应交纳的所得税时：

借：以前年度损益调整　　100 000

　　贷：应交税费——应交所得税　　100 000

（3）结转法定盈余公积时：

借：以前年度损益调整　　30 000

　　贷：盈余公积　　30 000

（4）结转以前年度损益调整时：

借：以前年度损益调整　　270 000

　　贷：利润分配——未分配利润　　270 000

二、固定资产盘亏

企业在财产清查中盘亏的固定资产，按盘亏固定资产的账面价值，转入“待处理财产损溢”科目，按管理权限报经批准后处理时，分别列入“其他应收款”、“营业外支出”等科目。

【工作实例 5-17】企业在财产清查中发现盘亏设备一台，有关资料如下：

（1）盘亏的固定资产账面原价为 80 000 元，已提折旧 28 800 元，已提减值准备 1 600 元。

（2）经查，上述固定资产盘亏属于管理不善造成的，应收保险公司赔偿 10 000 元，其余列入损失。

任务分录如下。

（1）盘亏固定资产时：

借：待处理财产损溢　　49 600

　　累计折旧　　28 800

　　固定资产减值准备　　1 600

　　贷：固定资产　　　　80 000

（2）经批准处理时：

借：其他应收款　　10 000

　　营业外支出　　48 304

　　贷：待处理财产损溢　　　　49 600

　　　　应交税费——应交增值税（进项税额转出）　　　　8 704

【小思考】

如果企业盘亏固定资产的原因是自然灾害导致的，会计处理会是一样的吗？

三、固定资产减值

固定资产在资产负债表日存在可能发生减值的迹象时，其可收回金额低于账面价值的，企业应当将该固定资产的账面价值减记至可收回金额，减记的金额确认为减值损失，计入当期损益，同时计提相应的资产减值准备，借记“资产减值损失”科目，贷记“固定资产减值准备”科目。固定资产减值损失一经确认，在以后会计期间不得转回。

项目小结

固定资产是指为生产商品、提供劳务、出租或经营管理而持有的，使用寿命超过一个会计年度的有形资产。企业确认固定资产，必须满足：①与该固定资产有关的经济利益很可能流入企业；②该固定资产的成本能够可靠地计量。

固定资产应当按照成本进行初始计量。固定资产的成本是指企业购建某项固定资产达到预定可使用状态前所发生的一切合理、必要的支出。对于特殊行业的特定固定资产，确定其初始入账成本时还应考虑弃置费用。

固定资产折旧是指在固定资产的使用寿命内，按照确定的方法对应计折旧额进行的系统分摊。企业根据固定资产的性质和使用情况，合理确定固定资产的使用寿命和预计净残值。固定资产的使用寿命、预计净残值一经确定，不得随意变更。固定资产折旧方法包括年限平均法、工作量法、双倍余额递减法和年数总和法等。

固定资产的后续支出是指固定资产在使用过程中发生的更新改造支出、修理费用等。固定资产的后续支出，满足固定资产确认条件的，应当计入固定资产成本；不满足条件的，应当在发生时计入当期损益。

企业在生产经营中，因某种原因将固定资产处置，它包括固定资产的出售、报废、毁损、对外投资、非货币性资产交换、债务重组等。处置固定资产应通过“固定资产清理”科目核算。

企业应定期或者至少每年年末对固定资产进行清查盘点，如果发现盘盈、盘亏的固定资产，应填制固定资产盘盈盘亏报告表。清查固定资产的损益，应及时查明原因，并按照规定程序报批处理。固定资产在资产负债表日存在可能发生减值的迹象时，应计提固定资产资产减值准备。固定资产减值损失一经确认，在以后会计期间不得转回。

复习思考题

1. 固定资产的确认应具备哪些条件？
2. 固定资产的成本构成包括哪些内容？请列出外购固定资产的成本内容。
3. 对于同一项固定资产，它的各部分折旧年限、折旧方法是否一定相同？
4. 融资租入的固定资产，在取得时为什么采用现值确认固定资产价值？
5. 什么是加速折旧法？它包括哪些方法？加速折旧法有什么特点？
6. 在年数总和法下，每年的各月折旧额一定相等吗？
7. 如何判断企业发生的固定资产后续支出是费用化，还是资本化？
8. 现行会计制度对固定资产装修有什么规定？

项目六

无形资产及其他资产的核算

知识学习目标

- 熟悉无形资产的概念和特点；
- 掌握无形资产的初始确认和后续计量；
- 掌握无形资产的转让和报废的核算；
- 熟悉长期待摊费用的核算。

能力学习目标

- 能充分认识无形资产在企业价值创造中的重要性，要具有无形资产的开发和保护意识；
- 能运用无形资产的特点，加大科技创新力度，走内涵式发展道路；
- 在全面熟悉无形资产会计准则的基础上，提供真实可靠的会计信息。

工作任务

- 各种取得的无形资产的初始确认和计量；
- 自行研发无形资产的确认和计量；
- 无形资产的摊销、转让和报废；
- 其他长期资产的核算。

项目引例

致远软件公司为扩大生产经营规模，于2016年3月购入一块40年的土地使用权建造科技园，购入价格500万元。建造科技园大楼投资1 000万元，购买计算机设备200万元、动漫软件100万元、其他设备160万元。科技园于2016年5月1日达到可使用状态，并正式投入运营。

提出问题：

（1）企业购入的土地使用权是否属于无形资产？

（2）企业购入的土地使用权进行房地产开发，是否需要将取得土地使用权的成本计入房地产的成本？

（3）在本例中，致远软件公司购买的计算机软件是否属于无形资产？

（4）在本例中，致远软件公司对取得的土地使用权和建造的科技园大楼是否分别进行折旧或摊销？

（5）在本例中，致远软件公司取得的无形资产总成本是多少？

带着这些问题，让我们进入本项目的学习领域。

任务一 无形资产的确认和计量

一、无形资产的概念

无形资产是指企业拥有或者控制的、没有实物形态的可辨认非货币性资产。从无形资产的定义中我们可以看出无形资产具有以下的特征：

1. 不具备实物形态

无形资产是不具备实物形态的资产，这是区别于固定资产、存货等有形资产最为显著的标志。

2. 具有不确定性

无形资产既有可能长期提供经济效益，但是这种长期性的经济效益是在一定的前提条件下才满足的，这个条件就是社会发展比较平稳、技术更新速度不是很快。否则，无形资产提供效益的长期性以及无形资产本身的价值将会发生很大的改变。比如说新的技术出现迅速替代以企业现有的专利技术，此时企业所取得的无形资产就会失去原有的价值，那么它所提供的经济效益就很难估计了。

3. 具有可辨认性

也就是说无形资产能够从企业中分离或者划分出来，并能单独或者与相关合同、资产或负债一起，用于出售、转移、授予许可、租赁或者交换；或者源自合同性权利或其他法定权利，无论这些权利是否可以从企业或其他权利和义务中转移或者分离。

无法与企业自身分离，不具有可辨认性，不能作为无形资产，如商誉。

二、无形资产的分类

无形资产主要包括专利权、非专利技术、商标权、著作权、土地使用权、特许权等。

1. 专利权

专利权是指发明人在法定期限内对某一发明创造价值所拥有的特殊权利。专利人所拥有的专利权受到国家法律的保护，在其合法持有期间允许独家使用和控制。但是不是所有的专利权都可以作为企业的无形资产入账，有些专利权不一定能为企业带来较大的经济效益，或者根本不能带来经济效益，这样的专利权就不能作为企业的无形资产入账。

2. 非专利技术

非专利技术即专有技术，或技术秘密、技术诀窍，是指先进的、未公开的、未申请专利、可以带来经济效益的技术及诀窍。主要内容包括：一是工业专有技术；二是商业（贸易）专有技术，即具有保密性质的市场情报、原材料价格情报以及用户、竞争对象的情况和有关知识；三是管理专有技术，即生产组织的经营方式、管理方式、培训职工方法等保密知识。非专利技术并不是专利法的保护对象，专有技术所有人依靠自我保密的方式来维持其独占权，可以用于转让和投资。如果是企业自己开发研究的，应将符合无形资产准则规定的开发支出资本化条件的，确认为无形资产。对于从外部购入的非专利技术，应将实际发生的支出予以资本化，作为无形资产入账。

非专利技术和专利技术不同点在于非专利技术不受法律的保护。

【小思考】

为什么非专利技术不受法律的保护？

3. 商标权

商标权是指企业专门在某种指定的商品上使用特定的名称、图案和标记的权利。企业的商标权在法律上受到保护，其他企业不得使用同样的商标。商标是一个企业的标志，是联系企业和消费者的纽带，一个好的商标的价值是非常大的，甚至它的经济价值远远超过了该企业的有形资产，可以为企业带来巨大的超额利益，一个商标的实际价值是企业在长期的生产经营中创造的，因此它的价值是显而易见的。

【小思考】

企业自创的商标并经过注册登记，是否可以作为无形资产？企业支付的广告费用是否计入商标权的成本？

4. 著作权

著作权又称为版权，是指制作者对其创作的文学、科学和艺术作品依法享有的某种特殊权利。著作权包括精神权利（人身权利）和经济权利（财产权利）。前者指作品署名、发表作品、确认作者身份、保护作品的完整性、修改已经发表的作品等各项权力，包括发表权、署名权、修改权和保护作品完整权。后者指以出版、表演、广播、展览、录制唱片、摄制影片等方式使用作品以及因授权他人使用作品而获得经济利益的权利。一般情况下只有从外部购入的著作权才作为无形资产处理。

5. 土地使用权

土地使用权是指经过国家准许，企业在一定期间对国有土地享有开发、利用、经营的权利。土地属于国家和集体所有，任何社会组织或个人都不能以任何理由侵占、买卖土地。企业取得土地的使用权通常是有偿的，企业为获得土地使用权向政府支付的土地出让金应作为无形资产。

6. 特许权

特许权也称为专营权，是指在某一地区经营或销售某种特定商品的权利或是一家企业接受另一家企业使用其商标、商号、技术秘密等的权利。特许权的形成往往有两种方式：一种方式是由政府授权，准许企业在某一地点享有某种特权；另一种方式是企业间依据签订的合同，有限期或无限期使用另一企业的某些权力，如烟草专卖权、连锁店分店、商标使用权等。

三、无形资产的确认

无形资产在满足以下两个条件时，企业才能加以确认。

（一）与该无形资产有关的经济利益很可能流入企业

如果某一无形资产产生的经济利益预期不能流入企业，就不能确认为企业的无形资产。如果某一无形资产产生的经济利益很可能流入企业，并同时满足无形资产确认的其他条件，则企业应将其确认为无形资产。例如，企业外购一项专利权从而拥有法定所有权，使得企业的相关权利受到法律的保护，此时，表明企业能够控制该项无形资产所产生的经济利益。

【小思考】

企业拥有的高素质的管理队伍是否可以确认为无形资产？

（二）该无形资产的成本能够可靠地计量

成本能够可靠地计量是资产确认的一项基本条件。对于无形资产来说。这个条件显得十分重要。比如说企业在自创商誉、品牌、报刊名等过程中发生的支出难以计量，因而不能将其作为企业的无形资产予以确认。

某个项目要确认为无形资产，首先必须符合无形资产的定义，其次还要符合以上两项条件。

四、无形资产的初始计量

虽然无形资产的取得途径较多，但是取得无形资产应按照成本计量。对于不同途径取得的无形资产，其成本构成也不完全相同。

（一）外购的无形资产

外购无形资产的成本，包括购买价款、相关税费以及直接归属于使该项资产达到预定用途所发生的其他支出。按取得时实际支付的款项借记“无形资产”、“应交税费——应交增值税（进项税额）”等科目，贷记“银行存款”等科目。

【工作实例 6-1】某企业以银行存款 15.9 万元（含增值税）引进一项专有技术，根据相关凭证，会计处理如下：

借：无形资产——专有技术	150 000	
应交税费——应交增值税（进项税额）	9 000	
贷：银行存款		159 000

（二）自行开发的无形资产

企业内部研究开发项目所发生的支出，应区分研究阶段支出和开发阶段支出。研究阶段是探索性的，为进一步开发活动进行资料及相关方面的准备，已进行的研究活动将来是否会转入开发、开发后是否会形成无形资产等均具有较大的不确定性。相对于研究阶段而言，开发阶段应当是已完成研究阶段的工作，在很大程度上具备了形成一项新产品或新技术的基本条件。

企业内部研究开发项目，研究阶段的支出应当于发生时计入当期损益。

企业内部研究开发项目开发阶段的支出，同时满足下列条件的才能确认为无形资产：

（1）完成该无形资产以使其能够使用或出售，在技术上具有可行性。

（2）具有完成该无形资产并使用或出售的意图。

（3）归属于该无形资产开发阶段的支出能够可靠地计量。

无法区分研究阶段和开发阶段的支出，应当在发生时予以费用化，全部计入当期损益。

企业对于自行开发的无形资产应当设置“研发支出”科目进行核算。该科目用来核算企业在进行研究与开发无形资产过程中发生的各项支出，按照研究开发项目分别“费用化支出”与“资本化支出”进行明细核算。企业自行开发无形资产发生的研发支出不满足资本化条件的，借记“研发支出——费用化支出”科目；满足资本化条件的，借记“研发支出——资本化支出”科目，贷记“原材料”、“银行存款”、“应付职工薪酬”等科目。研究开发项目达到预定用途形成无形资产的，应按“研发支出——资本化支出”科目的余额，借记“无形资产”科目，贷记“研发支出——资本化支出”科目。期末，应将“研发支出——费用化支出：科目归集的金额，转入”管理费用“科目，借记”管理费用“科目，贷记”研发支出——费用化支出“科目。

【工作实例 6-2】大江公司研发成功了一项专利，并在 2016 年 1 月取得了专利权，在研究该专利权的时候共发生开发费用 20 000 元，其中包含开发人员工资 10 000 元，消耗材料 4 000 元，其他费用 6 000 元。且该项费用满足相关条件可进行资本化，确认为无形资产的成本。前期研究阶段共发生费用 5 000 元，以银行存款付讫。

任务处理如下。

（1）研究过程中的相关费用：

借：研发支出——费用化支出	5 000	
贷：银行存款		5 000

（2）开发阶段的支出：

借：研发支出——资本化支出	20 000	
贷：应付职工薪酬		10 000
原材料		4 000
银行存款		6 000

（3）期末，将研发支出转入当期损益和无形资产成本：

借：管理费用	5 000	
无形资产——专利权	20 000	
贷：研发支出——费用化支出		5 000
——资本化支出		20 000

（三）投资者投入的无形资产

投资者投入无形资产的成本，应当按照投资合同或协议约定的价值确定，但是合同或协议约定价值不公允的除外。

【工作实例 6-3】大江公司接受某公司的一项专利技术投资，该公司的账面剩余价值是 10 万元，投资双方经过确认以后价值是 8 万元，增值税 0.48 万元。

任务处理如下：

借：无形资产——专利技术	80 000	
应交税费——应交增值税（进项税额）	4 800	
贷：实收资本		84 800

（四）取得土地使用权

企业取得土地使用权，通常应当按照取得时所支付的价款及相关税费确认为无形资产。土地使用权用于自行开发建造厂房等地上建筑物时，土地使用权的账面价值不与地上建筑物合并计算其成本，而仍作为无形资产进行核算，并按期摊销。但是，如果是房地产企业取得的土地使用权用于建造对外出售的商品房的，其相关的土地使用权的价值应当计入所建造的房屋、建筑物的成本。

【工作实例 6-4】大江公司（非房地产企业）2016 年 1 月以 1 000 万元的价格购入一块土地使用权，准备在当年 4 月建造生产厂房。会计处理如下：

借：无形资产——土地使用权　　10 000 000

　贷：银行存款　　10 000 000

【小思考】

如果大江公司属于房地产开发企业，取得该土地使用权的目的是建造商品房，则如何进行会计处理？

五、无形资产的后续计量

（一）估计无形资产的使用寿命

企业应当于取得无形资产时分析判断其使用寿命。无形资产的使用寿命如为有限的，应当估计该使用寿命的年限或者构成使用寿命的产量等类似计量单位数量；无法预见无形资产为企业带来经济利益期限的，应当视为使用寿命不确定的无形资产。使用寿命有限的无形资产应进行摊销，使用寿命不确定的无形资产不应摊销。

1. 合同或法律规定的使用寿命

企业持有的无形资产通常来源于合同性权利或者其他法定权利，其使用寿命不应超过合同或法律规定的使用年限。但如果企业使用资产的预期期限短于合同或法律明确的使用年限，应按照预期使用年限来确定其使用寿命。

2. 其他受益寿命

合同或法律没有规定使用寿命的，企业应当综合各方面因素判断以确定。

3. 使用寿命不确定

无形资产能为企业带来经济利益的期限，经过上述方法仍无法合理确定无形资产为企业带来经济利益的期限的，才能将其作为使用寿命不确定的无形资产。

知识链接

企业确定无形资产使用寿命通常应当考虑的因素：

（1）运用该资产生产的产品通常的寿命周期、可获得的类似资产使用寿命的信息；

（2）技术、工艺等方面的现阶段情况及对未来发展趋势的估计；

（3）以该资产生产的产品或提供服务的市场需求情况；

（4）现在或潜在的竞争者预期采取的行动；

（5）为维持该资产带来经济利益能力的预期维护支出，以及企业预计支付有关支出的能力；

（6）对该资产控制期限的相关法律规定或类似限制，如特许使用期、租赁期等；

（7）与企业持有其他资产使用寿命的关联性等。

（二）无形资产摊销

无形资产的应摊销金额为其成本扣除预计残值后的金额，已计提减值准备的无形资产还应扣除已计提的无形资产减值准备累计金额。使用寿命有限的无形资产其残值应当视为零。但下列情况除外：

（1）有第三方承诺在无形资产使用寿命结束时购买该无形资产；

（2）可以根据活跃市场得到预计残值信息，并且该市场在无形资产使用寿命结束时很可能存在。

企业摊销无形资产应当自无形资产可供使用时起，至不再作为无形资产确认时止。

【小思考】

会计准则上对固定资产的折旧年限区间和无形资产的摊销年限区间在规定上有什么区别？

无形资产的摊销方法包括直线法、生产总量法等。企业选择的无形资产摊销方法应当反映与该项无形资产有关的经济利益的预期实现方式，无法可靠确定预期实现方式的，应采用直线法摊销。企业应当按月对无形资产进行摊销。无形资产的摊销额一般应当计入当期损益，并记入“累计摊销”科目。

（1）对于企业自用的无形资产，其摊销金额计入管理费用；借记“管理费用”科目，贷记“累计摊销”科目。

（2）对于出租的无形资产，其摊销金额计入其他业务成本，借记“其他业务成本”科目，贷记“累计摊销”科目。

（3）某项无形资产包含的经济利益通过所生产的产品或其他资产实现的，其摊销金额应当计入相关资产成本，列入“制造费用”、“研发支出”等科目。

【工作实例 6-5】金宝公司于 2016 年 5 月购入一项专利权，增值税专用发票上注明价款 600 000 元，增值税 36 000 元，购买价税款已通过银行存款支付。估计该项专利可使用 15 年，合同规定其使用年限是 10 年。假定该项专利权用于产品生产，净残值为零，采用直线法摊销。则该企业的会计处理如下。

（1）取得无形资产时：

借：无形资产——专利权　　600 000

　　应交税费——应交增值税（进项税额）　　36 000

　　贷：银行存款　　636 000

（2）按月摊销时（600 000÷10÷12）：

借：制造费用　　5 000

　　贷：累计摊销　　5 000

【工作实例 6-6】甲公司于 2016 年 2 月购入一项商标权，增值税专用发票上注明价款 240 000 元，增值税 14 400 元，购买价税款已通过银行存款支付。该商标权估计可使用 8 年，法律规定其使用年限是 10 年。假定该项商标权的净残值为零，采用直线法摊销。会计处理如下。

（1）取得无形资产时：

借：无形资产——专利权　　240 000

　　应交税费——应交增值税（进项税额）　　14 400

　　贷：银行存款　　254 400

（2）按月摊销时：

借：管理费用（240 000÷8÷12）　　2 500

　　贷：累计摊销　　2 500

【小思考】

为什么【工作实例 6-6】中无形资产的摊销年限为 8 年，而不是 10 年？

【小思考】

如果企业将无形资产出租，其摊销金额应计入什么科目？

（三）无形资产减值

1. 无形资产减值金额的确定

无形资产在资产负债表日存在可能发生减值的迹象时，其可收回金额低于账面价值的，企业应当将该无形资产的账面价值减记至可收回金额，减记的金额确认为减值损失，计入当期损益，同时计提相应的资产减值准备。

2. 无形资产减值的会计处理

企业计提无形资产减值准备，应当设置“无形资产减值准备”科目核算。企业按应减记的金额，借记“资产减值损失”科目，计提的无形资产减值准备，贷记“无形资产减值准备”科目。无形资产减值损失一经确认，在以后会计期间不得转回。

六、无形资产的转让和报废

（一）无形资产转让

无形资产转让有两种形式：一是转让无形资产的使用权，即出租；二是转让无形资产的所有权，即出售。

1. 转让无形资产使用权

无形资产使用权的转让现属于增值税的纳税范围，专利技术和非专利技术使用权的转让在符合法律规定的条件下可以给予免税，其他无形资产使用权的转让要按 6%的税率进行纳税。企业因出租无形资产属于现代服务业形成的租金收入和发生的相关费用，分别确认为其他业务收入和其他业务成本。

【工作实例 6-7】辉瑞公司将一项专利权使用权转让给 A 企业，合同中规定每月收的租金 6 360 元（含增值税），在转让的专利权每月摊销费用 2 000 元。

任务处理如下：

借：银行存款	6 360	
贷：其他业务收入		6 000
应交税费——应交增值税（销项税额）		360
借：其他业务成本	2 000	
贷：累计摊销		2 000

2. 转让无形资产所有权

无形资产转出也会涉及增值税的核算。技术开发、专利技术的转让是免税的，此外的商誉、商标权和著作权的转让需按 6%的增值税率进行纳税。销售土地使用权需按 11%的增值税率进行纳税。企业出售无形资产，应当将取得的价款与该无形资产账面价值、应交增值税的差额计入当期损益（营业外收入或营业外支出）。

【工作实例 6-8】乙公司购买一项专利权，支付的费用是 400 000 元，预计有效使用年限是 10 年，该项无形资产的残值为零，该公司在购买 5 年后将其所有权转让给某企业。增值税发票上注明的价款 250 000 元，增值税税率为 6%。会计处理如下：

借：银行存款　　250 000
　　累计摊销　　200 000
　　贷：无形资产　　400 000
　　　　应交税费——应交增值税（销项税额）　　15 000
　　　　营业业外收入　　35 000

【学中做 6-1】

丙公司为增值税一般纳税人，现将一项土地使用权出售，取得收入 200 万元（含增值税）。该项土地使用权账面成本 150 万元，累计摊销 30 万元。请编制会计分录。

（二）无形资产报废

如果某项无形资产预期不能为企业带来经济利益的，应当将该无形资产的账面价值予以转销，其账面价值转作当期损益（营业外支出）。

【工作实例 6-9】承【工作实例 6-8】，假定乙公司购买的专利权，在购买 5 年后以其生产的产品已经没有市场，预期不能为企业带来经济利益。

任务处理如下：

借：营业外支出　　200 000
　　累计摊销　　200 000
　　贷：无形资产　　400 000

任务二 其他资产的核算

其他资产是指除货币资金、交易性金融资产、应收及预付款项、存货、长期股权投资、固定资产、无形资产等以外的资产，如长期待摊费用、特种储备物资、银行冻结存款、冻结物资、涉及诉讼中的财产以及临时设施等。

长期待摊费用是指企业已经发生但应由本期和以后各期负担的分摊期限在一年以上的各项费用，如以经营租赁方式租入的固定资产发生的改良支出等。长期待摊费用本身没有价值，不可转让，不能为企业带来经济效益，因此在核算长期待摊费用的时候，不得随意增加费用的项目，不得将计入当期损益的费用计入长期待摊费用。

企业应通过“长期待摊费用”科目，核算长期待摊费用的发生、摊销和结存等情况。摊销长期待摊费用时，应当记入“管理费用”、“销售费用”等科目。

【工作实例 6-10】大江公司于 2016 年 10 月与某企业签订经营性租赁合同，租入大型生产机器设备一台租期为 6 年，根据合同规定，大江公司对该设备进行改良，所有的费用由大江公司自理。大江公司在改良的过程中消耗原材料 3 000 元，发生工人的工资费用 13 000 元，以现金支付其他的费用 2 000 元，改良完成后交付车间使用。会计分录如下。

（1）发生支出时：

借：长期待摊费用　　18 000

　　贷：原材料　　3 000

　　　　应付职工薪酬　　13 000

　　　　库存现金　　2 000

（2）按月摊销时：

借：制造费用　　250

　　贷：长期待摊费用　　250

项目小结

无形资产是指企业拥有或者控制的、没有实物形态的可辨认非货币性资产。无形资产主要包括专利权、非专利技术、商标权、著作权、土地使用权、特许权等。

无形资产取得应按照成本计量。对于不同途径取得的无形资产，其成本构成也不完全相同。

企业应当于取得无形资产时分析判断其使用寿命。无形资产的使用寿命如为有限的，应当估计该使用寿命的年限或者构成使用寿命的产量等类似计量单位数量；无法预见无形资产为企业带来经济利益期限的，应当视为使用寿命不确定的无形资产。使用寿命有限的无形资产应进行摊销，使用寿命不确定的无形资产不应摊销。

无形资产在资产负债表日存在可能发生减值的迹象时，应当计提资产减值准备。

企业让渡无形资产使用权形成的租金收入和发生的相关费用，分别确认为其他业务收入和其他业务成本。企业出售无形资产，应当将取得的价款与该无形资产账面价值的差额计入当期损益（营业外收入或营业外支出）。

其他资产是指除货币资金、交易性金融资产、应收及预付款项、存货、长期股权投资、固定资产、无形资产等以外的资产，如长期待摊费用等。

复习思考题

1. 无形资产有哪些特征？与固定资产有何不同？
2. 无形资产应如何初始计量？
3. 如何确定无形资产的使用寿命？
4. 无形资产的摊销方法一定是直线法吗？
5. 企业自行研究开发无形资产应如何确定无形资产成本？
6. 转让无形资产所有权和转让无形资产使用权在会计处理上有什么区别？
7. 企业对于取得的土地使用权应该如何核算？

项目七

投资性房地产的核算

知识学习目标

- 熟悉投资性资产的定义、特点和范围；
- 掌握投资性房地产的初始计量和后续计量；
- 掌握投资性房地产的转换和处置核算。

能力学习目标

- 能运用投资性房地产准则，掌握投资性房地产的范围；
- 能正确运用投资性房地产准则进行会计处理，提供相关信息。

工作任务

- 投资性房地产的初始计量计量；投资性房地产的后续计量模式与选择；投资性房地产的转换；投资性房地产的处置。

项目引例

甲公司是一个从事电子产品生产的企业，在市郊有一处仓库，成本 1 800 万元，已经计提折旧 600 万元。因生产经营发生调整，现有厂房闲置。近年来，中国房地产市场火爆，价格不断飙升。企业管理层对该厂房对外出租或出售，意见不一。主流意见是房地产价格仍会上升，应继续持有，暂时出租，等待时机予以处置。

提出问题：

（1）将自用的仓库转为出租的房地产是否属于投资性房地产？为什么？

（2）对于自用资产用于出租的决定，应该由谁来决定？需要哪些手续？

（3）对于自用资产转为投资性房地产，转换日如何确定？

（4）作为投资性房地产，其后续计量模式有哪些？

（5）如果持有的投资性房地产在以后发生价值变动，应如何处理？

带着这些问题，让我们进入本项目的学习领域。

任务一 投资性房地产的确认和计量

一、投资性房地产的定义

投资性房地产是指为赚取租金或资本增值，或者两者兼有而持有的房地产。主要包括已出租的土地使用权、持有并准备增值后转让的土地使用权和已出租的建筑物。投资性房地产应当能够单独计量和出售。

投资性房地产具有以下特征：

（1）投资性房地产是一种经营活动。投资性房地产的主要形式是出租建筑物、出租土地使用权，这实质上属于一种让渡资产使用权行为。房地产租金就是让渡资产使用权取得的使用费收入，是企业为完成其经营目标所从事的经营性活动以及与之相关的其他活动形成的经济利益总流入。投资性房地产的另一种形式是持有并准备增值后转让的土地使用权，尽管其增值收益通常与市场供求、经济发展等因素相关，但目的是增值后转让以赚取增值收益，也是企业为完成其经营目标所从事的经营性活动以及与之相关的其他活动形成的经济利益总流入。

（2）投资性房地产在用途、状态、目的等方面区别于作为生产经营场所的房地产和用于销售的房地产。企业持有的房地产除了用作自身管理、生产经营活动场所和对外销售之外，出现了将房地产用于赚取租金或增值收益的活动，甚至成为个别企业的主营业务。这就需要将投资性房地产单独作为一项资产核算和反映，与自用的厂房、办公楼等房地产和作为存货（已建完工商品房）的房地产加以区别，从而更加清晰地反映企业所持有房地产的构成情况和盈利能力。

二、投资性房地产的范围

（一）投资性房地产

1. 已出租的土地使用权

已出租的土地使用权是指企业通过出让或转让方式取得并以经营租赁方式出租的土地使用权。企业计划用于出租但尚未出租的土地使用权，不属于此类。对于以经营租赁方式租入土地使用权再转租给其他单位的，不能确认为投资性房地产。

2. 持有并准备增值后转让的土地使用权

持有并准备增值后转让的土地使用权是指企业通过出让或转让方式取得并准备增值后转让的土地使用权。但是，按照国家有关规定认定的闲置土地不属于持有并准备增值的土地使用权。

3. 已出租的建筑物

已出租的建筑物是指企业拥有产权并以经营租赁方式出租的房屋等建筑物，包括自行建造或开发活动完成后用于出租的建筑物。已出租的建筑物是企业已经与其他方签订了租赁协议，约定以经营租赁方式出租的建筑物。一般应自租赁协议规定的租赁期开始日起，经营租出的建筑物才属于已出租的建筑物。

（二）非投资性房地产

下列房地产不属于投资性房地产：

（1）自用房地产，即为生产商品、提供劳务或者经营管理而持有的房地产，包括自用建筑物（固定资产）和自用土地使用权（无形资产）。

（2）作为存货的房地产，通常是指房地产开发企业在正常经营过程中销售的或为销售而正在开发的商品房和土地。

如果某项房地产部分用于赚取租金或资本增值、部分自用（即用于生产商品、提供劳务或经营管理），能够单独计量和出售的、用于赚取租金或资本增值的部分，应当确认为投资性房地产；不能够单独计量和出售的、用于赚取租金或资本增值的部分，不确认为投资性房地产。该项房地产自用的部分，以及不能够单独计量和出售的、用于赚取租金或资本增值的部分，应当确认为固定资产或无形资产。

三、投资性房地产的确认

与其他资产项目一样，某个项目在符合投资性房地产定义的前提下，同时满足下列条件时，才能予以确认：

（1）与该投资性房地产有关的经济利益很可能流入企业。

（2）该投资性房地产的成本能够可靠地计量。

四、投资性房地产的初始计量

投资性房地产应当按照其取得的成本进行初始计量。分别以外购与自行建造两种情况说明。

（一）外购的投资性房地产

企业外购投资性房地产的成本，包括购买价款、相关税费和可直接归属于该资产的其他支出。企业应当在购入投资性房地产时，借记“投资性房地产”、“应交税费——应交增值税（进项税额）”等科目，贷记“银行存款”等科目。

【工作实例 7-1】2016 年 6 月 5 日，甲公司与乙公司签订了一项经营租赁合同，约定自写字楼购买日起将这栋写字楼出租给乙公司，为期 5 年。6 月 10 日，甲公司实际购入写字楼，支付价税款 888 万元（其中价款 800 万元，增值税 88 万元）。会计处理如下：

借：投资性房地产　　8 000 000
　　应交税费——应交增值税（进项税额）　　528 000
　　应交税费——待抵扣进项税额　　352 000
　　贷：银行存款　　8 880 000

（二）自行建造投资性房地产的确认和初始计量

企业自行建造的房地产，只有在自行建造活动完成（即达到预定可使用状态）的同时开始对外出租或用于资本增值，才能将自行建造的房地产确认为投资性房地产。自行建造投资性房地产的成本，由建造该项房地产达到预定可使用状态前发生的必要支出构成，包括土地开发费、建筑成本、安装成本、应予资本化的借款费用、支付的其他费用和分摊的间接费用等。建造完工后，应按照确定的成本，借记“投资性房地产”科目，贷记“在建工程”或“开发产品”科目（房地产企业）。

【工作实例 7-2】2016 年 3 月，甲公司从其他单位购入一块土地，并在这块土地上开始自行建造两栋厂房。2016 年 5 月，甲公司预计厂房即将完工，与乙公司签订了经营租赁合同，将其中的一栋厂房租赁给乙公司使用。租赁合同约定，该厂房于完工时开始起租。2016 年 9 月 1 日，两栋厂房同时完工。该块土地使用权的成本为 9 000 000 元；两栋厂房的实际造价均为 14 000 000 元，能够单独出售。假设甲公司采用成本模式进行后续计量。会计处理如下：

土地使用权中的对应部分同时转换为投资性房地产=9 000 000×（14 000 000÷28 000 000）
=4 500 000（元）

借：固定资产　　14 000 000
　　投资性房地产　　14 000 000
　　贷：在建工程　　28 000 000
借：投资性房地产　　4 500 000
　　贷：无形资产——土地使用权（9 000 000÷2）　　4 500 000

【小思考】

假定【工作实例 7-2】中的两栋厂房造价分别为：出租的厂房 1 000 万元，自用的厂房 1 500 万元。应如何对投资性房地产进行确认？

五、投资性房地产的后续计量

投资性房地产的后续计量有成本和公允价值两种模式，通常应当采用成本模式计量，满足特定条件时也可以采用公允价值模式计量。但是，同一企业只能采用一种模式对所有投资性房地产进行后续计量，不得同时采用两种计量模式。

（一）采用成本模式计量的投资性房地产

企业通常应当采用成本模式对投资性房地产进行后续计量。采用成本模式进行后续计量的投资性房地产，应当遵循以下会计处理规定：

（1）按照固定资产或无形资产的有关规定，按期（月）计提折旧或摊销，借记“其他业务成本”等科目，贷记“投资性房地产累计折旧”或“投资性房地产累计摊销”科目。

（2）取得的租金收入，借记“银行存款”等科目，贷记“其他业务收入”等科目。

（3）投资性房地产存在减值迹象的，适用资产减值的有关规定。经减值测试后确定发生减值的，应当计提减值准备，借记“资产减值损失”科目，贷记“投资性房地产减值准备”科目。已经计提减值准备的投资性房地产，其减值损失在以后的会计期间不得转回。

【工作实例 7-3】甲公司将一栋写字楼出租给乙公司使用，确认为投资性房地产，采用成本模式进行后续计量，假设这栋办公楼的成本为 3 600 万元，按照年限平均法计提折旧，使用寿命为 20 年，预计净残值为零。经营租赁合同约定，乙公司每月等额支付甲公司租金 24 万元（含增值税，税率为 11%）。

任务处理如下。

（1）每月计提折旧：

每月计提的折旧 = 36 000 000÷20÷12 = 300 000（元）

借：其他业务成本	150 000	
贷：投资性房地产累计折旧		1 50 000

（2）每月确认租金收入：

借：银行存款（或其他应收款）	240 000	
贷：其他业务收入		216 216.22
应交税费——应交增值税（销项税额）		23 783.78

（二）采用公允价值模式计量的投资性房地产

只有存在确凿证据表明投资性房地产的公允价值能够持续可靠取得的情况下，企业才可以采用公允价值模式对投资性房地产进行后续计量。企业一旦选择采用公允价值计量模式，就应当对其所有投资性房地产均采用公允价值模式进行后续计量。

采用公允价值模式进行后续计量的投资性房地产，应当遵循以下会计处理规定：

（1）不对投资性房地产计提折旧或摊销。

（2）资产负债表日，企业以投资性房地产的公允价值为基础调整其账面价值，公允价值与原账面价值之间的差额计入“公允价值变动损益”科目。

（3）取得的租金收入，列入“其他业务收入”等科目。

【工作实例 7-4】2016 年 8 月，甲公司与乙公司签订租赁协议，约定将甲公司新建造的一栋写字楼租赁给乙公司使用，租赁期为 10 年。当年 10 月 1 日，该写字楼完工并开始起租，写字楼的工程造价为 6 000 万元。甲公司采用公允价值模式对该项出租的房地产进行后续计量。2016 年 12 月 31 日，该写字楼的公允价值为 7 400 万元。会计处理如下。

（1）2016 年 10 月 1 日，写字楼完工并开始起租时：

借：投资性房地产——成本	60 000 000	
贷：固定资产		60 000 000

（2）2016 年 12 月 31 日，按照公允价值调整期账面价值，公允价值与原账面价值之间的差额计入当期损益：

借：投资性房地产——公允价值变动	14 000 000	
贷：公允价值变动损益		14 000 000

（三）投资性房地产后续计量模式的变更

为保证会计信息的可比性，企业对投资性房地产的计量模式一经确定，不得随意变更。只有在房地产市场比较成熟、能够满足采用公允价值模式条件的情况下，才允许企业对投资性房地产从成本模式计量变更为公允价值模式计量。成本模式转为公允价值模式的，应当作为会计政策变更处理，将计量模式变更时公允价值与账面价值的差额，调整期初留存收益。企业变更投资性房地产计量模式，符合《企业会计准则第 3 号——投资性房地产》规定的，应当按照计量模式变更日投资性房地产的公允价值，借记“投资性房地产——成本”科目，按照已计提的折旧或摊销，借记“投资性房地产累计折旧（摊销）”科目，原已计提减值准备的，借记“投资性房地产减值准备”科目，按照原账面余额，贷记“投资性房地产”科目，按照公允价值与其账面价值之间的差额，贷记或借记“利润分配——未分配利润”、“盈余公积”等科目。

已采用公允价值模式计量的投资性房地产，不得从公允价值模式转为成本模式。

任务二 投资性房地产的转换和处置

一、房地产的转换

（一）房地产的转换形式及转换日

房地产的转换是指房地产用途的变更。企业有确凿证据表明房地产用途发生改变，满足下列条件之一的，应当将投资性房地产转换为其他资产或者将其他资产转换为投资性房地产：

（1）投资性房地产开始自用，即将投资性房地产转为自用房地产。在这种情况下，转换日为房地产达到自用状态，企业开始将其用于生产商品、提供劳务或者经营管理的日期。

（2）作为存货的房地产改为出租，通常是指房地产开发企业将其持有的开发产品以经营租赁的方式出租，存货相应地转换为投资性房地产。在这种情况下，转换日为房地产的租赁期开始日。租赁期开始日，是指承租人有权行使其使用租赁资产权利的日期。

（3）自用建筑物停止自用，改为出租。即企业将原本用于生产商品、提供劳务或者经营管理的房地产改用于出租，固定资产相应地转换为投资性房地产。在这种情况下，转换日为租赁期开始日。

（4）自用土地使用权停止自用，改用于赚取租金或资本增值。即企业将原本用于生产商品、提供劳务或者经营管理的土地使用权改用于赚取租金或资本增值，该土地使用权相应地转换为投资性房地产。在这种情况下，转换日为自用土地使用权停止自用后，确定用于赚取租金或资本增值的日期。

（5）房地产企业将用于经营出租的房地产重新开发用于对外销售，从投资性房地产转为存货。在这种情况下，转换日为租赁期满，企业董事会或类似机构作出书面决议明确表明将其重新开发用于对外销售的日期。

以上所指确凿证据包括两个方面：一是企业董事会或类似机构应当就改变房地产用途形成正式的书面决议；二是房地产因用途改变而发生实际状态上的改变，如从自用状态改为出租状态。

（二）房地产转换的会计处理

1. 成本模式下的转换

（1）投资性房地产转换为自用房地产。企业将采用成本模式计量的投资性房地产转换为自用房地产时，应当按该项投资性房地产在转换日的账面余额、累计折旧、减值准备等，分别转入“固定资产”、“累计折旧”、“固定资产减值准备”等科目，按其账面余额，借记“固定资产”或“无形资产”科目，贷记“投资性房地产”科目，按已计提的折旧或摊销，借记“投资性房地产累计折旧”或“投资性房地产累计摊销”科目，贷记“累计折旧”或“累计摊销”科目，原已计提减值准备的，借记“投资性房地产减值准备”科目，贷记“固定资产减值准备”或“无形资产减值准备”科目。

【工作实例 7-5】2016 年 7 月 31 日，租赁期满，甲公司将出租在外的厂房收回，公司董事会就将该厂房用于本公司生产产品形成了书面决议，2016 年 8 月 1 日开始用于本公司生产产品。该项房地产在转换前采用成本模式计量，截至 2016 年 7 月 31 日，账面价值为 3 600 万元，其中，原价 6 000 万元，累计已提折旧 2 400 万元。会计处理如下：

借：固定资产	60 000 000	
投资性房地产累计折旧	24 000 000	
贷：投资性房地产		60 000 000
累计折旧		24 000 000

（2）自用房地产转换为投资性房地产。企业将自用土地使用权或建筑物转换为采用成本模式计量的投资性房地产时，应当按该项建筑物或土地使用权在转换日的原价、累计折旧、减值准备等，分别转入“投资性房地产”、“投资性房地产累计折旧”或“投资性房地产累计摊销”、“投资性房地产减值准备”科目，按其账面余额，借记“投资性房地产”科目，贷记“固定资产”或“无形资产”科目，按已计提的折旧或摊销，借记“累计折旧”或“累计摊销”科目，贷记“投资性房地产累计折旧（摊销）”科目，原已计提减值准备的，借记“固定资产减值准备”或“无形资产减值准备”科目，贷记“投资性房地产减值准备”科目。

【工作实例 7-6】甲公司拥有一栋本公司总部办公使用的办公楼，公司董事会就将该栋办公楼用于出租形成了书面决议。2016 年 3 月 8 日，甲公司与乙公司签订了经营租赁协议，将这栋办公楼整体出租给乙公司使用，租赁期开始日为 2016 年 4 月 1 日，租期为 5 年。2016 年 5 月 1 日，这栋办公楼的账面余额为 5 000 万元，已计提折旧 1 500 万元。会计处理如下：

借：投资性房地产	50 000 000	
累计折旧	15 000 000	
贷：固定资产		50 000 000
投资性房地产累计折旧		15 000 000

（3）作为存货的房地产转换为投资性房地产。企业将作为存货的房地产转换为采用成本模式计量的投资性房地产时，应当按该项存货在转换日的账面价值，借记“投资性房地产”科目，原已计提跌价准备的，借记“存货跌价准备”，按其账面余额，贷记“开发产品”等科目。

【工作实例 7-7】C 公司是房地产开发企业，2016 年 4 月 10 日，C 公司董事会将其开发的一栋写字楼不再出售改为出租并形成了书面决议。C 公司遂与租入方签订了租赁协议，将此写字楼整体出租给乙公司使用，租赁期开始日为 2016 年 5 月 1 日，租赁期为 5 年。2016 年 5 月 1 日，该写字楼的账面余额为 4 000 万元，未计提存货跌价准备，转换后采用成本模式进行后续计量。会计处理如下：

借：投资性房地产 500 000 000

　　贷：开发产品 500 000 000

【小思考】

在【工作实例 7-7】中，如果企业将原出租的投资性房地产改为存货，会计上应如何处理？

2. 公允价值模式下的转换

（1）投资性房地产转换为自用房地产。企业将采用公允价值模式计量的投资性房地产转换为自用房地产时，应当以其转换当日的公允价值作为自用房地产的账面价值，公允价值与原账面价值的差额计入当期损益。转换日，按该项投资性房地产的公允价值，借记“固定资产”或“无形资产”科目，按该项投资性房地产的成本，贷记“投资性房地产——成本”科目，按该项投资性房地产的累计公允价值变动，贷记或借记“投资性房地产——公允价值变动”科目，按其差额，贷记或借记“公允价值变动损益”科目。

【工作实例 7-8】2016 年 9 月 1 日，租赁期满，甲公司将出租的写字楼收回，公司董事会就将该写字楼作为办公楼用于本公司的行政管理形成了书面决议。2016 年 9 月 1 日，该写字楼正式开始自用，相应由投资性房地产转换为自用房地产，当日的公允价值为 4 200 万元。该项房地产在转换前采用公允价值模式计量，原账面价值为 4 000 万元，其中，成本为 3 000 万元，公允价值变动 1 000 万元。会计处理如下：

借：固定资产 42 000 000

　　贷：投资性房地产——成本 30 000 000

　　　　　　　　　——公允价值变动 10 000 000

　　　　公允价值变动损益 2 000 000

（2）投资性房地产转换为存货。企业将采用公允价值模式计量的投资性房地产转换为存货时，应当以其转换当日的公允价值作为存货的账面价值，公允价值与原账面价值的差额计入当期损益。

转换日，按该项投资性房地产的公允价值，借记“开发产品”等科目，按该项投资性房地产的成本，贷记“投资性房地产——成本”科目；按该项投资性房地产的累计公允价值变动，贷记或借记“投资性房地产——公允价值变动”科目；按其差额，贷记或借记“公允价值变动损益”科目。

【学中做 7-1】

请你根据上述表述，自行设计一个例题并进行相应的会计处理。

（3）自用房地产转换为投资性房地产。企业将自用土地使用权或建筑物转换为采用公允价值模式计量的投资性房地产时，应当按该项土地使用权或建筑物在转换日的公允价值，借记“投资性房地产——成本”科目，按已计提的累计摊销或累计折旧，借记“累计摊销”或“累计折旧”科目，原已计提减值准备的，借记“无形资产减值准备”、“固定资产减值准备”科目，按其账面余额，贷记“无形资产”或“固定资产”科目；同时，转换日的公允价值小于账面价值的，按其差额，借记“公允价值变动损益”科目，转换日的公允价值大于账面价值的，按其差额，贷记“其他综合收益”科目。待该项投资性房地产处置时，因转换计入“其他综合收益”的部分应转入当期损益。

【小思考】

为什么转换日的公允价值大于账面价值的差额列入“其他综合收益”，而转换日的公允价值小于账面价值的差额列入“公允价值变动损益”？

【工作实例 7-9】2016 年 8 月，甲公司打算搬迁至新建办公楼，由于原办公楼处于商业繁华地段，甲公司准备将其出租，以赚取租金收入，已经公司董事会批准形成书面决议。2016 年 12 月底，甲公司完成了搬迁工作，原办公楼停止自用。2017 年 1 月 1 日，甲公司与乙公司签订了租赁协议，租赁期为 3 年。假设甲公司对出租的该办公楼采用公允价值模式计量，2017 年 1 月 1 日，该办公楼的公允价值为 2 500 万元，其原价为 2 600 万元，已提折旧 800 万元。会计处理如下：

借：投资性房地产——成本	25 000 000	
累计折旧	8 000 000	
贷：固定资产		26 000 000
公允价值变动损益		7 000 000

（4）作为存货的房地产转换为投资性房地产。企业将作为存货的房地产转换为采用公允价值模式计量的投资性房地产时，应当按该项房地产在转换日的公允价值，借记“投资性房地产——成本”科目，原已计提跌价准备的，借记“存货跌价准备”科目，按其账面余额，贷记“开发产品”等科目；同时，转换日的公允价值小于账面价值的，按其差额，

借记“公允价值变动损益”科目，转换日的公允价值大于账面价值的，按其差额，贷记“其他综合收益”科目。待该项投资性房地产处置时，因转换计入“其他综合收益”的部分应转入当期损益。

【工作实例 7-10】2016 年 4 月 15 日，甲房地产开发公司董事会形成书面决议，将其开发的一栋写字楼用于出租。甲公司遂与乙公司签订了租赁协议，租赁期开始日为 2016 年 5 月 1 日，租赁期为 5 年。2016 年 5 月 1 日，该写字楼的账面余额为 4 000 万元，公允价值为 4 300 万元。会计处理如下：

借：投资性房地产——成本　　43 000 000
　　贷：开发产品　　40 000 000
　　　　其他综合收益　　3 000 000

二、投资性房地产的处置

当投资性房地产被处置，或者永久退出使用且预计不能从其处置中取得经济利益时，应当终止确认该项投资性房地产。企业出售、转让、报废投资性房地产或者发生投资性房地产毁损，应当将处置收入扣除其账面价值和相关税费后的金额计入当期损益。此外，企业因其他原因，如非货币性资产交换等而减少投资性房地产，也属于投资性房地产的处置。

（一）成本模式计量的投资性房地产的处置

处置采用成本模式计量的投资性房地产时，应当按实际收到的金额，借记“银行存款”等科目，贷记“其他业务收入”、“应交税费——应交增值税（销项税额）”等科目；按该项投资性房地产的账面价值，借记“其他业务成本”科目，按其账面余额，贷记“投资性房地产”科目，按照已计提的折旧或摊销，借记“投资性房地产累计折旧（摊销）”科目，原已计提减值准备的，借记“投资性房地产减值准备”科目。

【工作实例 7-11】甲公司将其出租的一栋写字楼确认为投资性房地产，采用成本模式计量。租赁期届满后，甲公司将该栋写字楼出售给丙公司，合同价款为 2 000 万元（含增值税，税率为 11%），乙公司已用银行存款付清。出售时，该栋写字楼的成本为 1 600 万元，已计提折旧 300 元，假设不考虑相关税费。会计处理如下：

借：银行存款　　20 000 000
　　贷：其他业务收入　　18 018 018.02
　　　　应交税费——应交增值税（销项税额）　　1 981 981.98
借：其他业务成本　　13 000 000
　　投资性房地产累计折旧　　3 000 000
　　贷：投资性房地产——写字楼　　16 000 000

（二）公允价值模式计量的投资性房地产的处置

处置采用公允价值模式计量的投资性房地产时，应当按实际收到的金额，借记“银行存款”等科目，贷记“其他业务收入”、“应交税费——应交增值税（销项税额）”等科目；按该项投资性房地产的账面余额，借记“其他业务成本”科目，按其成本，贷记“投资性房地产——成本”科目，按其累计公允价值变动，贷记或借记“投资性房地产——公允价值变动”科目。同时结转投资性房地产累计公允价值变动。若存在原转换日计入其他综合收益的金额，也一并结转。

【工作实例 7-12】A 公司将其出租的一栋写字楼确认为投资性房地产，采用公允价值模式进行后续进行后续计量。租赁期届满后，A 公司将该栋写字楼出售给 B 公司，合同价款为 4 000 万元（含增值税，税率为 11%），B 公司已用银行存款付清。出售时，该栋写字楼的成本为 3 000 万元，公允价值变动借方余额 800 万元，假设不考虑相关税费。会计处理如下。

（1）收取处置收入：

借：银行存款	40 000 000	
贷：其他业务收入		36 036 036.04
应交税费——应交增值税（销项税额）		3 963 963.96

（2）结转处置成本：

借：其他业务成本	38 000 000	
贷：投资性房地产——成本		30 000 000
——公允价值变动		8 000 000

（3）结转投资性房地产累计公允价值变动：

借：公允价值变动损益	8 000 000	
贷：其他业务成本		8 000 000

项目小结

投资性房地产是指为赚取租金或资本增值，或者两者兼有而持有的房地产。主要包括已出租的土地使用权、持有并准备增值后转让的土地使用权和已出租的建筑物。投资性房地产应当能够单独计量和出售。

投资性房地产应当按照其取得的成本进行初始计量。外购投资性房地产的成本，包括购买价款、相关税费和可直接归属于该资产的其他支出。企业自行建造的房地产，只有在自行建造活动完成（即达到预定可使用状态）的同时开始对外出租或用于资本增值，才能将自行建造的房地产确认为投资性房地产。

投资性房地产的后续计量有成本和公允价值两种模式，通常应当采用成本模式计量，满足特定条件时也可以采用公允价值模式计量。但是，同一企业只能采用一种模式对所有投资性房地产进行后续计量，不得同时采用两种计量模式。已采用公允价值模式计量的投资性房地产，不得从公允价值模式转为成本模式。企业对投资性房地产的计量模式一经确定，不得随意变更。

房地产的转换是指房地产用途的变更。房地产转换的会计处理分为成本模式下的转换和公允价值模式下的转换两种。

当投资性房地产被处置，或者永久退出使用且预计不能从其处置中取得经济利益时，应当终止确认该项投资性房地产。企业出售、转让、报废投资性房地产或者发生投资性房地产毁损，应当将处置收入扣除其账面价值和相关税费后的金额计入当期损益。

复习思考题

1. 投资性房地产包括哪些项目?
2. 固定资产、无形资产与投资性房地产有何区别?
3. 对于外购的投资性房地产，其初始计量包括哪些内容?
4. 投资性房地产的后续计量有哪些模式?
5. 投资性房地产采用公允价值模式进行后续计量应具备哪些条件?
6. 投资性房地产转换能否将公允价值计量变为成本模式计量?
7. 投资性房地产的处置收入和处置成本应该计入什么科目?
8. 结合案例专栏，谈谈我国上市公司为什么很少采用公允价值计量模式?

项目八

非货币性资产交换的核算

知识学习目标

- 理解非货币性资产交换的概念及判断标准；
- 熟悉非货币性资产交换具有商业实质的条件；
- 掌握不涉及补价情况下的非货币性资产交换的核算；
- 掌握涉及补价情况下的非货币性资产交换的核算。

能力学习目标

- 能运用非货币性资产交换的判断标准，提供会计职业判断能力；
- 能正确理解非货币性资产交换的商业实质条件，选择合理的计量模式；
- 能运用非货币性资产交换会计准则，正确进行会计核算。

工作任务

- 非货币性资产交换的判断与确认；商业实质的判断；计量模式的选择；账面价值计量模式下的非货币性资产交换的会计处理；公允价值计量模式下的非货币性资产交换的会计处理。

项目引例

甲公司和乙公司均为增值税一般纳税人，假定计税价格等于公允价值。甲公司以一台生产设备与乙公司自产的一批钢材进行交换。设备的原价为 200 万元，累计折旧为 80 万元，公允价值为 100 万元；在交换中，甲公司发生设备清理费用 2 万元。乙公司的钢材账面成本为 80 万元，未计提减值准备；钢材的公允价值为 90 万元，并支付甲公司补价为 10 万元。双方已经办妥交易的各项手续。

提出问题：

（1）货币性资产交换与非货币性资产交换有什么区别？

（2）如何判断一项业务是否属于非货币性资产交换？

（3）在非货币性资产交换中，应如何确定计量属性？

（4）在本例中，你能否确认交换双方的取得资产的入账价值？

（5）在非货币性资产交换中，是否确认交换资产损益？

带着这些问题，让我们进入本项目的学习领域。

任务一 非货币性资产交换的计量模式的选择

一、非货币性资产交换的概念

非货币性资产交换是指交换双方主要以存货、固定资产、无形资产和长期股权投资等非货币性资产进行的交换。该交换不涉及或只涉及少量的货币性资产（即补价）。

货币性资产是指持有的现金及将以固定或可确定金额的货币收取的资产，包括现金、应收账款和应收票据以及准备持有至到期的债券投资等。这里的现金包括库存现金、银行存款和其他货币资金。非货币性资产是指货币性资产以外的资产，包括存货、固定资产、无形资产、股权投资以及不准备持有至到期的债券投资等。

货币性资产是相对于非货币性资产而言的。二者区分的主要依据是资产在将来为企业带来的经济利益，即货币金额是否是固定的，或可确定的。如果资产在将来为企业带来的经济利益是固定或可确定的，则该资产属于货币性资产；反之，如果资产在将来为企业带来的经济利益是不固定或不可确定的，则该资产确认为非货币性资产。

在通常情况下，企业在生产经营过程中所发生的各项交换都是货币性交换，比如，以现金购买原材料，以现金偿还债务等，涉及货币性资产、负债等的交换，属于货币性交换。从货币性资产交换看，其特点在于：以放弃货币性资产的方式换入货币性或非货币性资产。比如，企业以 100 万元购入生产用设备，在这项交换中企业放弃的是货币性资产，获得的是非货币性资产（固定资产）。而非货币性交换是以非货币性资产的交换作为前提的，在这种交换中不涉及或只涉及少量的货币性资产，比如，企业以其生产的产品换入所需的原材料，在这项交换中，企业换出的产品属于非货币性资产，而换入的原材料也是非货币性资产，没有涉及货币性资产。

二、货币性资产交换与非货币资产交换的主要区别

1. 交换中是否有现金的流入或流出

在货币性资产交换中，有货币性资产的流入或流出，或者能在预定的期间内流入或流

出现金。这种交换有确定的金额，虽然应收款项有收不回的可能性，但在实务中可以估计其可收回金额。而非货币性资产交换不涉及现金的流入或流出，或者只涉及少量的现金流入或流出。

2. 换入资产及换出资产的计量基础是否相同

货币性资产交换所换入资产的成本计量，是以所放弃的货币性资产金额为基础的，比如，企业购入原材料，实际支付银行存款 300 万元，则购入原材料的实际成本为所放弃的银行存款金额，即 300 万元；同时，货币性资产交换所交换的货币性资产的金额，也是计量企业换出非货币性资产的收益或损失的基础。例如，企业出售产品一批，售价为 500 万元，销售成本为 320 万元，则销售该产品所获得的利润为 180 万元（不考虑相关税费）。而非货币性资产交换因不涉及或只涉及少量的货币性资产，因此，换入资产成本的计量基础以及对换出资产损益的计量基础与货币性资产交换不同，需要运用不同的计量标准。

3. 货币性资产交换与非货币资产交换的划分标准不同

认定涉及少量货币性资产的交换为非货币性资产交换，通常看补价占整个交换金额的比例来判断是否属于非货币性资产交换，会计准则给出了 25%的参考比例，即收到补价的企业，其收到的补价占换出资产公允价值的比例小于 25%的，或支付补价的企业，其支付的补价占换出资产公允价值加上支付的补价之和的比例小于 25%的，即视为非货币性资产交换。高于 25%（含 25%）的，视为货币性资产交换，适用《企业会计准则第 14 号——收入》等相关准则的规定。

【工作实例 8-1】甲公司以一台闲置的机器换取乙公司一辆小汽车。该机器的账面价值为 20 万元，公允价值为 13 万元；小汽车的账面价值为 21 万元，公允价值为 16 万元。甲公司支付了补价 3 万元。则补价所占比重计算如下：

收到补价的企业补价所占比重=补价÷交易总量=3÷16×100%=18.75%

支付补价的企业补价所占比重=补价÷交易总量=3÷（13+3）×100%=18.75%

计算结果表明，此笔业务属于非货币性交换。

【小思考】

根据项目引例的资料，请判断该项交易是否属于非货币性资产交换？

三、商业实质的判断

在一般情况下，在货币性资产交换的情况下所取得资产的入账价值应按照取得时的实际成本入账。在非货币性资产交换情况下，由于交换的资产为存货、固定资产、无形资产或股权投资等，这些资产在将来为企业带来的经济利益，是不固定或不可确定的，因此，新准则提出了两个计量模式，即公允价值和账面价值。这两个模式的选择取决于商业实质的判断。

（一）判断条件

认定某项非货币性资产交换具有商业实质，必须满足下列条件之一。

（1）换入资产的未来现金流量在风险、时间和金额方面与换出资产显著不同。这种情形主要包括以下几种情况：

1）未来现金流量的风险、金额相同，时间不同；

2）未来现金流量的时间、金额相同，风险不同；

3）未来现金流量的风险、时间相同，金额不同。

（2）换入资产与换出资产的预计未来现金流量现值不同，且其差额与换入资产和换出资产的公允价值相比是重大的。

（二）关联方之间交换资产与商业实质的关系

在确定非货币性资产交换是否具有商业实质时，企业应当关注交换各方之间是否存在关联方关系。关联方关系的存在可能导致发生的非货币性资产交换不具有商业实质。

四、公允价值是否可靠计量的判断

属于以下三种情形之一的，换入资产或换出的公允价值视为能够可靠计量：

（1）换入资产或换出资产存在活跃市场，以市场价格为基础确定公允价值。

（2）换入资产或换出资产不存在活跃市场，但同类或类似资产存在活跃市场，以同类或类似资产市场价格为基础确定公允价值。

（3）换入资产或换出资产不存在同类或类似资产的可比市场交易，应当采用估值技术确定其公允价值。

五、计量模式的选择

（一）账面价值计量模式

非货币性资产不具有商业实质，或者虽然具有商业实质但换入资产和换出资产的公允价值均不能可靠计量，应当以换出资产的账面价值和应支付的相关税费作为换入资产的成本，无论是否支付补价，均不确认损益。

（二）公允价值计量模式

非货币性资产交换如果同时满足具有商业实质条件，且换入资产和换出资产公允价值能够可靠计量，应当以换出资产的公允价值和应支付的相关税费作为换入资产的成本，公允价值与换出资产账面价值的差额，确认为当期损益。

此时，换出资产公允价值与其账面价值的差额应当分别按不同情况处理：

（1）换出资产为存货的，应当作为销售处理，按其公允价值确认收入，同时结转相应的成本。

（2）换出资产为固定资产、无形资产的，换出资产公允价值与其账面价值的差额计入营业外收入或营业外支出。

（3）换出资产为长期股权投资的，换出资产公允价值与其账面价值的差额计入投资损益。

任务二 账面价值计量模式下的非货币性资产交换的核算

企业在按照账面价值和应支付的相关税费作为换入资产成本的情况下，也应区分是否发生补价。

一、不涉及补价情况下的会计处理

如果不涉及补价，以换出资产的账面价值加上应支付的相关税费，作为换入资产的入账价值，不涉及损益。

换入资产入账价值=换出资产账面价值+应支付的相关税费−可抵扣的增值税进项税额

【工作实例 8-2】假设甲、乙公司均为增值税一般纳税人，增值税基本税率为 17%，运输业税率为 6%。甲公司以库存商品换入乙公司的材料，假设该交换不具有商业实质。有关资料如下：

（1）甲公司换出的库存商品的账面余额为 500 000 元，已提存货跌价准备 50 000 元，公允价值 600 000 元。甲公司为换入材料以现金支付运费 1 000 元，增值税 110 元。

（2）乙公司换入材料的账面成本为 550 000 元，未计提存货跌价准备。乙公司为换入库存商品以现金支付运费 800 元，增值税 88 元。

任务处理如下。

（1）甲公司的会计处理如下。

换入资产的入账价值=（500 000−50 000）+600 000×17%−600 000×17%+1 000=451 000（元）

会计分录为：

借：原材料	451 000
应交税费——应交增值税（进项税额）	102 110

存货跌价准备　　50 000
　贷：库存商品　　500 000
　　应交税费——应交增值税（销项税额）　　102 000
　　库存现金　　1 110

（2）乙公司的会计处理如下。

换入资产的入账价值=550 000+800+600 000 × 17%−600 000 × 17%=550 800（元）

会计分录为：

借：库存商品　　550 800
　应交税费——应交增值税（进项税额）　　102 088
　贷：原材料　　550 000
　　应交税费——应交增值税（销项税额）　　102 000
　　库存现金　　888

【小思考】

在【工作实例 8-2】的会计处理中，为什么没有出现损益类账户？

二、涉及补价情况下的会计处理

如果涉及补价，分为支付补价和收到补价两种情况：

1. 支付补价

以换出资产的账面价值加上补价和应支付的相关税费，作为换入资产的入账价值，不涉及损益。

换入资产入账价值=换出资产账面价值+支付的补价+应支付的相关税费−可抵扣的增值税进项税额

2. 收到补价

以换出资产的账面价值减去补价，加上应支付的相关税费，作为换入资产的入账价值，不涉及损益。

换入资产入账价值=换出资产账面价值−收到的补价+应支付的相关税费−可抵扣的增值税进项税额

【工作实例 8-3】假设黄山公司、泰山公司均为增值税一般纳税人，增值税基本税率为 17%，建筑业税率为 11%。黄山公司以一栋仓库交换泰山公司拥有的长期股权投资，假设该交换不具有商业实质。有关资料如下：

（1）黄山公司有一个离生产基地较远的仓库，该仓库的账面原值为 350 万元，已提折旧 235 万元，税务机关核定的房地产公允价值 120 万元。

（2）泰山公司换出的长期股权投资账面价值 105 万元。

（3）双方商定，在交换中泰山公司补付黄山公司货币资金 10 万元。

（1）黄山公司的会计处理如下。

① 判断是否属于非货币性资产交换：

补价所占比重=10÷120×100%=8.33%<25%，属于非货币性资产交换。

② 换入资产的入账价值=（350−235）+120×11%−10=118.2（万元）。

③ 会计分录为：

借：固定资产清理	1 150 000	
累计折旧	2 350 000	
贷：固定资产		3 500 000
借：银行存款	100 000	
贷：固定资产清理		100 000
借：长期股权投资	1 182 000	
贷：固定资产清理		1 050 000
应交税费——应交增值税（销项税额）		132 000

【学中做 8-1】

在【工作实例 8-3】的会计处理中，如果黄山公司以银行存款支付仓库清理费用 6 000 元。请你重新编制黄山公司非货币性资产交换的会计分录。

（2）泰山公司的会计处理如下。

① 判断是否属于非货币性资产交换：

补价所占比重=10÷120×100%=8.33%<25%，属于非货币性资产交换。

② 换入资产的入账价值=105 120×11%+10=101.8（万元）。

③ 会计分录为：

借：固定资产	1 018 000	
应交税费——应交增值税（进项税额）	132 000	
贷：长期股权投资		1 050 000
银行存款		100 000

三、涉及多项非货币性资产交换的会计处理

非货币性资产交换不具有商业实质，或者虽具有商业实质但换入资产的公允价值不能可靠计量，应当按照换入各项资产的原账面价值与换入资产原账面价值总额的比例，对换入资产的入账价值总额进行分配，以确定各项换入资产的入账价值。

（一）不涉及补价情况下的会计处理

【工作实例 8-4】甲公司和乙公司均为增值税一般纳税人，其适用的增值税基本税率为 17%，转让无形资产的增值税税率为 6%。甲公司因经营战略发生较大调整，原生产用设备、库存原材料等已不符合生产新产品的需要，经协商，与乙公司的生产用设备、专利权和库存商品进行交换。有关资料如下：

（1）甲公司换出设备的账面原价为 800 万元，已提折旧为 500 万元，公允价值为 400 万元；原材料的账面价值为 200 万元，公允价值和计税价格均为 220 万元。

（2）乙公司生产用设备的账面原价为 700 万元，已提折旧为 400 万元，公允价值为 320 万元；专利权的账面价值为 180 万元，累计摊销 30 万元，公允价值为 200 万元；库存商品的账面价值为 50 万元，公允价值和计税价格均为 80 万元。

（3）假设甲公司和乙公司换出资产均未计提减值准备，并假定在交换过程中除增值税以外未发生其他相关税费。

（4）甲公司换入的乙公司的设备作为固定资产核算，换入的乙公司的专利权作为无形资产核算，换入的乙公司的库存商品作为库存商品核算。乙公司换入的甲公司的设备作为固定资产核算，换入的甲公司的原材料作为原材料核算。假定该项交换不具有商业实质。

甲公司与乙公司的任务处理分别如下。

（1）甲公司的会计处理如下：

甲公司换入资产入账价值总额=（800−500）+（400−200）+（400+220）×17%−（320+80）×17%−200×6%=525.4（万元）

甲公司换入设备的入账价值=300÷500×525.4=315.24（万元）

甲公司换入专利权的入账价值=150÷500×525.4=157.62（万元）

甲公司换入库存商品的入账价值=50÷500×525.4=52.54（万元）

会计分录为：

借：固定资产清理	3 000 000	
累计折旧	5 000 000	
贷：固定资产		8 000 000
借：固定资产	3 152 400	
无形资产	1 576 200	
库存商品	525 400	

应交税费——应交增值税（进项税额）	800 000	
贷：固定资产清理		3 000 000
原材料		2 000 000
应交税费——应交增值税（销项税额）		1 054 000

（2）乙公司的会计处理如下：

乙公司换入资产入账价值总额=（700–400）+（180–30）+50+（320+80）×17%+200×6%–（400+220）×17%+200×5%=484.6（万元）

乙公司换入设备的入账价值=300÷500×484.6=290.76（万元）

乙公司换入库存原材料的入账价值=200÷500×484.6=193.84（万元）

会计分录为：

借：固定资产清理	3 000 000	
累计折旧	4 000 000	
贷：固定资产		7 000 000
借：固定资产	2 907 600	
原材料	1 938 400	
累计摊销	300 000	
应交税费——应交增值税（进项税额）	1 054 000	
贷：固定资产清理		3 100 000
存商品		500 000
交税费——应交增值税（销项税额）		800 000
形资产		1 800 000

（二）涉及补价情况下的会计处理

【工作实例 8-5】苏客餐饮公司和顺达运输公司均为增值税一般纳税人，其适用的增值税基本税率为 17%，建筑业的增值税税率为 11%。为适应业务发展的需要，经协商，苏客饮食公司决定以生产经营中的餐厅和一台食品加工机换入顺达运输公司的一辆丰田汽车和一辆奔驰汽车。有关资料如下：

（1）苏客餐饮公司餐厅的账面原值为 80 万元，在交换日的累计折旧为 10.5 万元，公允价值为 70 万元；食品加工机的账面原值为 100 万元，在交换日的累计折旧为 40.5 万元，公允价值为 60 万元。

（2）顺达运输公司丰田汽车的账面原值为 18.5 万元，在交换日的累计折旧为 100 万元，公允价值为 85 万元；奔驰汽车的账面原值为 80 万元，在交换日的累计折旧为 30 万元，公允价值为 55 万元。

（3）苏客餐饮公司另外向顺达运输公司支付银行存款 10 万元。

（4）假设整个交换过程不涉及其他相关税费。

假设交换双方不具有商业实质，且公允价值不能可靠计量。

（1）苏客餐饮公司的会计处理如下：

换入资产的入账价值为=（80–10.5）+（100–40.5）+（70×11%+60×17%）–（85+55）×17%+10=133.1（万元）

丰田汽车应分配的价值=133.1×85÷（85+55）×100%=80.81（万元）

奔驰汽车应分配的价值=133.1×55÷（85+55）×100%=52.29（万元）

会计分录为：

借：固定资产清理	1 290 000	
累计折旧	510 000	
贷：固定资产——餐厅		800 000
——食品加工机		1 000 000
借：固定资产——丰田汽车	808 100	
——奔驰汽车	522 900	
应交税费——应交增值税（进项税额）	238 000	
贷：固定资产清理		1 290 000
应交税费——应交增值税（销项税额）		179 000
银行存款		100 000

（2）顺达运输公司的会计处理如下：

换入资产的入账价值=（185–100）+（80–30）+（85+55）×17%–（70×11%+60×17%）–10=130.9（万元）

餐厅应分配的价值=130.9×70÷（70+60）×100%=70.48（万元）

食品加工机应分配的价值=130.9×60÷（70+60）×100%=60.42（万元）

会计分录为：

借：固定资产清理	1 350 000	
累计折旧	1 300 000	
贷：固定资产——丰田汽车		1 850 000
——奔驰汽车		800 000
借：固定资产——餐厅	704 800	
——食品加工机	604 200	
应交税费——应交增值税（进项税额）	179 000	
银行存款	100 000	
贷：固定资产清理		1 350 000
应交税费——应交增值税（销项税额）		238 000

任务三 公允价值计量模式下的非货币性资产交换的核算

企业在按照公允价值和应支付的相关税费作为换入资产成本的情况下，应区别是否发生补价。

一、不涉及补价情况下的会计处理

具有商业实质，且换入资产或换出资产的公允价值能够可靠地计量的非货币性资产交换，不涉及不补价的，应当以换出资产的公允价值和应支付的相关税费作为换入资产的成本，换出资产公允价值与其账面价值之间的差额，确认为当期损益。即：

换入资产入账价值=换出资产公允价值+应支付的相关税费−可抵扣的增值税进项税额

【工作实例 8-6】甲公司和乙公司均为增值税一般纳税人，增值税基本税率为 17%，运输业的增值税税率为 11%。本月发生非货币性资产交换如下：

（1）甲公司换出 A 商品的账面价值为 180 000 元、公允价值为 200 000 元。另以银行存款支付换入 B 商品的运输费 3 000 元，增值税 330 元。

（2）乙公司换出 B 商品的账面价值为 210 000 元、公允价值为 200 000 元的。另以银行存款支付换入 A 商品的运输费 5 000 元，增值税 550 元。

（3）双方换入资产均作为库存商品管理。

（4）假设双方交换具有商业实质且 A、B 商品的公允价值能够取得，采用公允价值计量。

甲公司的任务处理如下：

甲公司换入 B 商品的入账价值=200 000+200 000×17%−200 000×17%+3 000=203 000（元）

计入损益金额=公允价值−账面价值=200 000−180 000=20 000（元）

会计分录为：

（1）借：库存商品——B 商品	203 000	
应交税费——应交增值税（进项税额）	34 330	
贷：主营业务收入		200 000
应交税费——应交增值税（销项税额）		34 000
银行存款		3 330
（2）借：主营业务成本	180 000	
贷：库存商品——A 商品		180 000

乙公司的任务处理如下：

乙公司换入A商品的入账价值=200 000+200 000×17%–200 000×17%+5 000=205 000（元）

计入损益金额=公允价值–账面价值=200 000–210 000=–10 000（元）

会计分录为：

（1）借：库存商品——A 商品　　205 000

　　应交税费——应交增值税（进项税额）　　34 550

　　贷：主营业务收入　　200 000

　　　应交税费——应交增值税（销项税额）　　34 000

　　　银行存款　　5 550

（2）借：主营业务成本　　210 000

　　贷：库存商品——B 商品　　210 000

【小思考】

在非货币性资产交换过程中，甲、乙两企业为换入资产支付运输费的增值税为什么不影响换入资产的成本？

【工作实例 8-7】长江股份有限公司和黄河股份有限公司均为增值税一般纳税人，增值税税率为 17%。本月发生非货币性资产交换如下。

（1）合同规定：长江股份有限公司以生产经营过程中使用的车床交换黄河股份有限公司的库存商品办公家具。换入的办公家具作为库存商品进行管理。

（2）长江股份有限公司换出的车床账面原值为 100 000 元，在交换日的累计折旧为 50 000 元，公允价值为 75 000 元；另以银行存款支付车床清理费 3 000 元。换入的办公家具作为库存商品进行管理。

（3）黄河股份有限公司换出的办公家具账面价值为 60 000 元，在交换日的公允价值和计税价格均为 75 000 元。换入的车床作为固定资产进行管理。

（4）假设双方交换具有商业实质且公允价值是可靠计量的，则采用公允价值计量。

长江股份有限公司的任务处理如下：

换入资产的入账价值=75 000–75 000×17%+75 000×17%=75 000（元）

应当计入当期的损益=75 000–（100 000–50 000）–3 000=22 000（元）

会计分录为：

（1）借：固定资产清理　　50 000

　　累计折旧　　50 000

　　贷：固定资产——车床　　100 000

（2）借：固定资产清理　　3 000

　　贷：银行存款　　3 000

（3）借：固定资产清理 22 000

贷：营业外收入 22 000

（4）借：库存商品——家具 75 000

应交税费——应交增值税（进项税额） 12 750

贷：固定资产清理 75 000

应交税费——应交增值税（销项税额） 12 750

黄河股份有限公司的任务处理如下：

换入资产的入账价值=75 000+75 000×17%−75 000×17%=87 750（元）

会计分录为：

（1）借：固定资产——车床 75 000

应交税费——应交增值税（进项税额） 12 750

贷：主营业务收入 75 000

应交税费——应交增值税（销项税额） 12 750

（2）借：主营业务成本 60 000

贷：库存商品 60 000

【学中做 8-2】

在【工作实例 8-7】中，如果长江公司和黄河公司分别为换入资产支付运输费 500 元，增值税 55 元。请编制两公司非货币性资产交换的会计分录。

二、涉及补价情况下的会计处理

如果涉及补价，分为支付补价和收到补价两种情况：

1. 支付补价

以换出资产的公允价值加上补价和应支付的相关税费，作为换入资产的入账价值，换出资产公允价值与其账面价值的差额计入当期损益。

换入资产入账价值=换出资产的公允价值+支付的补价+应支付的相关税费−可抵扣的增值税进项税额

2. 收到补价

以换出资产的公允价值减去补价加上应支付的相关税费，作为换入资产的入账价值，换出资产公允价值与其账面价值的差额计入当期损益。

换入资产入账价值=换出资产的公允价值−收到的补价+应支付的相关税费−可抵扣的增值税进项税额

【工作实例 8-8】华山股份有限公司与黄山股份有限公司均为增值税一般纳税人。双方商定，华山股份有限公司用一辆福特牌小汽车交换黄山股份有限公司的一套机器设备。假设双方交换具有商业实质且公允价值是可靠计量的，则采用公允价值计量。有关资料如下：

（1）福特汽车的账面原值为 150 000 元，在交换日的累计折旧为 15 000 元，公允价值为 160 000 元。

（2）机器设备的账面原值为 200 000 元，在交换日的累计折旧为 64 000 元，公允价值为 170 000 元。

（3）华山股份有限公司另外向黄山股份有限公司支付银行存款 10 000 元。

（4）在交换过程中，华山股份有限公司发生清理费用 2 100 元，黄山股份有限公司发生清理费用 3 200 元。

华山股份有限公司的会计处理如下。

因为支付的货币性资产占换出资产公允价值与支付的货币性资产之和的比例为：10 000÷（10 000+160 000）×100%=5.88%，低于 25%，此交换属于非货币性资产交换。

换入资产的入账价值=160 000+10 000+2 100=172 100（元）

应当计入当期的损益=160 000–（150 000–15 000）=25 000（元）

会计分录为：

（1）借：固定资产清理	135 000	
累计折旧	15 000	
贷：固定资产——福特汽车		150 000
（2）借：固定资产清理	2 100	
贷：银行存款		2 100
（3）借：固定资产清理	25 000	
贷：营业外收入		25 000
（4）借：固定资产——通用汽车	172 100	
贷：银行存款		10 000
固定资产清理		162 100

黄山股份有限公司的会计处理如下。

因收到的货币性资产占换出资产公允价值的比例为：10 000÷170 000×100%=5.88%，低于 25%。故此笔交换是非货币性资产交换。

换入资产的入账价值=170 000–10 000+3 200=163 200（元）

应当计入当期的损益=170 000–（200 000–64 000）=34 000（元）

会计分录为：

（1）借：固定资产清理	136 000	

累计折旧　　64 000
　　贷：固定资产——通用汽车　　200 000

（2）借：固定资产清理　　3 200
　　贷：银行存款　　3 200

（3）借：固定资产——福特汽车　　163 200
　　银行存款　　10 000
　　贷：固定资产清理　　173 200

（4）借：固定资产清理　　34 000
　　贷：营业外收入　　34 000

【学中做 8-3】

在【工作实例 8-8】中，如果黄山公司以银行存款支付机器的运输费用 1 600 元。请你为黄山公司编制非货币性资产交换的会计分录。

三、涉及多项非货币性资产交换的会计处理

非货币性资产交换具有商业实质，且换入资产的公允价值能够可靠计量的，以换入各项资产的公允价值与换入资产公允价值总额的比例，对换入资产的入账价值总额进行分配，以确定各项换入资产的入账价值。

（一）不涉及补价情况下的会计处理

企业发生的非货币性交易涉及多项资产时，在没有补价情况下，基本原则与单项资产的会计处理原则相同，唯一的区别是按换入各项资产的公允价值与换入资产公允价值总额的比例，对换出资产的账面价值总额与应支付的相关税费之和进行分配，以确定各项换入资产的入账价值。用公式表示为：

$$\text{换入资产入账价值总额}=\text{换出资产公允价值总额}+\text{应支付的相关税费}$$

$$\text{换入资产入账价值}=\text{换入资产入账价值总额}\times\frac{\text{换入各项资产公允价值}}{\text{换入资产公允价值总额}}$$

【工作实例 8-9】甲公司和乙公司均为增值税一般纳税人，适用的增值税基本税率为 17%，建筑业的增值税税率为 11%。甲公司为了适应经济业务发展的需要，与乙公司协商，将甲公司原生产用的库房和车床，与乙公司的运输车辆和库存原材料交换。假定交换中除原材料外其他的交换均作为固定资产核算。有关资料如下：

（1）甲公司换出库房的账面原价为 600 万元，已提折旧 120 万元，公允价值为 500 万元；换出车床的账面原价为 480 万元，已提折旧 240 万元，公允价值为 300 万元。

（2）乙公司换出运输车辆的账面原价为800万元，已提折旧360万元，公允价值为400万元；换出原材料的账面价值为350万元，公允价值和计税价格均为 400万元。

（3）假设甲公司和乙公司换出资产均未计提减值准备，不考虑增值税以外发生的其他税费。假定该交易具有商业实质，且公允价值均能够可靠计量。

（1）甲公司的会计处理如下。

非货币性资产交换双方交换的资产均不涉及补价，属于非货币性资产交换。

换出资产的公允价值=500+300=800（万元）

换入资产的总成本=800+500×11%+300×17%–（400+400）×17%=770（万元）

其中：

换入的运输车辆应分配的价值=400÷800×770=385（万元）

换入的原材料应分配的价值=400÷800×770=385（万元）

甲公司的会计分录：

借：固定资产清理	7 200 000	
累计折旧	3 600 000	
贷：固定资产		10 800 000
借：固定资产——运输车辆	3 850 000	
原材料	3 850 000	
应交税费——应交增值税（进项税额）	1 360 000	
贷：固定资产清理		7 200 000
应交税费——应交增值税（销项税额）		1 060 000
营业外收入		800 000

（2）乙公司的会计处理如下。

换出资产的公允价值=400+400=800（万元）

换入资产的总成本=800+800×17%–500×11%–300×17%=830（万元）

其中：

换入的库房应分配的价值=500÷800×830=518.75（万元）

换入的车床应分配的价值=300÷800×830=311.25（万元）

乙公司的会计分录：

借：固定资产清理	4 400 000	
累计折旧	3 600 000	
贷：固定资产		8 000 000
借：固定资产——库房	5 187 500	
——车床	3 112 500	
应交税费——应交增值税（进项税额）	1 060 000	
营业外收入	400 000	

贷：固定资产清理 4 400 000

其他业务收入 4 000 000

应交税费——应交增值税（销项税额） 1 360 000

借：其他业务成本 3 500 000

贷：原材料 3 500 000

（二）涉及补价情况下的会计处理

【工作实例 8-10】A 公司以一项长期股权投资换取 B 公司一辆小轿车和一批产品。A 公司长期股权投资账面余额 250 万元，计提减值准备 30 万元，公允价值 200 万元。B 公司小轿车账面余额 68 万元，累计折旧 18 万元，公允价值 60 万元；产品账面价值 170 万元，公允价值 150 万元，增值税 25.5 万元。A 公司支付 B 公司补价 10 万元，A 公司支付相关费用 0.5 万元。假设交换双方具有商业实质，且公允价值是可靠计量的。

（1）A 公司的会计处理如下。

支付的补价 100 000 元占换出资产公允价值与支付补价之和 2 100 000 元的 4.76% ，小于 25%，属于非货币性资产交换。

换入资产入账价值总额=200+10+0.5−25.5=185（万元）

应当计入当期的损益=200–（250–30）=–20（万元）

换入小轿车应分配的价值=185×60÷（60+150）×100%=528 571（元）

换入产品应分配的价值=185×150÷（60+150）×100%=1 321 429（元）

会计分录如下：

借：固定资产 528 571

库存商品 1 321 429

应交税费——应交增值税（进项税额） 255 000

长期股权投资减值准备 300 000

投资收益 200 000

贷：长期股权投资 2 500 000

银行存款 105 000

（2）B 公司的会计处理如下。

换入资产入账价值总额=60+150–10+25.5=225.5（万元）

计入损益的金额=60–（68–18）+（150–170）=–10（万元）

会计分录如下：

借：固定资产清理 500 000

累计折旧 180 000

贷：固定资产——小轿车 680 000

借：长期股权投资 2 255 000

银行存款	100 000	
贷：固定资产清理		500 000
主营业务收入		1 500 000
应交税费——应交增值税（销项税额）		255 000
营业外收入		100 000
借：主营业务成本	1 700 000	
贷：库存商品		1 700 000

项目小结

非货币性资产交换是指交换双方主要以存货、固定资产、无形资产和长期股权投资等非货币性资产进行的交换。该交换不涉及或只涉及少量的货币性资产（即补价）。认定涉及少量货币性资产的交换为非货币性资产交换，通常以补价占整个资产交换金额的比例作为参考，支付的货币性资产占换入资产公允价值或占换出资产公允价值与支付的货币性资产之和的比例低于25%（不含）的，视为非货币性资产交换；高于25%（含）的，则视为以货币性资产取得非货币性资产。

非货币性资产交换如果同时满足具有商业实质且公允价值能够可靠计量条件的，以公允价值为基础计量，公允价值与其账面价值之间的差额，确认为当期损益；不符合条件的，换入资产的入账价值以换出资产的账面价值为基础计量，不确认损益。

企业无论在按照公允价值和应支付的相关税费作为换入资产成本的情况下，还是在按照换出资产的账面价值和应支付的相关税费作为换入资产成本的情况下，都必须分别是否发生补价，采用不同的会计处理。

复习思考题

1. 货币性资产和非货币性资产是怎样划分的？它们分别包括哪些内容？
2. 怎样判断一项交换是否属于非货币性资产交换？
3. 什么是商业实质？判断是否具有商业实质的主要依据有哪些？
4. 如果是具有商业实质但公允价值不能够可靠计量的非货币性资产交换，应当如何计量换入资产的价值？
5. 在换入多项非货币性资产时，计量各项换入资产的价值有哪些步骤？

项目九

负债的核算

知识学习目标

- 熟悉流动负债和非流动负债的概念、内容、分类和特点；
- 掌握短期借款、应付票据、应付职工薪酬、应交税费等流动负债主要项目的确认和计量；
- 掌握长期借款的初始计量和利息的会计处理；
- 掌握应付债券的账户设置及会计处理；
- 掌握借款费用资本化金额的计算方法。

能力学习目标

- 能够运用负债核算的知识，分清各项负债的核算内容；
- 能对各项负债进行正确的核算，提供企业债务的相关信息；
- 能运用借款费用准则，正确计算借款费用资本化金额。

工作任务

- 短期借款的核算；应付票据的核算；应付职工薪酬的核算；应交税费等流动负债主要项目的核算；长期借款的核算；应付债券的核算；借款费用资本化和费用化的核算。

项目引例

某企业为了建造一项固定资产，发生业务如下：

（1）2015 年 11 月 1 日从银行取得一笔借款 1 000 万元，借款合同上标明用于固定资产的建造，年利率为 8%，2 年期。

（2）2015 年 11 月 20 日以银行存款购买工程物资 800 万元，并已验收入库。

（3）工程于 2016 年 1 月 1 日正式开工建设，至 2016 年 10 月 1 日工程完工，并交付使用。

（4）2016 年 12 月 31 日工程办理竣工决算，并取得安全生产合格证书。

提出问题：

（1）企业取得的专门用于建造固定资产的借款是否属于专门借款？

（2）企业取得借款所发生的利息费用是否都计入“财务费用”？

（3）借款费用资本化应具备哪些条件？

（4）在本例中，能否确认借款费用资本化的金额？为什么？

带着这些问题，让我们进入本项目的学习领域。

任务一　短期借款的核算

一、短期借款的概念和内容

短期借款是指企业向银行或其他金融机构借入的期限在 1 年以下（含 1 年）的各种借款。企业借入短期借款的主要目的在于解决企业流动资金的不足，以保证企业生产经营的正常进行。归还短期借款时，除了归还借入的本金外，还要按借款期限的长短，支付一定的利息。

为了反映和监督短期借款的取得和归还情况，应设置“短期借款”科目。该科目借方登记归还的借款金额，贷方登记取得的借款金额，期末余额在贷方，反映企业尚未归还的借款。该科目应当按借款种类、贷款人和币种设置明细科目。

二、短期借款的会计处理

（一）短期借款取得的核算

企业取得短期借款时，通常在取得借款日按取得借款数额，借记“银行存款”科目，贷记“短期借款”科目。

（二）短期借款利息的核算

短期借款的利息一般作为“财务费用”计入当期损益。如果符合借款费用资本化条件的，应予以计入相关资产的成本。

如果短期借款的利息是按期支付的（按季、按半年），或利息是在借款到期时连同本金一起偿还，并且数额较大的，为了正确计算各期的盈亏，一般采用预提的办法，按期计提列入“财务费用”等科目。如果企业短期借款利息是按月支付的，或利息是在借款到期时连同本金一起偿还，但数额不大的，可以不采用预提的办法，而是在实际支付时，直接计入当期损益或相关资产科目。

预提短期借款利息不通过“短期借款”科目，而是通过“应付利息”科目单独进行核算。

（三）短期借款归还的核算

短期借款到期，应及时归还。到期归还借款时，应借记“短期借款”科目，贷记“银行存款”科目。

【工作实例 9-1】甲公司（为增值税一般纳税人）取得商品周转借款 800 000 元，期限 6 个月，年利率 6%。到期一次还本付息。

任务处理如下。

（1）取得借款时：

借：银行存款	800 000	
贷：短期借款		800 000

（2）按月预提借款利息时：

月利息额=800 000×6%÷12=4 000（元）

借：财务费用	4 000	
贷：应付利息		4 000

【小思考】

为什么企业在确认借款利息时，不确认增值税进项税额？

（3）到期归还本息时：

借：短期借款	800 000	
应付利息	24 000	
贷：银行存款		824 000

任务二 应付及预收款项的核算

一、应付票据

（一）应付票据概述

应付票据是指出票人签发的、委托付款人在指定日期无条件支付确定的金额给收款人或者持票人的票据，包括商业承兑汇票和银行承兑汇票两种。应付票据也是付款人允诺在一定时期内支付一定款额的书面证明。

在我国，商业汇票的付款期限由交易双方商定，但最长不得超过 6 个月。因此，应将应付票据归于流动负债进行管理和核算。

【小思考】

企业使用商业汇票应具备什么条件？商业汇票可以背书转让或提取现金吗？

（二）应付票据的会计处理

为了反映企业应付票据的业务，应设置“应付票据”科目。该科目属于负债类，贷方登记签发并承兑的商业汇票的面值及计提的利息；借方登记票据到期支付的本息数额，期末余额在贷方，反映企业尚未到期的商业汇票的面值及利息。该科目应按不同的债权人设置明细科目，进行明细核算。

为了详细反映应付票据的有关情况，企业应设置“应付票据备查簿”，详细登记每一应付票据的种类、号数、签发日期、到期日、票面金额、交易合同号、收款单位名称，以及付款日期和金额等详细资料。应付票据到期付清时，应在备查簿内逐笔注销。

1. 应付票据的签发

企业开出、承兑票据时，应按面值借记“原材料”、“材料采购”、“应付账款”等科目，贷记“应付票据”科目。如果是银行承兑汇票，还应按承兑金额的一定比例支付承兑手续费，借记“财务费用”、“应交税费——应交增值税（进项税额）”等科目，贷记“银行存款”科目。

2. 到期清偿应付票据

票据到期支付票款时，按面值借记“应付票据”科目，贷记“银行存款”科目。

到期不能偿付应付票据时，应根据不同情况进行处理：如果是商业承兑汇票，应转作应付账款，待协商后再处理，按面值借记“应付票据”科目，贷记“应付账款”科目；如果是银行承兑汇票，银行已代为付款，并从付款方账户扣款，对尚未扣回的部分作为逾期贷款处理。因此付款方应借记“应付票据”科目，贷记“银行存款”、“短期借款”科目。

【工作实例 9-2】甲公司（为增值税一般纳税人）购进 A 材料 50 000 元，增值税额为 8 500 元。甲公司 3 月 4 日签发面值 58 500 元、期限 3 个月的不带息商业汇票一张，承兑后交付对方。甲公司于 6 月 4 日如数支付。会计分录如下。

（1）3 月 4 日开出商业汇票时：

借：原材料——A 材料	50 000	
应交税费——应交增值税（进项税额）	8 500	
贷：应付票据		58 500

（2）6 月 4 日到期如数支付时：

借：应付票据　　58 500

　　贷：银行存款　　58 500

（3）若本例中的商业汇票为银行承兑汇票，按万分之五交纳承兑手续费 29.25 元时：

借：财务费用　　27.59

　　应交税费——应交增值税（进项税额）　　1 66

　　贷：银行存款　　29.25

（4）如果是银行承兑汇票，企业到期无力支付，应转作“短期借款”时：

借：应付票据　　58 500

　　贷：短期借款　　58 500

二、应付账款

应付账款是指企业因购买材料、商品和接受劳务供应等而应付给供应单位的款项。应付账款是指企业在供应过程中由于取得物资与支付货款在时间上不一致而产生的负债。

（一）应付账款的入账时间

应付账款入账时间应以所购买物资所有权的转移或接受劳务已发生为标志。在会计实务中，应区别不同情况进行处理：

（1）在货物和发票账单同时到达的情况下，通常在货物验收入库后，按发票账单登记应付账款入账。

（2）如果物资先到，货款未付，为了简化核算手续，可暂时不作应付账款处理，待发票账单到达后付款时，按付款、收货同时进行处理。但如果到月末仍未付款，应根据不同情况分别处理：月末发票账单已到，但由于付款期未到等原因而尚未付款的，应于月末根据发票账单作应付账款入账；如果月末时，发票账单仍未到达，则应先按暂估价入账，待下月初再用红字冲回，或编制相反方向的会计分录。

（二）应付账款的会计处理

为了核算和监督企业应付账款的增减变化情况，企业应设置“应付账款”科目。该科目贷方登记企业因购入材料、商品、接受劳务供应而形成的应付未付款项以及到期的商业汇票因无款支付而转入的应付票据款，借方登记企业偿还的应付账款、以商业汇票抵付的应付账款，以及无法支付的应付账款转销数，余额一般在贷方，反映企业尚未支付的应付款项。该科目应按债权人设置明细分类科目。

企业发生应付账款时，借记有关科目，贷记“应付账款”科目；偿还应付账款时，借记“应付账款”科目，贷记“银行存款”科目；企业开出、承兑商业汇票抵付应付账款时，借记“应付账款”科目，贷记“应付票据”科目。

企业对于无法支付的应付账款，经批准列入“营业外收入”科目。

【工作实例 9-3】某企业购入原材料一批，价款 30 000 元，增值税 5 100 元，因未到付款期尚未付款，材料已验收入库。该企业原材料收发按实际成本计价法进行核算。会计分录如下。

（1）材料入库时：

借：原材料	30 000	
应交税费——应交增值税（进项税额）	5 100	
贷：应付账款		35 100

（2）支付应付账款时：

借：应付账款	35 100	
贷：银行存款		35 100

三、预收账款

预收账款是指销货单位按照合同或协议规定预先向购货单位或个人收取的货款或定金。这种流动负债产生于商品交易过程中，这项负债要用以后的商品或者劳务来偿还。

为了反映预收账款的经济业务，企业应该设置“预收账款”科目。该科目贷方反映企业按照合同规定向购货单位预收的货款和补收的货款，借方反映应收的货款和退出多收的货款。期末贷方余额，反映企业向购货单位预收的款项；若为借方余额，反映企业应由购货单位补付的款项。该科目应按购货单位设置明细账，进行明细核算。预收账款不多的企业，也可以不设置本科目，将预收的款项直接记入“应收账款”科目。

【小思考】

如果“预收账款”科目出现借方余额，它反映什么内容？在资产负债表中，应如何列示？

企业按照合同规定向购货单位预收款项时，借记“银行存款”科目，贷记“预收账款”科目；销售实现时，按实现的收入和应交的增值税销项税额，借记“预收账款”科目，按实现的营业收入，贷记“主营业务收入”科目，按专用发票上注明的增值税额，贷记“应交税费——应交增值税（销项税额）”科目；对购货单位补付的款项，借记“银行存款”科目，贷记“预收账款” 科目；退给多付的款项，作相反的会计分录。

【工作实例 9-4】企业收到丙公司汇来预付货款 10 000 元，存入银行。次月，企业发给丙公司商品一批，价款 20 000 元，销项税额 3 400 元，并从银行汇来补付款 13 400

元。根据上述经济业务，编制如下会计分录。

（1）收到预付货款时：

借：银行存款　　10 000

　贷：预收账款　　10 000

（2）发出商品时：

借：预收账款　　23 400

　贷：主营业务收入　　20 000

　　应交税费——应交增值税（销项税额）　　3 400

（3）收到补付货款时：

借：银行存款　　13 400

　贷：预收账款　　13 400

四、应付职工薪酬

（一）职工薪酬的内容

职工薪酬是指企业为获得职工提供的服务或解除劳动关系而给予的各种形式的报酬或补偿。职工薪酬包括短期薪酬、离职后福利、辞退福利和其他长期职工福利。企业提供给职工配偶、子女、受赡养人、已故员工遗属及其他受益人等的福利，也属于职工薪酬。

这里的职工是指与企业订立劳动合同的所有人员，含全职、兼职和临时职工，也包括虽未与企业订立劳动合同但由企业正式任命的人员。未与企业订立劳动合同或未由其正式任命，但向企业所提供服务与职工所提供服务类似的人员，也属于职工的范畴，包括通过企业与劳务中介公司签订用工合同而向企业提供服务的人员。

职工薪酬的内容主要包括以下方面。

1. 短期薪酬

短期薪酬是指企业在职工提供相关服务的年度报告期间结束后十二个月内需要全部予以支付的职工薪酬，因解除与职工的劳动关系给予的补偿除外。短期薪酬具体包括：职工工资、奖金、津贴和补贴，职工福利费，医疗保险费、工伤保险费和生育保险费等社会保险费，住房公积金，工会经费和职工教育经费，短期带薪缺勤，短期利润分享计划，非货币性福利以及其他短期薪酬。其中：

（1）职工工资、奖金、津贴和补贴，是指按照国家统计局的规定构成工资总额的计时工资、计件工资、支付给职工的超额劳动报酬和增收节支的劳动报酬、为了补偿职工特殊或额外的劳动消耗和因其他特殊原因支付给职工的津贴，以及为了保证职工工资水平不受物价影响支付给职工的物价补贴等。

（2）职工福利费，是指企业为了职工提供的福利，包括职工的医药费、内设医院医护人员的工资、医务经费、职工因公负伤外地就医的路费、职工生活困难补助以及按照国家规定开支的其他职工福利支出等。

（3）医疗保险金、工伤保险费和生育保险费等社会保险费，是指企业按照国家规定的基准和比例计算，向社会保险经办机构缴纳的医疗保险金、工伤保险费和生育保险费。对于养老保险和失业保险属于离职后福利，不属于短期薪酬。

（4）住房公积金，是指企业按照国家《住房公积金管理条例》规定的基准和比例计算，向住房公积金管理机构缴存的住房公积金。

（5）工会经费和职工教育经费，是指企业为了改善职工文化生活、提高职工业务素质用于开展工会活动和职工教育及职业技能培训，根据国家规定的基准和比例，从成本费用中提取的金额。

（6）短期带薪缺勤，是指企业支付工资或提供补偿的职工缺勤，包括年休假、病假、短期伤残、婚假、产假、丧假、探亲假等。

（7）利润分享计划，是指因职工提供服务而与职工达成的基于利润或其他经营成果提供薪酬的协议。

（8）非货币福利，是指企业以自产产品或外购商品发放给职工作为福利，将自己拥有的资产无偿提供给职工使用，为职工无偿提供医疗保健服务等。

2. 离职后福利

离职后福利是指企业为获得职工提供的服务而在职工退休或与企业解除劳动关系后，提供的各种形式的报酬和福利，短期薪酬和辞退福利除外。

3. 辞退福利

辞退福利是指企业在职工劳动合同到期之前解除与职工的劳动关系，或者为鼓励职工自愿接受裁减而给予职工的补偿。

4. 其他长期职工福利

其他长期职工福利，是指除短期薪酬、离职后福利、辞退福利之外所有的职工薪酬，包括长期带薪缺勤、长期残疾福利、长期利润分享计划等。

【小思考】

"离职后福利"和"辞退福利"是不是一回事？如何理解？

（二）应付职工薪酬的确认和计量

1. 短期薪酬的确认和计量

（1）短期薪酬的确认。企业应当在职工为其提供服务的会计期间，将实际发生的短期薪酬确认为负债，并计入当期损益或计入相关资产成本。例如，生产部门人员的职工薪酬，计入"生产成本"、"制造费用"、"劳务成本"等科目；应由在建工程、研发支出负担的职工薪酬，计入"在建工程"、"研发支出"等科目；管理部门人员、销售人员的职工薪酬，计入“管理费用”、“销售费用”科目。

（2）短期薪酬的计量。

① 企业发放的职工工资、奖金、津贴和补贴，应当将实际发生额确认为负债。

② 企业发生的职工福利费，应当在实际发生时根据实际发生额计入当期损益或相关资产成本。职工福利费为非货币性福利的，应当按照公允价值计量。

③ 企业为职工缴纳的医疗保险费、工伤保险费、生育保险费等社会保险费和住房公积金，以及按规定提取的工会经费和职工教育经费，应当在职工为其提供服务的会计期间，根据规定的计提基础和计提比例计算确定相应的职工薪酬金额，并确认相应负债。

④ 带薪缺勤分为累积带薪缺勤和非累积带薪缺勤。累积带薪缺勤是指带薪缺勤权利可以结转下期的带薪缺勤，本期尚未用完的带薪缺勤权利可以在未来期间使用。反之，为非累积带薪缺勤。企业应当在职工实际发生缺勤的会计期间确认与非累积带薪缺勤相关的职工薪酬。例如，A 职工 2015 年享有休假 12 天，另有 3 天可累计至 2016 年。假设该企业平均每名职工每个工作日工资为 200 元，则应确认 600 元负债，同时确认相关成本或者计入当期损益。

⑤ 利润分享计划的基本思想是按照一定比例将公司利润分配给雇员。例如，按照职员绩效评价的结果来分配年度总利润等。

⑥ 非货币福利。企业发放的非货币性福利的，应当按照公允价值计量。

2. 离职后福利的确认和计量

企业应当将离职后福利计划分类为设定提存计划和设定受益计划。离职后福利计划，是指企业与职工就离职后福利达成的协议，或者企业为向职工提供离职后福利制定的规章或办法等。其中，设定提存计划是指向独立的基金（如养老基金）缴存固定费用后，企业不再承担进一步支付义务的离职后福利计划。设定受益计划是指除设定提存计划以外的离职后福利计划。设定受益计划是指在企业根据一定的标准（职工服务年限、工资水平等）确定每个职工离职后每期的年金收益水平，由此倒算出企业每期应为职工缴费的金额。

企业应当在职工为其提供服务的会计期间，将根据设定提存计划计算的应缴存金额确认为负债，并计入当期损益或相关资产成本。

3. 辞退福利的确认和计量

企业向职工提供辞退福利的，应当在下列两者孰早日确认辞退福利产生的职工薪酬负债，并计入当期损益：

（1）企业不能单方面撤回因解除劳动关系计划或裁减建议所提供的辞退福利时。

（2）企业确认与涉及支付辞退福利的重组相关的成本或费用时。

【小思考】

“正常退休养老金”和“辞退福利”是不是一回事？如何理解？

4. 其他长期职工福利的确认和计量

企业向职工提供的其他长期职工福利，符合设定提存计划条件的，按设定提存计划的有关规定进行处理。不符合设定提存条件的，企业应当按设定受益计划的有关规定，确认和计量其他长期职工福利净负债或净资产。

（三）应付职工薪酬的会计处理

为了核算企业应付职工薪酬的结算和分配情况，应设置“应付职工薪酬”科目。该科目属于负债类科目，贷方登记应付给职工的薪酬总额，借方登记实际支付给职工的薪酬及按规定从应付职工薪酬中扣除的各种款项。该科目应当按照“工资”、“职工福利”、“社会保险费”、“住房公积金”、“工会经费”、“职工教育经费”等明细科目进行明细核算。

【工作实例 9-5】甲企业计提和发放 2016 年 6 月职工薪酬，有关资料如下：

（1）本月职工薪酬总额为 198 万元，其中，生产工人工资 69 万元，生产车间管理人员工资 8 万元，厂部管理人员工资 62 万元，销售人员工资 47 万元，公司正在建设的一项工程人员工资为 12 万元。

（2）本月应付职工薪酬总额为 198 万元，其中，代扣应由职工负担的社会保险费和住房公积金 29.7 万元，代扣个人所得税 1.2 万元，实际发放工资 167.1 万元，已打入职工个人银行卡中。

（3）按国家规定的标准，按工资总额的 15%计提社会保险费 29.7 万元；按工资总额的 10%计提住房公积金 19.8 万元。计提的社会保险费和住房公积金分别计入相关成本费用中。

（4）企业以银行存款上缴代扣和计提的社会保险费和住房公积金。

任务处理如下。

（1）计算应付职工薪酬时：

借：生产成本	690 000	
制造费用	80 000	
管理费用	620 000	
销售费用	470 000	
在建工程	120 000	
贷：应付职工薪酬——工资		1 980 000

（2）发放本月职工薪酬时：

借：应付职工薪酬——短期薪酬——工资	1 980 000	
贷：银行存款		1 671 000
其他应付款		297 000
应交税费——应交个人所得税		12 000

（3）计提的社会保险费和住房公积金时：

借：生产成本	172 500	

制造费用　　20 000
管理费用　　155 000
销售费用　　117 500
在建工程　　30 000
贷：应付职工薪酬——社会保险费　　297 000
——住房公积金　　198 000

（4）上交社会保险费和住房公积金时：
借：应付职工薪酬——社会保险费　　297 000
——住房公积金　　198 000
其他应付款　　297 000
贷：银行存款　　792 000

【工作实例 9-6】甲企业规定，为公司高层管理人员提供汽车免费使用。本月应计提的小轿车折旧 6 000 元。同时，公司为中层管理人员 6 人（引进的高级人才）提供免费租赁住房一套，本月应支付租赁费 5 000 元。

任务处理如下：
借：管理费用　　11 000
贷：应付职工薪酬——非货币性福利　　11 000
借：应付职工薪酬——非货币性福利　　11 000
贷：累计折旧　　6 000
其他应付款——租金　　5 000

【工作实例 9-7】企业与一些职工解除劳动关系而给予补偿费用 8 万元。任务处理如下：
借：管理费用　　80 000
贷：应付职工薪酬——辞退福利　　80 000
借：应付职工薪酬——辞退福利　　80 000
贷：银行存款　　80 000

【工作实例 9-8】企业以现金支付清洁工杨沫生活困难补助 3 000 元。任务处理如下：
借：管理费用　　3 000
贷：应付职工薪酬——短期薪酬——职工福利　　3 000
借：应付职工薪酬——短期薪酬——职工福利　　3 000
贷：库存现金　　3 000

【工作实例 9-9】企业将自己生产的一批产品发放给职工。该产品生产成本 60 万元，公允价值 100 万元，增值率为 17%。其中，生产工人应分配 40%，生产车间管理人员应分配 5%，厂部管理人员应分配 30%，销售人员工资应分配 25%。任务处理如下。

（1）分配职工薪酬时：

借：生产成本	468 000	
制造费用	58 500	
管理费用	351 000	
销售费用	292 500	
贷：应付职工薪酬——职工福利		1 170 000

（2）发放职工福利时：

借：应付职工薪酬——职工福利	1 170 000	
贷：主营业务收入		1 000 000
应交税费——应交增值税（销项税额）		170 000
借：主营业务成本	600 000	
贷：库存商品		600 000

【小思考】

如果企业将外购的商品发放给职工，是否属于应付职工薪酬范围？试举例说明。

【工作实例 9-10】某企业为在职职工提供养老金设定计划，本年应上交养老基金 6 万元，并以银行存款支付。任务处理如下。

（1）提存养老金计划时：

借：管理费用	60 000	
贷：应付职工薪酬——离职后福利		60 000

（2）上缴养老金到养老基金账户时：

借：应付职工薪酬——离职后福利	60 000	
贷：银行存款		60 000

五、其他应付款

其他应付款是指企业除应付账款、应付票据等以外的其他应付、暂收款项。具体包括：应付经营租入固定资产和包装物的租金、存入保证金（如收取包装物押金等）、应付暂收所属单位个人的款项以及其他应付、暂收款项。

为了核算和监督其他各项应付、暂收款项的增减变动及其结果，企业应设置“其他应付款”科目，该科目属负债类科目。贷方登记发生的各种应付、暂收款项，借方登记支付的各种应付、暂收款项，期末余额在贷方，反映企业尚未支付的其他应付款项。该科目按应付、暂收款项的类别和单位或个人设置明细科目，进行明细分类核算。

企业发生各种应付、暂收款项时，借记“银行存款”、“管理费用”等科目，贷记“其他应付款”科目；支付有关款项时，借记“其他应付款”科目，贷记“银行存款”等科目。

【工作实例 9-11】企业出租包装物，以现金收取出租包装物押金 3 000 元。任务处理如下。

（1）收到押金时：

借：库存现金 3 000

　　贷：其他应付款 3 000

（2）退还包装物押金时：

借：其他应付款 3 000

　　贷：库存现金 3 000

任务三 应交税费的核算

一、应交税费的内容

应交税费是指企业根据税法规定应当交纳的各种税金，包括增值税、消费税、企业所得税、个人所得税、土地增值税、城市维护建设税、教育费附加、房产税、城镇土地使用税、车船税、燃油税、矿产资源补偿费、个人所得税、契税等。

为了反映和监督各种税金的形成与交纳情况，企业应设置“应交税费”科目，该科目贷方登记应交的税款；借方登记实际交纳的税款；期末余额在贷方，表示应交未交的税款；余额在借方，表示多交的税款。该科目应按不同税种分别开设明细分类科目。

企业交纳的印花税、耕地占用税等不需要预计应交数的税金，不通过“应交税费”科目核算。

二、应交增值税的核算

（一）增值税的征税范围

增值税是指对我国境内销售货物、进口货物，提供加工、修理修配劳务，提供应税行为的单位和个人，就其取得的应税销售额计算的销项税额，扣除取得进项税额而计算的一种流转税。增值税从性质上看属于价外税。

（1）我国境内销售货物、进口货物，或提供加工、修理修配劳务。货物是指有形动产，包括电力、热力、气体在内；加工是指受托加工货物，即委托方提供原料及主要材料，受托方按照委托方的要求，制造货物并收取加工费的业务；修理修配是指受托对损伤和丧失功能的货物进行修复，使其恢复原状和功能的业务。

（2）我国境内提供应税行为，具体包括销售交通运输服务、邮政服务、电信服务、建筑服务、金融服务、现代服务、生活服务、转让无形资产或者销售不动产。

（二）增值税的税率（或征税率）（见表 9-1）

表 9-1　各行业的增值税税率（或征税率）

税　率	行　业
17%	销售货物或进口货物（农产品除外），或提供加工、修理修配劳务；提供有形动产租赁服务
13%	粮食、食用植物油、自来水、暖气、冷气、热水、石油液化气、天然气、沼气、居民用煤炭制品、图书、报纸、杂志、饲料、农药、农机、农膜、农业产品，以及国务院规定的其他货物
11%	提供交通运输、邮政、基础电信、建筑、不动产租赁服务、销售不动产、转让土地使用权
6%	金融服务、生活服务业、研发和技术服务、信息技术服务、文化创意服务、物流辅助服务、鉴证咨询服务、提供增值电信服务
3%	除部分不动产销售和租赁行为的征收率为 5%以外，小规模纳税人发生的应税行为以及一般纳税人发生特定应税行为，增值税征收率为 3%
零税率	出口货物或财政部、国家税务总局规定规定的应税服务

（三）增值税的纳税人

按照纳税人的经营规模及会计核算的健全程度，增值税的纳税人分为一般纳税人和小规模纳税人。一般纳税人发生财政部和国家税务总局规定的特定应税行为，可以选择适用简易计税方法计税，但一经选择，36 个月内不得变更。

（四）一般纳税人增值税的核算

为了核算企业的应交增值税，一般纳税人一般需要在“应交税费”科目下设置“应交增值税”、“未交增值税”、“预交增值税”、“待抵扣进项税额”、“待认证进项税额”、“待转销项税额”、“增值税留抵税额”、“简易计税”、“转让金融商品应交增值税”和“代扣代交增值税”等明细科目进行核算。

（1）“应交税费——应交增值税”明细科目。

增值税一般纳税人在“应交税费——应交增值税”明细科目下设置“进项税额”、“销项税额抵减”、“已交税金”、“转出未交增值税”、“减免税款”、“销项税额”、“出口退税”、“进项税额转出”、“转出多交增值税”和“简易计税”等专栏。各专栏反映的经济内容为：

①“进项税额”专栏，记录企业购进货物、加工修理修配劳务、服务、无形资产或不

动产而支付或承担的、准予从销项税额中抵扣的增值税额。

②“销项税额抵减”专栏，记录一般纳税人按照现行增值税制度规定，因扣减销售额而减少的销项税额。

③“已交税金”专栏，记录一般纳税人当月已交纳的增值税额。

④“转出未交增值税”和“转出多交增值税”专栏，反映企业月末转出的本月应交而未交或多交的增值税。

⑤“减免税款”专栏，记录一般纳税人按现行增值税制度规定准予减免的增值税额。

⑥“销项税额”专栏，记录一般纳税人销售货物、加工修理修配劳务、服务、无形资产或不动产应收取的增值税额，以及从境外单位或个人购进服务、无形资产或不动产应扣缴的增值税额。

⑦“出口退税”专栏，记录一般纳税人出口货物按规定退回的增值税税款。

⑧“进项税额转出”专栏，记录一般纳税人的购进货物、加工修理修配劳务、服务、无形资产或不动产等发生非正常损失以及其他原因而不应从销项税额中抵扣，按规定应予转出的进项税额。

⑨“简易计税”专栏，记录一般纳税人采用简易计税方法应交纳的增值税额。

（2）“应交税费——未交增值税”明细科目，核算一般纳税人月度终了从“应交增值税”或“预交增值税”明细科目转入当月应交未交、多交或预缴的增值税额，以及当月交纳以前期间未交的增值税额。

（3）“应交税费——预交增值税”明细科目，核算一般纳税人转让不动产、提供不动产经营租赁服务、提供建筑服务、采用预收款方式销售自行开发的房地产项目等，按现行增值税制度规定应预缴的增值税额。

（4）“应交税费——待抵扣进项税额”明细科目，核算一般纳税人已取得增值税抵扣凭证并经税务机关认证，按照现行增值税制度准予以后期间从销项税额中抵扣的进项税额。

（5）“应交税费——待认证进项税额”明细科目，核算一般纳税人由于未取得增值税扣税凭证或未经税务机关认证而不得从当期销项税额中抵扣的进项税额。包括：一般纳税人已取得增值税扣税凭证、按现行增值税制度规定准予从销项税额中抵扣，但尚未经税务机关认证的进项税额；一般纳税人取得货物等已入账，但由于尚未收到相关增值税扣税凭证而不得从当期销项税额中抵扣的进项税额。

（6）“应交税费——待转销项税额”明细科目，核算一般纳税人销售货物、加工修理修配劳务、服务、无形资产或不动产，已确认相关收入（或利得）但尚未发生增值税纳税义务而需于以后确认销项税额的增值税额。

（7）“应交税费——增值税留抵税额”明细科目，核算兼有销售服务、无形资产或者不动产的原增值税一般纳税人，截止到纳入营改增试点之日前的增值税期末留抵税额按照现行增值税制度规定不得从销售服务、无形资产或不动产的销项税额中抵扣的增值税留抵税额。

（8）“应交税费——简易计税”明细科目，核算一般纳税人采用简易计税方法发生的增值税计提、扣减、预缴、缴纳业务等。

（9）“应交税费——转让金融商品应交增值税”明细科目，核算增值税纳税人转让金融商品发生的增值税额。

（10）“应交税费——代扣代交增值税”明细科目，核算纳税人购进在境内未设经营机构的境外单位或个人在境内的应税行为代扣代缴的增值税。

1. 应纳税额的计算

一般纳税人销售货物或提供应税劳务，应纳税额等于当期销项税额抵扣当期进项税额后的余额。计算公式为：

$$\text{应纳税额}=\text{当期销项税额}-\text{当期进项税额}$$

如果当期销项税额小于当期进项税额不足抵扣时，其不足部分可以结转下期继续抵扣。

（1）销项税额是指企业对外开出的增值税专用发票上注明的税额。计算公式为：

$$\text{销项税额}=\text{不含税销售额}\times\text{税率}$$

上式中，销售额为企业销售货物或者提供应税劳务向购买方收取的全部价款和价外费用，但不包括收取的销项税额。

如果销售货物或提供应税劳务采用销售额和销项税额合并定价办法的，可按下列公式计算销售额：

$$\text{不含税销售额}=\frac{\text{含税销售额}}{1+\text{增值税税率}}$$

（2）纳税人购进货物或者接受应税劳务，所支付或者负担的增值税额为进项税额。按照规定，一般纳税企业购入物资或接受劳务必须具备以下凭证，其进项税额才能予以扣除：① 增值税专用发票；② 海关的完税凭证；③ 购进免税农产品，按照经税务机关批准的收购凭证上注明的价款或收购金额按 13%的扣除率计算进项税额，并以此作为扣税和记账的依据；④ 一般纳税人外购货物所支付的运输费用，以及一般纳税人销售货物所支付的运输费用（代垫运费除外），根据运费结算单据所列运费金额依 11%计算进项税额准予扣除。

2. 会计处理

（1）企业采购物资和接受劳务。

【工作实例 9-12】甲企业购入一批材料，增值税专用发票上注明的原材料价款 20 000 元，增值税额为 3 400 元。货款以银行存款支付，材料已验收入库（存货采用实际成本核算，下同）。

借：原材料	20 000
应交税费——应交增值税（进项税额）	3 400

贷：银行存款　　23 400

【工作实例 9-13】甲公司生产车间为生产产品而接受其他单位提供的修理劳务，对方开出的专用发票上注明的劳务成本为 50 000 元，增值税税额为 8 500 元，款项已经支付。会计分录如下：

借：生产成本　　50 000
　　应交税费——应交增值税（进项税额）　　8 500
　　贷：银行存款　　58 500

【工作实例 9-14】甲公司购入一批材料，以银行存款支付运输费用 3 000 元，增值税额为 330 元。会计分录如下：

借：原材料　　3 000
　　应交税费——应交增值税（进项税额）　　330
　　贷：银行存款　　3 330

（2）采购免税农产品。

【工作实例 9-15】甲公司为生产产品购入免税农产品一批，价款 200 000 元，规定的扣除率为 13%。货物已经达到，款项以银行存款支付。会计分录如下：

借：原材料　　174 000
　　应交税费——应交增值税（进项税额）　　26 000
　　贷：银行存款　　200 000

（3）销售货物或者提供应税劳务。

【工作实例 9-16】甲公司销售商品一批，增值税专用发票上注明的价款 60 000 元，增值税 10 200 元。商品已经发出，价款尚未收到。会计分录如下：

借：应收账款　　70 200
　　贷：主营业务收入　　60 000
　　　　应交税费——应交增值税（销项税额）　　10 200

（4）视同销售行为的增值税处理。视同销售行为是指企业在会计核算中未作销售处理而税法要求按销售行为缴纳增值税的行为。企业将货物委托他人代销或发生销售代销货物行为，企业将自产或委托加工或购买的货物用于非应税项目，或作为投资、集体福利、个人消费、对外捐赠、分配给股东或投资者等，应视同销售物资计算应交增值税。

【工作实例 9-17】甲企业以自产的一批产品分配给职工，其中生产工人占 40%，企业管理人员占 35%，企业销售人员占 25%。该批产品的成本为 40 000 元，公允价值为

50 000 元，增值税税率 17% 。会计分录如下。

（1）决定发放非货币福利时：

借：生产成本	23 400	
管理费用	20 475	
销售费用	14 625	
贷：应付职工薪酬——非货币性福利		58 500

（2）实际发放非货币福利时：

借：应付职工薪酬——非货币性福利	58 500	
贷：主营业务收入		50 000
应交税费——应交增值税（销项税额）		8 500

同时：

借：主营业务成本	40 000	
贷：库存商品		40 000

（5）不予抵扣项目的会计处理。下列项目的进项税额不得从销项税额中抵扣：

① 用于简易计税方法计税项目、免征增值税项目、集体福利或个人消费的购进货物、加工修理修配劳务、服务、无形资产和不动产；

② 非正常损失的购进货物，以及相关的加工修理修配劳务和交通运输服务；

③ 非正常损失的在产品、产成品所耗用的购进货物、加工修理修配劳务和交通运输服务；

④ 非正常损失的不动产（含在建工程），以及该不动产所耗用的购进货物、设计劳务和建筑服务；

⑤ 购进的旅客运输服务、贷款服务、餐饮服务、居民日常服务和娱乐服务。

其中，非正常损失是指因管理不善造成货物被盗、丢失、霉烂变质，以及因违反法律法规造成货物或不动产被依法没收、销毁、拆除的情形。

【工作实例 9-18】甲公司职工食堂购入一批餐具，增值税普通发票上注明的价款为 8 500 元，增值税税额为 1 445 元，款项以银行存款支付。会计分录如下：

借：管理费用	9 945	
贷：应付职工薪酬——短期薪酬——职工福利		9 945
借：应付职工薪酬——短期薪酬——职工福利	9 945	
贷：银行存款		9 945

【工作实例 9-19】甲公司因管理不善，导致部分货物霉烂变质。该批货物采购成本为 22 000 元，转出增值税额为 3 740 元；采购费用为 300 元，转出增值税额为 33 元。会计分录如下。

列入待处理财产损溢时：

借：待处理财产损溢　　26 073

　　贷：原材料　　22 300

　　　　应交税费——应交增值税（进项税额转出）　　3 773

（6）交纳增值税的会计处理。企业交纳增值税时，按实际交纳额，借记“应交税费——应交增值税（已交税金）”科目，贷记“银行存款”科目。

【工作实例 9-20】甲企业以银行存款交纳本月增值税 5 000 元。会计分录如下：

借：应交税费——应交增值税（已交税金）　　5 000

　　贷：银行存款　　5 000

（7）月度终了，本月应交未交的增值税自“应交税费——应交增值税”明细科目转入“应交税费——未交增值税”明细科目。借记“应交税费——应交增值税（转出未交增值税）”科目，贷记“应交税费——未交增值税”科目。

月度终了，本月多交的增值税也应自“应交税费——应交增值税”明细科目转入“应交税费——未交增值税”明细科目。借记“应交税费——未交增值税”科目，贷记“应交税费——应交增值税（转出多交增值税）”科目。

（五）小规模纳税企业增值税的会计处理

小规模纳税企业不享有进项税额的抵扣权，其购进货物无论是否取得增值税专用发票，其支付的增值税额都不能计入进行税额，不得从销项税额中抵扣，而应该直接计入有关货物和劳务的成本。

小规模纳税企业销售货物或提供应税劳务，只能开具普通发票，不能开具增值税专用发票。其实行简易办法计算应纳税额，按照销售额的 3%计算。相应的，其他企业从小规模纳税企业购入或物或接受劳务支付的进项税额，如果不能取得增值税专用发票，也不能作为进项税额抵扣，应该记入购入货物后接受劳务的成本。

小规模纳税企业在设置科目时，只需在“应交税费”科目下设置“应交增值税”明细科目即可，不需要设置专栏。“应交税费——应交增值税”科目贷方登记应交纳的增值税，借方登记已交纳的增值税，期末贷方余额表示尚未交纳的增值税。

【工作实例 9-21】普惠商店为小规模纳税企业，增值税征收率为 3%。本月购入商品，增值税专用发票上注明的价款为 30 000 元，增值税额为 5 100 元，价款以银行存款支付，商品已验收入库（假设采用实际成本法核算）。该商店本期销售商品，含税价格为 98 800 元，货款尚未收到。根据上述经济业务，编制会计分录如下。

购进商品时：

借：库存商品　　35 100

贷：银行存款　　35 100

销售产品时：

不含税价格=97 850÷（1+3%）=95 000（元）

应交增值税=95 000×3%=2 850（元）

借：应收账款　　97 850

贷：主营业务收入　　95 000

应交税费——应交增值税　　2 850

三、应交消费税的核算

消费税是指国家对在我国境内生产、委托加工和进口应税特定消费品的单位和个人，按其流转额征收的一种税，属于价内税。

消费税的征收方法采用从价定率、从量定额和从价定率从量定额三种方法。

消费税实行价内征收，企业缴纳的消费税记入销售税金抵减产品销售收入。消费税并非在应税消费品的所有环节征收，只在其生产、委托加工或进口环节实行单向征税（金银首饰除外）。

企业按规定应交的消费税，在“应交税费”科目下设置“应交消费税”明细科目核算。“应交消费税”明细科目的贷方发生额，反映企业按规定应交的消费税；借方登记企业实际交纳的消费税；期末贷方余额反映企业应交未交的消费税。

（一）销售应税消费品的核算

【工作实例 9-22】 W 企业系增值税一般纳税人，本月销售摩托车 15 辆，每辆售价 20 000 元（不含应向购买方收取的增值税额），货款尚未收到。摩托车每辆成本 8 000 元。增值税税率为 17%、消费税税率为 10%。会计分录如下。

应向购买方收取的增值税额=20 000×15×17%=51 000（元）

应交纳的消费税=20 000×15×10%=30 000（元）

（1）确认收入时：

借：应收账款　　351 000

贷：主营业务收入　　300 000

应交税费——应交增值税（销项税额）　　51 000

借：主营业务成本　　120 000

贷：库存商品　　120 000

（2）月末计算和结转应交消费税时：

借：税金及附加　　30 000

贷：应交税费——应交消费税　　30 000

（二）自产自用应税消费品的核算

按照税法规定，企业自产的应税消费品用于连续生产应税消费品的，领用时不计算应纳税额，到最终消费品销售时再纳税；企业自产的应税消费品用于换取生产资料和消费资料、投资入股和抵偿债务以及用于生产非应税项目、在建工程、管理部门、馈赠、赞助、职工福利等其他方面的，应于领用时以纳税人同类应税消费品的销售价格作为计税依据计算消费税。按应纳税额，借记“在建工程”、“应付职工薪酬”等科目，贷记“应交税费——应交消费税”科目。如果没有同类产品销售价格，则按组成计税价格计算纳税。其计算公式如下：

$$组成计税价格=\frac{成本+利润}{1-消费税税率}$$

【工作实例 9-23】某化妆品厂将新生产的化妆品 100 套用于广告宣传，这套化妆品单位生产成本为 200 元，尚未确定销售价格。增值税税率为 17%，化妆品的平均利润率为 5%，消费税税率为 30%。

$$组成计税价格=\frac{20\,000+20\,000\times 5\%}{1-30\%}=30\,000（元）$$

应纳增值税额=30 000×17%=5 100（元）

应纳消费税额=30 000×30%=9 000（元）

编制会计分录如下：

借：销售费用	34 100	
贷：主营业务收入		20 000
应交税费——应交增值税（销项税额）		5 100
应交税费——应交消费税		9 000
借：主营业务成本	20 000	
贷：库存商品		20 000

（三）委托加工应税消费品的核算

委托加工应税消费品是指由委托方提供原料和主要材料，受托方只收取加工费和代垫部分辅助材料加工的应税消费品。企业委托加工应税消费品时，应由受托方代收代交消费税。委托加工收回后直接用于出售的，应将受托方代收代交的消费税计入加工成本，借记“委托加工物资”科目，贷记“银行存款”科目。委托加工收回后用于连续生产应税消费品的，所纳税款准予抵扣，借记“应交税费——应交消费税”科目，贷记“银行存款”科目。

【工作实例 9-24】某企业委托外单位加工材料，原材料价款 180 000 元，加工费用 60 000 元，由受托方代收代缴的消费税 6 000 元，增值税税率为 17%。材料已加工完毕验收入库，加工费以银行存款支付。委托方编制会计分录如下。

（1）发出材料时：

借：委托加工物资　　180 000

　　贷：原材料　　180 000

（2）如果委托方收回材料后用于继续生产应税消费品，委托方的会计处理如下：

借：委托加工物资　　60 000

　　应交税费——应交消费税　　6 000

　　　　——应交增值税（进项税额）　　10 200

　　贷：银行存款　　76 200

借：原材料　　240 000

　　贷：委托加工物资　　240 000

【小思考】

【工作实例 9-24】中的增值税是如何计算的？

（3）如果委托方收回材料后用于直接销售，委托方的会计处理如下：

借：委托加工物资　　66 000

　　应交税费——应交增值税（进项税额）　　10 200

　　贷：银行存款　　76 200

借：原材料　　246 000

　　贷：委托加工物资　　246 000

（四）进出口应税消费品的核算

企业进口应税消费品时，应按关税完税价格和关税计算应交消费税，计入进口物资的成本，借记“材料采购”、“固定资产”等科目，贷记“银行存款”等科目。

免征消费税的出口应税消费品分不同情况进行会计处理：

（1）属于生产企业直接出口应税消费品或通过外贸企业出口应税消费品，按规定直接予以免税的，可以不计算应交消费税。

（2）属于委托外贸企业代理出口应税消费品的生产企业，应在计算消费税时，按应交消费税额，借记“应收账款”科目，贷记“应交税费——应交消费税”科目。应税消费税出口收到外贸企业退回的税金时，借记“银行存款”科目，贷记“应收账款”科目。发生退关、退货而补交已退的消费税，做相反的会计分录。

四、其他税费的核算

（一）资源税的核算

资源税是指国家对在我国境内开采矿产品以及生产盐的企业征收的一种税。资源税的纳税义务人是指在中华人民共和国境内开采应税资源的矿产品或生产盐的单位和个人。资源税实行分产品类别从量定额计算征收的方法，设置有上下限的幅度税额。

资源税的应纳税额，按照应税产品的课征数量和规定的单位税额计算。其计算公式为：

应纳税额=课税数量×单位税额

【工作实例 9-25】某企业自产原煤 3 000 吨，对外销售 2 000 吨，将 1 000 吨用于产品生产，每吨销售价格为 450 元，应交资源税税率为 5%。会计处理如下：

企业对外销售应缴纳的资源税=2 000×450×5%=45 000（元）

企业产品生产应缴纳的资源税=1 000×450×5%=22 500（元）

借：税金及附加　　45 000
　　生产成本　　22 500
　　贷：应交税费——应交资源税　　67 500

（二）城市维护建设税和教育费附加的核算

城市维护建设税是指根据纳税人实际交纳的增值税和消费税的税额为计税依据，向缴纳这两项税额的单位和个人征收的专门用于城市维护和建设的一种附加税。城市维护建设税实行比例税率，分为三档：7%、5%、1%。

教育费附加也是根据纳税人实际交纳的增值税和消费税的税额为计税依据，是国家为了发展我国的教育事业，提高人民的文化素质而征收的一项费用。教育费附加率为 3%。企业按规定计算出的城市维护建设税及教育费附加，记入“税金及附加”科目进行核算。

【工作实例 9-26】某企业本月应交增值税 80 000 元，应交消费税 23 000 元。按 7%计算应交城市维护建设税，按 3%计算本月应交的教育费附加。

应交城市维护建设税金额=（80 000+23 000）×7%=7 210（元）

应交教育费附加额=（80 000+23 000）×3%=3 090（元）

借：税金及附加　　10 300
　　贷：应交税费——应交城市维护建设税　　7 210
　　　　　　　　——应交教育费附加　　3 090

（三）房产税、车船税、城镇土地使用税、印花税的核算

房产税是指以房产为征税对象，依据房产计税价值或房产租金收入向房产所有人或经营人征收的一种税。房产税的计税依据是房产的计税价值或房产的租金收入。按房产的计税价值征税的，称为从价计征；按房产的租金收入征税的，称为从租计征。

城镇土地使用税是指对中华人民共和国境内使用土地的单位和个人，以其实际占用的土地面积为计税依据而征收的一种税。

车船税是指对在中华人民共和国境内车辆、船舶（以下简称车船）的所有人或者管理人依法所征收的一种税。在中华人民共和国境内，车辆、船舶的所有人或者管理人为车船税的纳税人。

印花税是指对经济活动和经济交往中设立、使用、领受具有法律效力的凭证的单位和个人征收的一种税。在一般情况下，企业需要预先购买印花税票，待发生应税行为时，再根据凭证的性质和规定的比例税率或者按件计算应纳税额，将已购买的印花税票粘贴在应税凭证上，并在每枚税票的骑缝处盖戳注销或划销，办理完税手续。所以企业缴纳印花税时，不需要预计应交纳金额，不会发生应付未付税款的情况。

企业应交纳的房产税、车船税、城镇土地使用税、印花税均计入管理费用，除印花税外，其余税金应通过“应交税费”科目核算，借记“管理费用”科目，贷记“应交税费”科目；企业交纳的印花税于购买时，借记“管理费用”等科目，贷记“银行存款”科目。

【工作实例 9-27】某企业本期应交房产税 2 200 元、车船税 1 800 元、城镇土地使用税 2 500 元。会计分录如下：

借：管理费用	6 500	
贷：应交税费——应交房产税		2 200
——应交车船税		1 800
——应交城镇土地使用税		2 500

【工作实例 9-28】以银行存款购买印花税票 400 元，并交纳房产税、车船税和城镇土地使用税。会计分录如下：

借：管理费用	400	
应交税费——应交房产税	2 200	
——应交车船税	1 800	
——应交城镇土地使用税	2 500	
贷：银行存款		6 900

任务四 长期借款的核算

一、长期借款的概述

长期借款是指企业向银行等金融机构借入的期限在 1 年以上（不含 1 年）的各项借款。

长期借款一般用于固定资产的购建、改扩建工程、大修理工程以及流动资产的正常需要等方面。它是企业长期负债的重要组成部分，必须加强管理与核算。

企业筹集的长期借款，按其付息方式可以分为还本时一次付息和在借款期限内分期付息的长期借款；按借款条件可以分为抵押借款、担保借款和信用借款；按其偿还方式可分为定期偿还和分期偿还的长期借款；按长期借款的币种可以分为人民币借款和外币借款等。

二、长期借款的核算

（一）科目设置

企业应设置“长期借款”科目反映和监督长期借款的借入和归还的情况。该科目按照贷款单位和贷款种类，分别用“本金”、“利息调整”等进行明细核算。该科目的贷方登记长期借款本金的增加额，借方登记偿还的长期借款，期末贷方余额，反映企业尚未偿还的长期借款。

（二）长期借款的核算

1. 取得长期借款

企业借入长期借款应按实际收到的金额，借记“银行存款”科目，贷记“长期借款——本金”科目，如存在差额，还应借记“长期借款——利息调整”科目。

【工作实例 9-29】利达公司因建造厂房，2016 年 1 月 2 日向银行借入 3 年期借款 500 万元，合同利率 6%（假定与市场利率相同），3 年后一次还本付息。该厂房建设期 1 年，1 年后达到预定可使用状态。企业收到借款时：

借：银行存款　　　　　　　　　　　　　　5 000 000

　　贷：长期借款——本金　　　　　　　　　　　　　5 000 000

2. 长期借款的利息

知识链接

长期借款利息的列支途径

长期借款利息费用应当在资产负债表日按照实际利率法计算确定，实际利率与合同利率差异较小的，也可以采用合同利率计算确定利息费用。长期借款计算确定的利息费用，应当按以下原则计入有关成本费用：

（1）属于筹建期间的，计入管理费用；

（2）属于生产经营期间的，计入财务费用；

（3）如果长期借款用于购建固定资产的，在固定资产尚未达到预定可使用状态前所发生的应当资本化的利息支出数，计入在建工程成本。固定资产达到预定可使用状态后发生的利息支出，以及按规定不予资本化的利息支出，计入财务费用。

长期借款按合同利率计算确定的应付（计）利息，记入“应付利息”或“长期借款——应计利息”科目，分别借记“在建工程”、“管理费用”、“制造费用”、“财务费用”、“研发支出”等科目，贷记“应付利息”或“长期借款——应计利息”科目。

【工作实例 9-30】承【工作实例 9-29】，利达公司于 2016 年 12 月 31 日计提长期借款利息时：

借：在建工程　　300 000

　　贷：长期借款——应计利息　　300 000

【学中做 9-1】

请编制利达公司 2017 年 12 月 31 日和 2018 年 12 月 31 日计提长期借款利息的会计分录。

3. 借款到期归还的核算

【工作实例 9-31】承【工作实例 9-29】和【工作实例 9-30】，利达公司于 2019 年 1 月 2 日归还长期借款本息时：

借：长期借款——本金　　5 000 000

　　长期借款——应计利息　　900 000

　　贷：银行存款　　5 900 000

任务五 应付债券的核算

一、应付债券概述

应付债券是指企业为了筹集长期资金依法定程序对外发行的约定在一定期限还本付息的有价证券，是一种债务凭证。投资者可以根据其手中持有的债券在一定的时间按规定的利率向筹集企业收取利息和收回本金。企业发行的超过一年以上的债券，构成一项长期负债。

应付债券的发行价格是指企业在发行债券时向购买人收取的价款。债券发行价格的高低一般取决于债券票面金额、债券票面利率、发行当时的市场利率以及债券期限的长短等因素。企业债券的票面利率是指企业应付债券持有人利息的利率，又称为名义利率。实际利率也可称为市场利率。假定其他条件不变的情况下，当票面利率与市场利率一致时，债券的发行价格等于面值，这时为平价发行或称面值发行。当票面利率高于市场利率时，债券的发行价值高于面值，称之为溢价发行。当票面利率低于市场利率时，企业按低于面值的价格发行，称为折价发行。溢价或折价实质上是发行债券企业在债券存续期间内对利息费用的一种调整。

知识链接

发行债券的企业类型

我国《公司法》规定，股份有限公司、国有独资公司和两个以上的国有企业或两个以上的国有投资主体设立的有限责任公司可发行公司债券，其他任何公司、企业和个人不得发行公司债券。

二、应付债券的核算

为了核算企业发行的长期债券，企业应该设置“应付债券”科目，并在该科目下设置“面值”、“利息调整”、“应计利息”等明细科目，核算应付债券发行、计提利息、还本付息等情况。

（一）公司债券的发行

企业发行的一般公司债券无论是按面值发行，还是溢价发行或折价发行，均按债券面值记入“应付债券——面值”明细科目，实际收到的款项与面值的差额记入“利息调整”明细科目。企业发行债券时按实际收到的款项借记“银行存款”等科目；按债券票面价值，贷记“应付债券——面值”科目，按实际收到的款项与票面价值之间的差额，贷记或借记“应付债券——利息调整”科目。

【工作实例 9-32】A 公司 2016 年 1 月 2 日发行面值为公司债券 100 万元，年利率为 8%、期限为 3 年，到期一次还本付息。发行时市场利率为 8%，采用面值发行。A 公司发行债券时：

借：银行存款　　1 000 000

　贷：应付债券——面值　　1 000 000

（二）债券利息调整的摊销

利息调整应在债券存续期间内采用实际利率法进行摊销。

资产负债表日，对于分期付息一次还本的债券，企业应按应付债券的摊余成本和实际利率计算确定的债券利息费用，借记“在建工程”、“制造费用”、“财务费用”等科目，按票面利率计算确定的应付未付利息贷记“应付利息”科目，按其差额借记或贷记“应付债券——利息调整”科目。

对于一次还本付息的债券，应于资产负债表日，按摊余成本和实际利率计算确定的债券利息费用，借记“在建工程”、“制造费用”、“财务费用”等科目，按票面利率计算确定的应付未付利息，贷记“应付债券——应计利息”科目，按其差额借记或贷记“应付债券——利息调整”科目。

知识链接

实际利率法

实际利率法，是指按照应付债券的实际利率计算其摊余成本及各期利息费用的方法。在实际利率法下，有关指标计算如下：

当期应确认的应计利息=应付债券票面金额×票面利率

当期利息费用=应付债券该期期初摊余成本×实际利率

利息调整的摊销额=当期应确认的应计利息–当期利息费用

【工作实例 9-33】承【工作实例 9-32】，A 公司发行公司债券所筹集的资金用于生产线的建设，建设工期 1 年。A 公司在各年计算债券利息时，做如下会计分录。

（1）2016 年 12 月 31 日：

借：在建工程	80 000	
贷：应付债券——应计利息		80 000

（2）2017 年 12 月 31 日和 2018 年 12 月 31 日：

借：财务费用	80 000	
贷：应付债券——应计利息		80 000

（三）应付债券偿还的处理

企业发行的债券通常分为到期一次还本付息或分期付息、到期一次还本两种。采用到期一次还本付息方式的，企业应于债券到期支付债券本息时，借记“应付债券——面值”和“应付债券——应计利息”科目，贷记“银行存款”等科目。采用分期付息、到期还本方式的，债券于到期时只剩下最后一期利息和本金，企业在支付债券本息时，借记“应付债券——面值”、“应付利息”等科目，贷记“银行存款”等科目。

【工作实例 9-34】承【工作实例 9-32】和【工作实例 9-33】，2018 年 1 月 2 日，A 公司偿还债券本息时：

借：应付债券——面值	1 000 000	
——应计利息	240 000	
贷：银行存款		1 240 000

【学中做 9-2】

假定 A 公司发行的企业债券采取每年初支付一次利息，请你编制 A 公司发行债券、每年末计息、次年初支付利息和到期还本付息的会计分录。

但公司发行的债券有时采用溢价发行或折价发行，此时，会计处理要比按面值发行要复杂一些。下面以溢价发行为例，介绍应付债券的会计处理。

【工作实例 9-35】B 公司 2016 年 1 月 1 日发行面值为公司债券 1 000 000 元，年利率为 6%、期限为 5 年，每年付息、到期还本。发行时市场利率为 5%，发行价格为 1 043 270 元。假定企业发行债券筹集的资金用于生产经营。

任务处理如下。

（1）企业发行债券时：

借：银行存款　　1 043 270

　　贷：应付债券——面值　　1 000 000

　　　　　　　　——利息调整　　43 270

（2）根据资料，采用实际利率法计算利息和利息调整摊销如表 9-2 所示。

表 9-2　利息费用计算一览表　　单位：元

付息日期	支付利息	利息费用	摊销的利息调整	应付债券摊余成本
2016 年 1 月 1 日				1 043 270.00
2016 年 12 月 31 日	60 000	52 163.50	7 836.50	1 035 433.50
2017 年 12 月 31 日	60 000	51 771.68	8 228.32	1 027 205.18
2018 年 12 月 31 日	60 000	51 360.26	8 639.74	1 018 565.44
2019 年 12 月 31 日	60 000	50 928.27	9 071.73	1 009 493.71
2020 年 12 月 31 日	60 000	50 506.29※	9 493.71	1 000 000.00
合　计	300 000	256 730.00	43 270.00	——

注：※表示尾数调整。

（3）2016 年 12 月 31 日计算利息时：

借：财务费用　　52 163.50

　　应付债券——利息调整　　7 836.50

　　贷：应付利息　　60 000

（4）2017 年 1 月 1 日收到利息时：

借：应付利息　　60 000

贷：银行存款　　60 000

2017—2020 年确认的利息费用和利息调整摊销的会计处理同 2016 年，只是金额不同。

（5）2021 年 1 月 1 日偿还最后一期利息和本金时：

借：应付债券——面值　　1 000 000

应付利息　　60 000

贷：银行存款　　1 060 000

【学中做 9-3】

假定 B 公司发行的债券年利率为 6%，发行时市场利率为 8%，其他条件不变，发行价格如何计算确定？其会计处理如何？

【学中做 9-4】

假定 B 公司发行的债券年利率为 6%，发行时市场利率为 8%，每年计息、到期一次还本付息，其他条件不变，发行价格如何计算确定？其会计处理如何？

任务六　借款费用的核算

一、借款费用概述

借款费用是指企业因借款而发生的利息及其他相关成本。主要包括借款利息、折价或者溢价的摊销、辅助费用（手续费、佣金、印刷费等）以及因外币借款而发生的汇兑差额等。

借款利息包括企业向银行或者其他金融机构等借入资金发生的利息、发行公司债券发生的利息，以及为购建或者生产符合资本化条件的资产而发生的带息债务所承担的利息等。

折价或者溢价的摊销，包括发行公司债券等所发生的折价或者溢价在每期的摊销金额。

辅助费用，包括企业在借款过程中发生的，诸如手续费、佣金、印刷费等交易费用。

因外币借款而发生的汇兑差额是指由于汇率变动导致市场汇率与账面汇率出现差异，从而对外币借款本金及其利息的记账本位币金额所产生的影响金额。

二、借款费用可以资本化的借款范围和资产范围

1. 可以资本化的借款范围

借款费用可以资本化的借款的范围既包括专门借款，也包括一般借款。专门借款是指为了购建或者生产符合资本化条件而专门借入的款项。一般借款在借入时，通常没有特指必须用于符合资本化条件的资产的购建或生产。

对于一般借款，只有在购建或者生产符合资本化条件的资产占用了一般借款时，才将与该部分一般借款相关的借款费用资本化，否则计入当期损益。

2. 可以资本化的资产范围

符合资本化条件的资产是指需要经过相当长时间的购建或者生产活动才能达到预定可使用或者可销售状态的固定资产、投资性房地产和存货等资产。

符合资本化条件的存货主要包括房地厂开发企业开发的用于对外出售的房地产开发产品、企业制造的用于对外出售的大型机器设备等。这类存货的建造或者生产过程往往要经过一年以上（含一年），才能达到可销售状态。

对于那些购入即可使用的资产，或者虽然需要安装、建造或生产但时间较短的资产，不属于符合资本化条件的资产。

【小思考】

参照本项目开始的引例，你能回答那些问题吗？

三、借款费用予以资本化的期间的确定

借款费用可以资本化的期间是指借款费用从开始资本化到停止资本化的这段期间。也就是说，只有发生在资本化期间内的有关借款费用才允许资本化，资本化期间的确定是借款费用确认和计量的重要依据。

（一）借款费用开始资本化的时点

借款费用开始资本化，必须同时具备以下三个条件。

1. 资产支出已经发生

这里的资产支出包括支付现金、转移非现金资产和承担带息债务形式所发生的支出。

支付现金是指用货币性资金支付符合资本化条件的资产的购建或者生产支出。例如用现金、银行存款等支付职工薪酬、工程进度款等。

转移非现金资产是指企业将自己的非现金资产直接用于符合资本化条件的资产的购建或生产，以实物资产的方式形成了资金的占用。例如企业将自己的产品用于固定资产的购建等。

承担带息债务是指企业为了购建或生产符合资本化条件的资产所须用物资等而承担的带息应付款项（如带息应付票据）。如果企业单纯赊购物资，而不承担任何的利息费用，就不应当将购买价款计入资产支出。例如企业为购建固定资产形成的应付职工薪酬，虽然

构成了“在建工程”的成本，但是并不能作为资产支出。反之如果企业赊购物资承担债务要支付利息，那么带息债务应当作为资产支出。

2. 借款费用已经发生

借款费用已经发生是指企业已经发生了因购建或者生产符合资本化条件的资产而专门借入款项的借款费用或者占用了一般借款的借款费用。

3. 为使资产达到预定可使用或者可销售状态所必要的购建或者生产活动已经开始

为使资产达到预定可使用或者可销售状态所必要的购建或者生产活动已经开始是指符合资本化条件的资产的实体建造或者生产工作已经开始。但是不包括仅仅持有资产，而为改变资产形态的实质上的建造、生产活动却没有发生的情况。

企业只有在上述三个条件同时满足的条件下，有关借款费用才可开始资本化。三者缺一不可。

（二）借款费用暂停资本化的时间

在符合资本化条件的资产在购建或生产过程中，如果购建活动发生非正常中断，例如：质量纠纷、安全事故、劳动纠纷等，且中断时间连续超过 3 个月，则暂停借款费用的资本化，将其计入当期费用，直至购建或建造活动重新开始。

如果中断是因购建或者生产符合资本化条件的资产达到预定可使用或可销售状态所必要的程序，或者中断是由于可预见的不可抗力因素造成的，则借款费用的资本化继续进行。

【小思考】

某企业在南方某地承建一建筑工程，在建造期间遇上雨季，时间长达 3 个月，工程施工因此中断。你认为，这属于正常中断还是非正常中断？

（三）停止资本化

购建或者生产符合资本化条件的资产达到预定可使用或者可销售状态时，借款费用应当停止资本化。之后发生的借款费用，应在发生时根据其发生额确认为费用，计入当期损益。

这里的“达到预定可使用或者可销售状态”是指，资产已经达到建造方、购买方或者企业自身等预先设计、计划或合同约定的可使用或可销售的状态。在实际工作中，企业应当遵循实质重于形式的原则，针对具体情况，依据经济实质进行判断。具体可从以下几个方面判断：

（1）符合资本化条件的资产的实体建造（包括安装）或生产活动已经全部完成或实质上已经完成。

（2）所购建或生产的符合资本化条件的资产与设计要求、合同规定或者生产要求相符或基本相符，即使有极个别不符的地方，也不影响其正常使用或销售。

（3）继续发生在所购建或生产的符合资本化条件的资产上的支出金额很少或几乎不再发生。

如果所购建或者生产符合资本化条件的资产需要试生产或试运行的，则在试生产或试运行结果表明资产能够正常运转或营业时，应当认为该资产已达到预定可使用或可销售状态。如果所购建或者生产符合资本化条件的资产的各部分分别完工，每部分在其他部分继续建造过程中可供使用，并且为使该部分资产达到预定可使用或可销售状态所必要的购建活动实质上已经完成，则应当停止该部分资产的借款费用的资本化。如果所购建或者生产符合资本化条件的资产的各部分分别完工，但必须等到整体完工后才可使用，则应当在该资产整体完工时停止借款费用的资本化。

四、借款费用资本化金额的核算

（一）专门借款利息费用（含溢价或折价摊销）资本化金额的确定

为购建或者生产符合资本化条件的资产而借入专门借款的，应当以专门借款当期实际发生的利息费用，减去尚未动用的借款资金存入银行取得的利息收入或者进行暂时性投资取得的投资收益后的金额确定。

专门借款利息费用资本化金额=Σ（资本化期间专门借款本金×借款利率）–Σ（资本化期间闲置资金×投资收益率）

【工作实例 9-36】 M公司2016年1月1日开始动工建造一生产车间，施工期1年。施工期间发生的支出情况如下：2016年1月1日支出300 000元，2016年7月1日支出350 000元。

公司为建造生产车间于2016年1月1日借入专门借款500 000元，借款期限2年，年利率6%。2016年6月1日借入专门借款200 000元，借款期限2年，年利率6.6%。

闲置的借款资金均用于短期投资，月收益率0.3%。

办公楼于2016年年底完工。资产支出表如表9-3所示。

表9-3 资产支出一览表　　单位：元

日　期	每期资产支出金额	资产支出累计金额	闲置借款资金
2016年1月1日	300 000	300 000	200 000
2016年7月1日	350 000	650 000	50 000

M公司会计处理如下。

（1）资本化期间为2016年1月1日至2016年12月31日。

（2）资本化期间专门借款实际发生利息金额=500 000×6%+200 000×6.6%×7÷12=37 700

（元）。

（3）资本化期间利用闲置借款资金投资收益=（200 000×7+50 000×6）×0.2%=3 400（元）。

（4）公司 2016 年资本化金额=37 700–3 400=34 300（元）。

2016 年 12 月 31 日编制会计分录如下：

借：在建工程	34 300	
应收利息（或银行存款）	3 400	
贷：应付利息		37 700

（二）一般借款利息费用的资本化金额

如果符合资本化条件的资产的购建或者生产没有借入专门借款，则应以累计资产支出加权平均数为基础计算所占用的一般借款利息资本化金额。资本化率应当根据一般借款加权平均利率计算确定。其计算公式如下：

一般借款利息费用资本化金额=累计资产支出超过专门借款部分的资产支出加权平均数×所占用一般借款的资本化率

所占用一般借款的资本化率=所占用一般借款加权平均利率=所占用一般借款当期实际发生的利息之和÷所占用一般借款本金加权平均数

所占用一般借款本金加权平均数=Σ（所占用每笔一般借款本金×每笔一般借款在当期所占用的天数÷当期天数）

【工作实例 9-37】N 公司 2016 年 1 月 1 日开始动工建造一生产车间，施工期 2 年。公司向银行借入一般借款 2 笔：

2016 年 1 月 1 日借入 3 年期借款 1 000 万元，年利率 6%；

2016 年 7 月 1 日借入 2 年期借款 1 200 万元，年利率 7%。

施工期间发生的支出情况如下：2016 年 1 月 1 日支出 700 万元，2016 年 4 月 1 日支出 240 万元，2016 年 8 月 1 日支出 300 万元，2016 年 12 月 1 日支出 120 万元。

任务处理如下：

（1）2016 年借款利息=1 000×6%+1 200×7%×6÷12=102（万元）。

（2）借款本金加权平均数=1 000×12÷12+1 200×6÷12=1 600（万元）。

（3）加权平均利率=102÷1 600×100%=6.375%。

（4）累计资产支出加权平均数=700×12÷12+240×9÷12+300×5÷12+120×1÷12=1 040（万元）。

（5）一般借款利息费用资本化金额=1 040×6.375%=66.30（万元）。

（6）2016 年 12 月 31 日编制会计分录如下：

借：在建工程　　663 000
　　财务费用　　357 000
　　贷：应付利息　　1 020 000

（三）既借入专门借款又占用了一般借款的利息资本化金额

企业在购建或者生产符合资本化条件的资产时，如果专门借款资金不足，占用了一般借款资金的，则企业应当根据为购建或者生产符合资本化条件的资产而发生的累计资产支出超过专门借款的部分，对这部分的资产支出按其加权平均数乘以所占用一般借款的资本化率，计算确定一般借款应予资本化的利息金额。

【工作实例 9-38】甲公司为了扩大生产规模，经研究决定，采用出包方式建造生产厂房一栋，工期 1 年半。2016 年 1 月至 12 月发生有关借款及工程支出业务资料如下：

（1）1 月 1 日，为建造生产厂房从银行借入三年期的专门借款 2 000 万元，年利率为 7.2%，于每年末支付借款利息。当日，该工程已开工。

（2）1 月 1 日，以银行存款支付工程款 1 800 万元。暂时闲置的专门借款在银行的存款年利率为 1.2%，于每年末收取存款利息。

（3）7 月 1 日，借入半年期的一般借款 600 万元，年利率为 4.8%，利息于每季度末支付。

（4）8 月 1 日，以银行存款支付工程款 320 万元。

（5）11 月 1 日，以银行存款支付工程款 360 万元。

任务处理如下。

（1）2016 年专门借款会计处理：

专门借款应付利息（利息支出）=2 000×7.2%=144（万元）

暂时闲置专门借款的存款利息收入=200×1.2%×7÷12=1.4（万元）

专门借款利息支出资本化金额=144−1.4=142.6（万元）

（2）2016 年占用一般借款会计处理：

一般借款利息支出=600×4.8%×6÷12=14.4（万元）

占用一般借款工程支出的累计支出加平均数=120×5÷12+360×2÷12=110（万元）

一般借款利息支出资本化金额=110×4.8%=5.28（万元）

一般借款利息支出费用化金额=14.4−5.28=9.12（万元）

（3）资本化金额=142.6+5.28=147.88（万元）。

2016 年 12 月 31 日编制会计分录如下：

借：在建工程　　1 478 800
　　财务费用　　91 200
　　银行存款　　14 000
　　贷：应付利息　　1 584 000

（四）借款辅助费用资本化金额的计算

辅助费用往往是在借款时一次发生的，在计算每期借款费用资本化金额时比较容易确认和计量。专门借款发生的辅助费用，在所购建或者生产的符合资本化条件的资产达到预定可使用或者可销售状态之前发生的，应当在发生是根据实际发生额予以资本化，计入符合资本化条件的资产的成本；之后的计入当期损益。一般借款发生的辅助费用也按上述原则处理。

（五）因外币专门借款而发生的汇兑差额资本化金额的计算

如果专门借款为外币借款，在资本化期间内，外币专门借款本金及利息所发生的汇兑差额，应当予以资本化，计入符合资本化条件的资产的成本。除外币专门借款之外的其他外币借款本金及其利息所产生的汇兑差额，应当作为当期财务费用计入当期损益。

项目小结

企业的负债包括流动负债和非流动负债。流动负债主要包括短期借款、应付及预收款项、应交税费等。非流动负债主要包括长期借款、应付债券等。

短期借款是指企业向银行或其他金融机构借入的期限在 1 年以下（含 1 年）的各种借款。企业借入短期借款的主要目的在于解决企业流动资金的不足，以保证企业生产经营的正常进行。

企业的应付及预收款项包括应付账款、应付票据、应付职工薪酬、应付职工薪酬、预收账款、其他应交款、其他应付款等。

应交税费是指企业根据税法规定应当交纳的各种税金，包括增值税、消费税、所得税、土地增值税、城市维护建设税、房产税、土地使用税、教育费附加、矿产资源补偿费、车船使用税、个人所得税、印花税、契税等。

长期借款是指企业向银行等金融机构借入的期限在 1 年以上（不含 1 年）的各项借款。长期借款一般用于固定资产的购建、改扩建工程、大修理工程以及流动资产的正常需要等方面。

应付债券是指企业为了筹集长期资金依法定程序对外发行的约定在一定期限还本付息的有价证券，是一种债务凭证。其发行价格有平价发行、溢价发行和折价发行三种。企业发行的一般公司债券，无论是按面值发行，还是溢价发行或折价发行，均采用实际利率法对利息调整在债券存续期间内进行摊销。

借款费用是指企业因借款而发生的利息及其他相关成本。主要包括借款利息、折价或者溢价的摊销、辅助费用（手续费、佣金、印刷费等）以及因外币借款而发生的汇兑差额等。借款费用确认的基本原则是：企业发生的借款费用，可直接归属于符合资本化条件的资产的购建或者生产的，应当予以资本化，计入相关资产成本；其他借款费用，应当在发生时根据其发生额确认为费用，计入当期损益。

复习思考题

1. 负债有几种分类标准？具体如何分类？
2. 短期借款利息费用如何处理？
3. 现行会计准则对应付职工薪酬的职工范围有什么规定？
4. 应付职工薪酬由哪几个部分组成？其含义是什么？
5. 月末职工薪酬分配应如何计入有关成本费用科目？
6. 增值税一般纳税人和小规模纳税人对增值税是如何核算的？
7. 增值税的销项税额和进项税额有什么关系？
8. 核算应付债券需要设置哪些明细科目？每个明细科目是如何核算的？
9. 借款费用包含哪些部分？借款费用资本化范围是什么？
10. 如何确定借款费用资本化金额？

项目十

债务重组的核算

知识学习目标

- 熟悉债务重组的定义和债务重组方式；
- 掌握不同债务重组方式下的债务人和债权人的会计处理。

能力学习目标

- 能够运用债务重组的知识，实时进行债务重组，改善企业财务状况；
- 能熟练完成债务重组的核算，披露企业债务重组的相关信息。

工作任务

债务重组的确认；以资产清偿债务的会计处理；债务转为资本的会计处理；修改其他债务条件的会计处理；混合重组的会计处理。

项目引例

2015 年 12 月 10 日，甲公司将一批货物销售给乙公司，价税款合计 300 万元，双方约定在 2016 年 3 月归还。由于乙公司在 2015 年的一项投资中发生重大失误，导致巨额损失，致使公司 2016 年出现严重财务危机，短期无法扭转。乙公司主动与甲公司协商能否给予债务让步，使企业渡过难关，以便东山再起。鉴于这种情况，甲公司和乙公司于 2016 年 7 月 1 日签订了债务重组协议：

（1）免除债务 100 万元；

（2）用现金归还 50 万元；

（3）其余债务偿还期延迟 1 年。

2016 年 7 月 2 日，乙公司按约定支付了 50 万元。

提出问题：

（1）什么是债务重组？债务重组需要满足什么条件？

（2）债务重组有哪些重组方式？

（3）上例的协议是否满足企业会计准则中对债务重组的规定？

（4）根据已学的会计知识，是否能够完成上述业务处理？

带着这些问题，让我们进入本项目的学习领域。

任务一 债务重组的确认

一、债务重组的含义

在市场经济竞争激烈的情况下，一些企业可能因经营管理不善，或受外部各种因素的不利影响，致使盈利能力下降或经营发生亏损，出现暂时性或严重的财务困难，致使资金周转不灵，难以按期偿还债务。在这种情况下，虽然按我国法律规定，债权人有权在债务人不能偿还债务时向法院申请债务人破产，但在债务人主管部门申请整顿且经债务人与债权人会议达成了和解协议时，破产程序应予中止。此外，即使债务人进入破产程序，也可能因为相关的过程持续时间过长，费时费力，结果还可能难以保证债权人的债权如数收回。于是，就出现了债务重组这一解决债务纠纷的方法。

债务重组是指在债务人发生财务困难的情况下，债权人按照其与债务人达成的协议或法院的裁定做出让步的事项。债务重组定义中的“债务人发生财务困难”，是指债务人出现资金周转困难或经营陷入困境，没有能力按原定条件偿还债务；“债权人作出了让步”，是指债权人同意发生财务困难的债务人现在或将来以低于重组债务账面价值的金额偿还债务。债权人作出让步的情形主要包括：债权人减免债务人部分债务本金或者利息、降低债务人应付债务的利率等。

在认定债务重组时，应综合考虑债权人和债务人是否在自愿基础上达成重组协议、是否有法院作出裁定、债权人和债务人是否相互独立、是否构成关联方关系或者关联方关系是否对债务重组产生实质影响等情形加以判断。

【小思考】

查阅2001年和2006年财政部两次颁布的债务重组准则，比较这两个会计准则的差异。通过比较，你能发现什么变化？为什么？

二、债务重组的方式

债务重组的方式可以概括为以下四种。

1. 以资产清偿债务

所谓以资产清偿债务，是指债务人转让其资产给债权人以清偿债务。债务人常用于偿债的资产主要有：现金、存货、固定资产、债券投资、股权投资、无形资产等。这里的现金，包括库存现金、银行存款和其他货币资金等。例如，债务人积欠债权人债务 100 万元，在债务重组时，债权人同意债务人偿还 80 万元现金，余款不再偿还。如果以等量的现金偿还所欠债务，则不属于本章所指的债务重组。

2. 债务转为资本

将债务转为资本，是指债务人将债务转为资本同时债权人将债权转为股权的债务重组方式。债务转为资本是站在债务人的角度看的，如从债权人的角度看，则为债权转为股权。债务人以债务转为资本方式进行债务重组时，必须严格遵照国家有关法律的规定。债务转为资本时，对股份有限公司而言，即将债务转为股本；对其他企业而言，即将债务转为实收资本；结果是债务人因此而增加股本（实收资本），债权人因此而增加长期股权投资。

3. 修改其他债务条件

修改其他债务条件，是指除以资产清偿债务、债务转为资本以外的其他方式进行的债务重组。如债权人同意债务人减少债务本金，减少债务利息、降低利率、延长偿债期间等。

4. 混合重组方式

混合重组方式，是指采用以上两种或两种以上的方法组合清偿债务的债务重组方式。例如，以转让非现金资产清偿某项债务的一部分，另一部分债务通过修改其他债务条件进行债务重组。

知识链接

债务重组日

债务重组日是指债务重组完成日，即债务人履行协议或法院裁定，将相关资产转让给债权人、将债务转为资本或修改后的偿债条件开始执行的日期。例如，甲企业欠乙企业货款 1 000 万元，到期日为 2016 年 8 月 1 日。因甲企业发生财务困难，经协商，乙企业同意甲企业以价值 900 万元的商品抵偿债务。甲企业于 2016 年 8 月 20 日将商品运抵乙企业并办理有关债务解除手续。这时，2016 年 8 月 20 日为债务重组日。

任务二 债务重组的会计处理

一、以资产清偿债务的会计处理

（一）以现金清偿债务方式

以现金清偿债务，对于债务人企业来说，债务人企业应当将重组债务的账面价值与实际支付现金之间的差额，计入当期损益，作为营业外收入；对于债权人企业来说，债权人企业应当将重组债权的账面余额与收到的现金之间的差额，计入当期损益，计入营业外支出。债权人已对债权计提减值准备的，应当先将该差额冲减减值准备，减值准备不足以冲减的部分，计入当期损益；冲减后减值准备仍有余额的，应予转回并抵减当期资产减值损失。

【工作实例 10-1】甲公司欠乙公司应付账款 20 万元，于 3 月 21 日到期。乙公司对甲公司此项欠款已计提坏账准备 3 万元。因甲公司财务困难，经甲、乙公司协商，达成重组协议：甲公司支付 15 万元现金偿还所欠乙公司全部债务。3 月 28 日，甲公司签发转账支票付讫。

甲公司（债务人）任务处理如下：

借：应付账款——乙公司	200 000	
贷：银行存款		150 000
营业外收入		50 000

乙公司（债权人）任务处理如下：

借：银行存款	150 000	
坏账准备	30 000	
营业外支出	20 000	
贷：应收账款——甲公司		200 000

【工作实例 10-2】沿用【工作实例 10-1】，若甲公司用 180 000 元银行存款偿还所欠乙公司债务，其他条件不变。

甲公司的任务处理如下：

借：应付账款——乙公司	200 000	
贷：银行存款		180 000
营业外收入		20 000

乙公司的任务处理如下：

借：银行存款	180 000	

坏账准备　　30 000
贷：应收账款——甲公司　　200 000
　　资产减值损失　　10 000

【小思考】

比较【工作实例 10-1】和【工作实例 10-2】，你能发现债务人和债权人在会计处理上有什么变化？

（二）以非现金资产偿还债务

以非现金资产偿还债务，对于债务人来说，应当将重组债务的账面价值与转让的非现金资产公允价值之间的差额，计入当期损益；转让的非现金资产公允价值与其账面价值之间的差额作为转让资产损益，计入当期损益。债务人在转让非现金资产的过程中发生的一些税费，如资产评估费、运费等，计入当期损益。非现金资产公允价值与账面价值的差额，应当分别下列情况进行处理：

（1）非现金资产存货抵偿债务的，应当视同销售存货处理。

（2）非现金资产固定资产抵偿债务的，其公允价值和账面价值和清理费用的差额，计入营业外收入或营业外支出。

（3）非现金资产股票、债券等抵偿债务的，其公允价值和账面价值的差额，作为转让金融资产的利得和损失，计入投资收益。

对于债权人来说，债权人应当对受让的非现金资产按其公允价值入账，重组债权的账面余额与受让的非现金资产的公允价值之间的差额计入当期损益。债权人已对债权计提减值准备的，应当先将该差额冲减减值准备，减值准备不足以冲减的部分，计入营业外支出，冲减后减值准备仍有余额的，应予转回并抵减当期资产减值损失。

知识链接

债务重组下对增值税处理的规定

对于债务人，如债权人不向债务人另行支付增值税，则债务重组利得应为转让非现金资产的公允价值和该非现金资产增值税销项税额与债务账面价值的差额；如债权人另行向债务人支付增值税，则债务重组利得应为转让非现金资产的公允价值与债务账面价值的差额。

对于债权人，如债权人不向债务人另行支付增值税，则增值税进项税额可以作为冲减重组债权的账面价值；如债权人另行向债务人支付增值税，则增值税进项税额不能冲减重组债权的账面价值。

1. 以固定资产抵偿债务

【工作实例 10-3】南方公司和北方公司均为增值税一般纳税人，增值税基本税率为 17%。有关债务及重组业务资料如下：

（1）2016 年 12 月 1 日，南方公司欠北方公司价款 12 万元，双方商定于 2017 年 2 月 5 日结清货款。北方公司于当年年末已计提坏账准备 1 万元。

（2）2017 年 2 月 5 日，南方公司因财务困难，与北方公司达成重组协议：南方公司以生产设备一台抵债。该设备原价 15 万元，已计提折旧 3 万元，公允价值 8 万元。

（3）北方公司将受让的设备作为固定资产管理。假定在债务重组中，债权人不向债务人另行支付增值税。

南方公司的任务处理如下。

债务账面价值=120 000（元）

发生的资产转让损失=（150 000–30 000）–80 000=40 000（元）

甲公司获得的债务重组收益=120 000–80 000×（1+17%）=26 400（元）

（1）注销固定资产：

借：固定资产清理	120 000	
累计折旧	30 000	
贷：固定资产		150 000

（2）清偿债务时：

借：应付账款——乙公司	120 000	
贷：固定资产清理		80 000
应交税费——应交增值税（销项税额）		13 600
营业外收入		26 400

（3）结转固定资产清理：

借：营业外支出	40 000	
贷：固定资产清理		40 000

北方公司的任务处理如下：

（1）发生的净损失=（120 000–10 000）–80 000=10 000（元）。

（2）会计分录：

借：固定资产	80 000	
应交税费——应交增值税（进项税额）	13 600	
坏账准备	10 000	
营业外支出	16 400	
贷：应收账款——甲公司		120 000

2. 以库存材料、商品或产品抵偿债务

【工作实例 10-4】A 公司和 B 公司均为增值税一般纳税人，增值税基本税率为 17%。有关债务及重组业务资料如下：

（1）2016 年 3 月 1 日，B 公司应收 A 公司 30 万元到期，并对此项账款计提了坏账准备 2 万元。

（2）A 公司因财务困难，无法如数偿还欠款，经与 B 公司协商，达成重组协议。

（3）协议规定：A 公司将甲产品一批，成本 20 万元，公允价值 25 万元，偿还所欠 B 公司全部债务。

A 公司的任务处理如下。

（1）债务重组：

借：应付账款——B 公司	300 000	
贷：主营业务收入		250 000
应交税费——应交增值税（销项税额）		42 500
营业外收入		7 500

（2）结转成本：

借：主营业务成本	200 000	
贷：库存商品		200 000

B 公司的任务处理如下。

借：库存商品	250 000	
应交税费——应交增值税（进项税额）	42 500	
坏账准备	20 000	
贷：应收账款——A 公司		300 000
资产减值损失		12 500

【小思考】

在【工作实例 10-4】中，假设甲商品成本与公允价值相等,增值税按公允价值计算，其他条件不变，A 公司和 B 公司如何进行会计处理？

3. 以股权资产抵偿债务

【工作实例 10-5】南海公司和北海公司均为增值税一般纳税人，增值税基本税率为 17%。有关债务及重组业务资料如下：

（1）2015 年 12 月 31 日，南海公司应收北海公司价款 47 万元，并对该账款计提了坏账准备 7 万元。

（2）2016 年 5 月 1 日，北海公司资金周转暂时发生困难，经双方协议，南海公司同意北海公司将其拥有的一项长期股权投资用于抵偿债务，并将其仍划分为长期股权投资。

（3）该项长期股权投资的公允价值为 43 万元，账面余额为 48 万元，计提的相关减值准备为 6 万元。北海公司转让该项长期股权投资时发生相关费用 2 000 元。

（1）北海公司的任务处理如下。

债务重组日，应付账款的账面余额	470 000 元
减：转让的股权投资公允价值	430 000 元
债务重组利得	40 000 元
股权投资公允价值	430 000 元
减：所转让投资的账面价值（480 000–60 000）	420 000 元
发生的相关费用	2 000 元
转让股权投资的损益	8 000 元

会计分录：

借：应付账款——南海公司	470 000	
长期股权投资减值准备	60 000	
贷：长期股权投资		480 000
银行存款		2 000
投资收益		8 000
营业外收入		40 000

（2）南海公司的任务处理如下。

借：长期股权投资	430 000	
坏账准备	70 000	
贷：应收账款		470 000
资产减值损失		30 000

【学中做 10-1】

假定【工作实例 10-5】中长期股权投资公允价值为 39 万元，其他条件不变，请编制南海公司和北海公司的会计分录。

二、将债务转为资本的会计处理

债务转为资本，对于债务人企业来说，债务人企业应当将债权人放弃债权而享有的股份面值总额确认为股本（或者实收资本），股份的公允价值总额与股本（或者实收资本）

之间的差额确认为资本公积。重组债务的账面价值与股份的公允价值总额之间的差额，计入当期损益；对于债权人企业来说，债权人应当将享有股份的公允价值确认为对债务人的投资，重组债权的账面余额与股份的公允价值之间的差额，计入当期损益。债权人已对债权计提减值准备的，应当先将该差额冲减减值准备，减值准备不足以冲减的部分，计入当期损益。发生的相关税费，分别按照长期股权投资或者金融工具确认计量的规定进行处理。

【工作实例 10-6】 2016 年 2 月 1 日，大海公司应收大河公司账款 21 万元。8 月 1 日，大河公司发生财务困难，无法支付货款。经双方协商，大海公司同意大河公司其用普通股抵偿该项货款。假设普通股的面值为 1 元，大河公司以 2 万股抵偿该项债务，股票市价为 8 元/股。同时，假定 8 月 1 日，大河公司办妥有关增资手续。

（1）大河公司的任务处理如下：

借：应付账款	210 000	
贷：股本		20 000
资本公积		140 000
营业外收入		50 000

（2）大海公司的任务处理如下：

借：长期股权投资	160 000	
营业外支出	50 000	
贷：应收账款——大河公司		210 000

【工作实例 10-7】 甲公司应收乙公司价款 50 万元，由于财务困难无法归还，2016 年 10 月 10 日进行债务重组。甲公司将债务转为资本，债务转为资本后，乙公司所占份额为甲公司注册资本 100 万元的 40%，该份额的公允价值为 46 万元。乙公司对应收账款已计提坏账准备 2 万元。

（1）甲公司分录：

借：应付账款——乙公司	500 000	
贷：实收资本		400 000
资本公积——资本溢价		60 000
营业外收入		40 000

（2）乙公司分录：

借：长期股权投资	460 000	
坏账准备	20 000	
营业外支出	20 000	
贷：应收账款——甲公司		500 000

【小思考】

通过学习【工作实例 10-6】和【工作实例 10-7】，你发现两者有何联系和区别？

三、修改债务条件的会计处理

以修改其他债务条件进行债务重组的，债权人和债务人应分以下情况处理。

（一）不附或有条件的债务重组

不附或有条件的债务重组是指在债务重组中不涉及或有应付金额的债务重组。

知识链接

或有应付金额及其会计处理

所谓或有应付金额，是指需要根据未来某种事项出现而发生的应付金额，而且该未来事项的出现具有不确定性。但站在债权人立场，或有应付金额则为或有应收金额。

例如，债务重组协议规定，债务人在债务重组后一定期间内，其业绩改善到一定程度或者符合一定要求（如扭亏为盈、摆脱财务困境等），应向债权人额外支付一定款项，当债务人承担的或有应付金额符合预计负债确认条件时，应当将该或有应付金额确认为预计负债。根据谨慎性要求，债权人不应当确认或有应收金额，不得将其计入重组后债权的账面价值。

在不附或有条件的债务重组中，债务人应将重组债务的账面价值减记至将来应付金额的现值，减记的金额确认为当期损益。重组后债务的账面余额为将来应付金额的现值。

债权人在债务重组日，应当将修改其他债务条件后的债权的公允价值（将来应收金额的现值）作为重组后债权的账面价值。重组债权的账面余额与重组后债权的账面价值之间的差额，确认为当期损失。如果债权人已对该债权计提了坏账准备，应当首先冲减已计提的坏账准备。

【工作实例 10-8】京东公司应收京西公司 59 万元，双方商定于 2016 年 9 月 5 日结算货款。由于京西公司财务困难，直到 2016 年 11 月 30 日，仍未偿还货款。京东公司已计提坏账准备 4 万元。2016 年 12 月 5 日，经双方协商，达成重组协议：京东公司豁免京西公司 9 万元货款，其余 50 万元欠款推迟到 2017 年 6 月 30 日全部偿还。

（1）京西公司的任务处理如下：

未来应付金额=590 000–90 000=500 000（元）

债务重组收益=590 000–500 000=90 000（元）

借：应付账款——甲公司 590 000

　　贷：应付账款——债务重组 500 000

　　　　营业外收入 90 000

（2）京东公司的会计处理如下：

未来应收金额=590 000–90 000=500 000（元）

债务重组损失=590 000–500 000–40 000=50 000（元）

借：应收账款——债务重组 500 000

　　坏账准备——应收账款 40 000

　　营业外支出 50 000

　　贷：应收账款——乙公司 590 000

（二）附或有条件的债务重组

如前所述，在附或有条件的债务重组中，债务人将承担的或有应付金额确认为预计负债，重组债务的账面价值与重组后债务的入账价值（将来应付金额的现值）和预计负债金额之和的差额，计入当期损益（营业外收入）。或有应付金额在随后会计期间没有发生的，企业应当冲销已确认的预计负债，同时确认营业外收入。

对于债权人来说，不应当确认或有应收金额，不得将其计入重组后债权的账面价值。只有在或有应收金额实际发生时，才计入当期损益。

【工作实例 10-9】2015 年 4 月 30 日，徽瑞公司签发一张面值 80 万元、期限 6 个月、利率为 6%的商业汇票给 A 公司用于购买商品。现因徽瑞公司财务困难，于 2015 年 12 月 31 日进行债务重组。重组协议规定：

（1）A 公司同意将债务延长 2 年至 2017 年 12 月 31 日；

（2）免除积欠利息和本金 20 万元；

（3）利率降至 3%，利息按年支付；

（4）附有一项条件：债务重组后，如徽瑞公司自第二年起有盈利，则利率为 4%，若无盈利，仍维持 3%。

（1）徽瑞公司的任务处理如下。

第一，计算债务重组利得。

重组应付账款的账面余额=本金+利息=800 000×（1+6%×0.5）=824 000（元）

减：重组应付账款的公允价值=824 000–200 000–24 000= 600 000（元）

　　或有应付金额=600 000×（4%–3%）×1= 6 000（元）

债务重组利得 218 000（元）

第二，编制会计分录如下。

① 2015 年 12 月 31 日进行债务重组日：

借：应付账款—— 徽瑞公司　　824 000

　　贷：应付账款——债务重组　　600 000

　　　　预计负债　　6 000

　　　　营业外收入　　218 000

② 2016 年 12 月 31 日支付利息时：

借：财务费用　　18 000

　　贷：银行存款　　18 000

③ 假设徽瑞公司自债务重组后的第二年起盈利。2016 年 12 月 31 日支付利息金额为 24 000 元，即需支付的利息为 18 000 元（600 000×3%），或有应付利息为 6 000 元［600 000×（4%–3%）］，同时支付到期的本金 600 000 元。

借：应付账款——债务重组　　600 000

　　预计负债　　6 000

　　财务费用　　18 000

　　贷：银行存款　　624 000

④ 假设徽瑞公司自债务重组后的第二年起仍没有盈利，则应偿还的本金和利息为 636 000 元，不包括或有应付利息支出。会计处理如下：

借：应付账款——债务重组　　600 000

　　预计负债　　6 000

　　财务费用　　18 000

　　贷：银行存款　　618 000

　　　　营业外收入　　6 000

（2）A 公司的会计处理如下。

第一，计算债务重组损失。

重组债权的账面价值为 824 000 元，重组后应收账款公允价值不应包括或有应收金额，为 600 000 元，债务重组损失为 824 000–600 000=224 000（元）。

第二，编制会计分录如下。

① 2015 年 12 月 31 日进行债务重组：

借：应收账款——债务重组　　600 000

　　营业外支出——债务重组损失　　224 000

　　贷：应收账款——徽瑞公司　　824 000

② 2016 年 12 月 31 日收到利息时：

借：银行存款　　18 000

　　贷：财务费用　　18 000

③ 假设徽瑞公司自债务重组后的第二年起盈利。2017 年 12 月 31 日收到利息金额为

24 000 元，即收到的利息为 18 000 元（600 000×3%），或有应收金额为 6 000 元［600 000×（4%–3%）］，同时收到到期的本金 600 000 元。

借：银行存款	624 000	
贷：应收账款——债务重组		600 000
财务费用		18 000
营业外支出		6 000

④ 假设徽瑞公司自债务重组后的第二年起仍没有盈利，则应收的本金和利息为 636 000 元，不包括或有应收金额。会计处理如下：

借：银行存款	618 000	
贷：应收账款——债务重组		600 000
财务费用		18 000

四、混合重组方式的会计处理

混合重组方式是指以下三种方式中的两种或两种以上的组合进行债务重组，主要有以下几种情况：

（1）债务人以现金、非现金资产两种方式的组合清偿某项债务的，应将重组债务的账面价值与支付的现金、转让的非现金资产的公允价值之间的差额作为债务重组利得。非现金资产的公允价值与其账面价值的差额作为转让资产损益。

债权人应将重组债权的账面价值与收到的现金、受让的非现金资产的公允价值，以及已提坏账准备之间的差额作为债务重组损失。

（2）债务人以现金、将债务转为资本两种方式的组合清偿某项债务的，应将重组债务的账面价值与支付的现金、债权人因放弃债权而享有的股权的公允价值之间的差额作为债务重组利得。股权的公允价值与股本（或实收资本）的差额作为资本公积。

债权人应将重组债权的账面价值与收到的现金、因放弃债权而享有的股权的公允价值，以及已提坏账准备之间的差额作为债务重组损失。

（3）债务人以非现金资产、将债务转为资本两种方式的组合清偿某项债务的，应将重组债务的账面价值与转让的非现金资产的公允价值、债权人因放弃债权而享有的股权的公允价值之间的差额作为债务重组利得。非现金资产的公允价值与其账面价值的差额作为转让资产损益；股权的公允价值与股本（或实收资本）的差额作为资本公积。

债权人应将重组债权的账面价值与受让的非现金资产的公允价值、因放弃债权而享有的股权的公允价值，以及已提坏账准备之间的差额作为债务重组损失。

（4）债务人以现金、非现金资产、将债务转为资本三种方式的组合清偿某项债务的，应将重组债务的账面价值与支付的现金、转让的非现金资产的公允价值、债权人因放弃债权而享有的股权的公允价值的差额作为债务重组利得；非现金资产的公允价值与其账面价值的差额作为转让资产损益；股权的公允价值与股本（或实收资本）的差额作为资本公积。

债权人应将重组债权的账面价值与收到的现金、受让的非现金资产的公允价值、因放弃债权而享有的股权的公允价值，以及已提坏账准备之间的差额作为债务重组损失。

（5）以资产、将债务转为资本等方式清偿某债务的一部分，并对该项债务的另一部分以修改其他债务条件进行债务重组。在这种方式下，债务人应先以支付的现金、转让的非现金资产的公允价值、债权人享有股权的公允价值冲减重组债务的账面价值，余额与将来应付金额进行比较，据此计算债务重组利得。债权人因放弃债权而享有的股权的公允价值与股本（或实收资本）的差额作为资本公积；非现金资产的公允价值与其账面价值的差额作为转让资产损益，于当期确认。

债权人应先以收到的现金、受让的非现金资产的公允价值、因放弃债权而享有的股权的公允价值冲减重组债权的账面价值，余额与将来应收金额进行比较，据此计算债务重组损失。

【工作实例 10-10】黄山公司和黄河公司均为增值税一般纳税人，增值税基本税率为 17%。有关债务及重组业务资料如下：

（1）黄山公司 2015 年 11 月 2 日以赊销的方式销售给黄河公司一批商品，价税合计 234 000 元，双方约定的还款期限为 2 个月。

（2）2016 年年初，黄河公司资金周转发生困难，无法按期偿还债务。经双方协商进行债务重组。

（3）重组协议规定：

① 黄河公司支付现金 5 万元；

② 剩余债务以库存商品抵债。该批库存商品成本 12 万元，公允价值为 14 万元，增值税率 17%。

任务处理如下。

（1）黄河公司的会计处理如下。

借：应付账款——黄山公司	234 000	
贷：银行存款		50 000
主营业务收入		140 000
应交税费——应交增值税（销项税额）		23 800
营业外收入		20 200

结转成本：

借：主营业务成本	120 000	
贷：库存商品		120 000

（2）黄山公司的会计处理如下。

借：银行存款	50 000	

库存商品	140 000	
应交税费——应交增值税（进项税额）	23 800	
营业外支出	20 200	
贷：应收账款——黄河公司		234 000

项目小结

债务重组是指在债务人发生财务困难的情况下，债权人按照其与债务人达成的协议或法院的裁定做出让步的事项。债务重组的方式概括为以下四种：以资产清偿债务、债务转为资本、修改其他债务条件和混合重组方式。

债务人企业应当将重组债务的账面价值与实际支付现金、转让的非现金资产公允价值、股份的公允价值之间的差额，计入当期损益；对于债权人企业来说，债权人企业应当将重组债权的账面余额与收到的现金、收到的非现金资产公允价值、享有的股份的公允价值之间的差额，计入当期损益。债权人已对债权计提减值准备的，应当先将该差额冲减减值准备，减值准备不足以冲减的部分，计入当期损益。冲减后减值准备仍有余额的，应予转回并抵减当期资产减值损失。

复习思考题

1. 什么是债务重组？债务重组的方式有哪些？
2. 如何确定债务重组日？
3. 采用混合重组方式时，如何确定债务清偿顺序？
4. 债务重组中所发生的债务重组损益应当如何处理？
5. 在修改其他债务条件进行债务重组中，如何理解附有或有条件的债务重组？

项目十一

所有者权益的核算

知识学习目标

- 熟悉所有者权益的构成及其各项目的含义；
- 明确实收资本、资本公积、其他综合收益和盈余公积的关系；
- 掌握投入资本、资本公积、其他综合收益和留存收益的会计处理方法。

能力学习目标

- 能够运用会计确认、计量和记录方法，正确进行所有者权益的核算；
- 提供所有者权益增减变动的信息。

工作任务

- 实收资本的核算；资本公积的核算；其他综合收益的核算；盈余公积的核算；未分配利润的核算。

项目引例

清源有限责任公司属于工业企业，为增值税一般纳税人，由A、B、C三位股东于2016年1月1日共同出资成立，注册资金100万元，股权比例分别为40%、35%和25%。A出资一项专利权，价值40万元；B出资20万元银行存款，另以一批价值15万元的设备投资；C出资5万元银行存款，另以一批价值20万元的原材料投资。

提出问题：

（1）按照《公司法》，对有限责任公司的出资人有什么规定？

（2）按照《公司法》，该企业的成立是否合法？

（3）按照《公司法》，A、B、C三位股东的出资是否符合要求？

（4）投资者在出资时，如何确认投入资本的真实性？

带着这些问题，让我们进入本项目的学习领域。

任务一 实收资本的核算

一、实收资本的概念

实收资本是指企业按照章程规定或合同、协议约定，接受投资者投入企业的资本。实收资本的构成比例或股东的股权比例，是确定所有者在企业所有者权益中份额的基础，也是企业进行利润或股利分配的主要依据。

十二届全国人大常委会第六次会议28日决定，对《公司法》做出修改，并自2014年3月1日起施行。新《公司法》规定：①注册资本实缴登记制改为认缴登记制。也就是说，除法律、行政法规以及国务院决定对公司注册资本实缴有另行规定的以外，取消了关于公司股东（发起人）应自公司成立之日起两年内缴足出资，投资公司在五年内缴足出资的规定；取消了一人有限责任公司股东应一次足额缴纳出资的规定。转而采取公司股东（发起人）自主约定认缴出资额、出资方式、出资期限等，并记载于公司章程的方式。②放宽注册资本登记条件。除对公司注册资本最低限额有另行规定的以外，取消了有限责任公司、一人有限责任公司、股份有限公司最低注册资本分别应达3万元、10万元、500万元的限制；不再限制公司设立时股东（发起人）的首次出资比例以及货币出资比例。③简化登记事项和登记文件。有限责任公司股东认缴出资额、公司实收资本不再作为登记事项。公司登记时，不需要提交验资报告。

知识链接

注册资本与注册资金的区别

（1）注册资本是企业全体股东认缴出资额的总和；注册资金是国家授予企业法人经营管理的财产或企业法人自有财产的数额体现。

（2）注册资本与企业的实有资产数额是分离的，企业实有资产数额的变化一般不会影响注册资本的变化；企业注册资金的数额与实有资产数额允许在一定幅度内波动，当企业的实有资产增加或减少超过注册资金数额的20%时，企业应按实有资产数额变更注册资金。

（3）“注册资本”适用于公司，“注册资金”适用于依照《企业法人登记管理条例》登记注册的非公司制法人企业。

二、一般企业实收资本的核算

在会计实务中，对于投资者实际投入的资本，由于企业组织形式不同，会计核算方法也有所不同。股份有限公司应当设置“股本”科目，其他企业则均应设置“实收资本”科目，核算企业实际收到的投资者投入的资本。

（一）接受现金资产投资

企业收到投资者以现金投入的资本时，应当以实际收到或存入企业开户银行的金额作为实收资本入账，借记“库存现金”、“银行存款”等科目，贷记“实收资本”科目。对于实际收到或者存入企业开户银行的金额超过投资者在企业注册资本中所占份额的部分，应当记入“资本公积”。

【工作实例 11-1】W 企业注册资本为 300 万元，现收到甲投资者投入的银行存款 100 万元，占 W 企业注册资本的 30%。W 企业会计处理如下：

借：银行存款	1 000 000	
贷：实收资本		900 000
资本公积——资本溢价		100 000

（二）接受非现金资产投资

企业收到投资者以非现金资产投入的资本时，应按投资各方确认的价值作为实收资本入账，在办理完有关产权转移手续后，借记“固定资产”、“原材料”、“库存商品”、“应交税费——应交增值税（进项税额）”等科目，贷记“实收资本”科目。对于投资各方确认的资产价值超过其在注册资本中所占份额的部分，应当记入“资本公积”科目。

【工作实例 11-2】A 企业成立时，甲投资者以原材料作为出资，按照投资合同约定的价值为 100 万元，增值税进项税额为 17 万元。假设合同约定的价值与公允价值相符，进项税额允许抵扣，不考虑其他因素。A 企业应编制的会计分录如下：

借：原材料	1 000 000	
应交税费——应交增值税（进项税额）	170 000	
贷：实收资本		1 170 000

【工作实例 11-3】甲企业的某投资者以固定资产作为出资，各方确认的价值为 200 万元，各方确认的价值与公允价值相符。增值税税率为 17%。甲企业企业应编制的会计分录如下：

借：固定资产	2 000 000	
应交税费——应交增值税（进项税额）	340 000	
贷：实收资本		2 340 000

（三）接受外币资产投资

企业接受的投资者的投资如果为外币资产，则企业应当在接受外币资本投资时，将实际收到的外币款项等资产按照收到外币当日的汇率（交易日的即期汇率）折合的人民币金额，借记“银行存款”等科目，贷记“实收资本”科目。

【工作实例 11-4】接受投资者投入 200 万美元资本，合同约定汇率为 \$ 1=￥6.8，投入当天市场汇率为 \$ 1=￥6.6。A 企业应编制的会计分录如下：

借：银行存款——美元户　　13 200 000

　　贷：实收资本　　13 200 000

知识链接

接受外币投资的会计规定

按照企业会计准则规定，企业收到投资者以外币投入的资本，无论是否有合同约定，均不得采用合同约定汇率和即期汇率的近似汇率折算，而应采用交易日即期汇率折算。这样，外币投入资本与相应的货币性项目的记账本位币金额相等，不产生资本公积（外币资本折算差额）。

三、公司制企业股本的核算

股份有限公司应当在核定的股本总额及核定的股份总额的范围内发行股票。股份有限公司发行股票，应当按股票面值作为“股本”入账，发行股票公允价值超过面值并扣除发行费用后的差额列入“资本公积”。当公司发行股票收到现金等资产时，应按实际收到的金额，借记“库存现金”、“银行存款”等科目，按股票面值和发行股份总额的乘积计算的金额，贷记“股本”科目，按其差额，贷记“资本公积——股本溢价”科目。

【工作实例 11-5】A 公司经批准在境内发行股票 1 000 万股，每股面值为 1 元，发行价格为 4.5 元。按合同规定，企业应按发行价格的 2%支付发行费用。假定股票发行成功，股款存入银行。编制的会计分录如下：

借：银行存款　　360 000 000

　　贷：股本　　100 000 000

　　　　资本公积——股本溢价　　260 000 000

四、实收资本（股本）增减变动的核算

一般情况下，企业的实收资本应相对固定不变，当企业法人实有资金比原注册资金数额增加或减少超过 20%时，应持资金证明或者验资证明，向原登记机关申请变更登记。

（一）实收资本（股本）增加的核算

一般企业增加资本的途径主要有三条：一是所有者（包括原企业所有者和新投资者）投入；二是将资本公积转为实收资本；三是将盈余公积转为实收资本。

【工作实例 11-6】按股东大会决议，并办理增资手续，B 公司将法定公积金 100 万元转增普通股股本。编制的会计分录如下：

借：盈余公积——法定盈余公积　　1 000 000

　　贷：股本　　1 000 000

（二）实收资本（股本）减少的核算

企业实收资本减少的原因大体有两种，一是资本过剩而减资；二是企业发生重大亏损而需要减少实收资本。

企业因资本过剩而减资，一般要返还投资。一般企业返还投资比较简单，按返还投资的数额，借记“实收资本”科目，贷记“库存现金”、“银行存款”等科目。

股份有限公司采用收购本公司股票方式减资的，按股票的面值和注销股数计算的股票面值总额冲减股本，按注销库存股的账面余额与所冲减股本的差额冲减股本溢价，股本溢价不足冲减的，依次冲销盈余公积和未分配利润。如回购价格低于股票面值的，应按回购股份的面值，借记“股本”科目，按实际回购价格，贷记“银行存款”科目，按其差额，贷记“资本公积——股本溢价”科目。

【工作实例 11-7】某股份公司由于经营萎缩，资本过剩，经股东大会批准，公司以现金回购本公司股票 5 万股并注销，收购价格为每股 4 元（公司原发行股票每股面值 1 元）。该企业目前资本公积余额 18 万元，盈余公积 20 万元，未分配利润 30 万元。编制的会计分录如下。

（1）回购本公司股票时：

借：库存股　　200 000

　　贷：银行存款　　200 000

（2）注销本公司股票时：

借：股本　　150 000

　　资本公积——股本溢价　　50 000

　　贷：库存股　　200 000

【工作实例 11-8】承【工作实例 11-7】，假如该企业以每股 6 元价格收购。编制的会计分录如下。

（1）回购本公司股票时：

借：库存股	240 000	
贷：银行存款		240 000

（2）注销本公司股票时：

借：股本	50 000	
资本公积——股本溢价	180 000	
盈余公积	10 000	
贷：库存股		240 000

【学中做 11-1】

假如该企业以每股 10 元价格收购，请编制会计分录。

任务二 资本公积的核算

一、资本公积的概念与来源

资本公积是指收到投资者的超出其在企业注册资本（或股本）中的所占份额的投资，以及直接计入所有者权益的利得和损失等，资本公积包括资本溢价（或股本溢价）和其他资本公积。由此可知，资本公积与企业实现的净利润无关。从本质上讲，资本公积应属于投入资本的范畴，因此，它与留存收益有本质区别。留存收益是企业实现净利润的转化形式，在核算资本公积时，应当与留存收益区别开来。

知识链接

资本公积与实收资本、净利润的关系

资本公积与实收资本虽然都属于投入资本范畴，但两者又有区别。实收资本一般是指投资者投入的、为谋求价值增值的原始投资，而且属于法定资本，因此，实收资本无论是在来源上，还是在金额上，都有比较严格的限制。资本公积在金额上则并没有严格限制，而且在来源上也相对比较多样，主要是资本（股本）溢价，只是由于法律的规定而无法直接以资本的名义出现。

资本公积与净利润有本质的区别。净利润是企业经营活动产生的结果，可以分配给股东。从本质上讲，资本公积是企业所有者投入资本的一部分，具有资本的属性，与企业的净利润无关，所以不能作为净利润的一部分。

二、资本公积的确认和计量

企业应设置“资本公积”科目，用来核算企业收到投资者出资超出其在注册资本或股本中所占的份额以及直接计入所有者权益的利得和损失等。本科目还应当分为“资本溢价”（或“股本溢价”）、“其他资本公积”进行明细核算。

（一）资本溢价（或股本溢价）的会计处理

1. 资本溢价

除股份有限公司以外的其他类型的企业，在企业创立时，出资者认缴的出资额与注册资本一致，一般不会产生资本溢价。但在企业重组并有新的投资者加入时，为了维护原有投资者的权益，新加入的投资者的出资额并不一定全部作为实收资本处理。这是因为，在企业正常经营过程中投入的资金虽然与企业创立时投入的资金在数量上一致，但其获利能力却不一致。企业创立时，要经过筹建、试生产经营、为产品寻找市场、开辟市场等过程，从投入资金到取得投资回报，中间需要许多时间，并且这种投资具有风险性，在这个过程中的资本利润率很低。而企业进行正常生产经营后，在正常情况下，资本利润率要高于企业的初创阶段。而这高于初创阶段的资本利润率是以初创时必要的垫支资本带来的，企业创办者为此付出了代价。因此，对于相同数量的投资，由于出资时间不同，其对企业的影响程度不同，由此而带给投资者的权利也不同，往往前者大于后者。所以，新加入的投资者要付出大于原有投资者的出资额，才能取得与原投资者相同的投资比例。另外，不仅原投资者原有投资从质量上发生了变化，就是从数量上也可能发生变化，这是因为企业经营过程中实现利润的一部分留在企业，形成留存收益，而留存收益也属于投资者权益，也要求其付出大于原有投资者的出资额，才能取得与原有投资者相同的投资比例。投资者投入的资本中按其投资比例计算的出资额部分，应计入“实收资本”科目，大于部分应记入“资本公积——资本溢价”科目。

【小思考】

为什么企业在正常生产经营后并有新的投资者加入时，往往会产生资本公积？

【工作实例 11-9】金星公司由甲、乙、丙三人各自出资 1 000 000 元设立。设立时的实收资本为 3 000 000 元。经过三年的经营，该企业留存收益为 1 500 000 元。为扩大经营规模，经批准，金星公司注册资本增加到 4 000 000 元。这时有丁投资者有意参加该企业，并表示愿意出资 1 800 000 元而仅占有该企业份额的 25%。假定不考虑其他因素，企业收到丁投资者投入资金时，编制的会计分录为：

借：银行存款　　1 800 000

　贷：实收资本——丁投资者　　1 000 000

　　资本公积——资本溢价　　800 000

2. 股本溢价

股份有限公司按股票面值发行股票的情况下，企业取得的发行股票收入，应全部记入“股本”科目，不产生股本溢价。如果采用溢价发行股票，企业发行股票取得的收入，按股票面值记入“股本”科目，超出股票面值的溢价收入（含发行股票冻结期间所产生的利息收入，下同）记入“资本公积”科目。这里要注意，委托证券商代理发行股票而支付的手续费、佣金等，应从溢价发行收入中扣除，企业应按扣除手续费、佣金后的数额记入“资本公积”科目。如果股票没有溢价发行或溢价金额不足以支付发行费用的部分，应冲减盈余公积和未分配利润。

【小思考】

企业是否可以折价发行股票？为什么？

【工作实例 11-10】甲公司委托某证券公司代理发行普通股 2 000 000 股，每股面值 1 元，按每股 1.2 元的价格发行。公司与受托单位约定，按发行收入 3%收取手续费，从发行收入中扣除。假如收到的股款已存入银行。根据资料，企业应作如下会计处理：

公司收到委托发行单位交来现金=2 000 000×1.2×（1−3%）=2 328 000（元）

应记入资本公积科目的金额=溢价收入−发行手续费 =400 000−72 000=328 000（元）

借：银行存款　　2 328 000

　贷：股本　　2 000 000

　　资本公积——股本溢价　　328 000

（二）其他资本公积的会计处理

其他资本公积是指除资本溢价（或股本溢价）项目以外所形成的资本公积，其中主要包括直接计入所有者权益的利得和损失。

直接计入所有者权益的利得和损失主要由以下交易或事项引起：

（1）采用权益法核算的长期股权投资。长期股权投资在采用权益法核算时，因被投资单位除净损益、其他综合收益以外所有者权益的其他变动，投资企业按应享有份额而增加或减少的资本公积。

（2）以权益结算的股份支付。

（3）企业与股东之间的权益性交易，如股东对企业的捐赠、债务豁免、代为偿债等。

任务三 其他综合收益的核算

一、其他综合收益的概念与来源

（一）其他综合收益的概念

其他综合收益是指企业根据企业会计准则规定未在损益中确认的各项利得和损失扣除所得税影响后的净额。

（二）其他综合收益的来源

其他综合收益主要来源于以下几种情形：

（1）可供出售金融资产的公允价值变动。

（2）将持有至到期投资重分类为可供出售金融资产时，重分类日公允价值与账面余额的差额。

（3）确认按照权益法核算的在被投资单位其他综合收益中所享有的份额导致的其他综合收益的增加或减少。

（4）企业将作为存货、自用的房地产转为采用公允价值模式计量的投资性房地产，其公允价值大于账面价值的差额。

（5）境外经营外币报表折算差额的增加或减少。

（6）计入其他综合收益项目相关的所得税影响。针对不确认为当期损益而直接计入所有者权益的所得税影响。

二、其他综合收益的确认和计量

企业应设置“其他综合收益”科目，用来核算企业企业根据其他会计准则规定未在当期损益中确认的各项利得和损失等。

【工作实例 11-11】维达公司 2016 年发生与其他综合收益相关的经济业务如下：

（1）购入的太平洋公司股票划分为可供出售金融资产，成本价 45 万元，资产负债表日公允价值 52 万元；

（2）将自有的房地产转换为投资性房地产，并采用公允价值进行后续计量。转换日，该房地产账面成本 520 万元，已提折旧 120 万元。公允价值 480 万元。

（3）对 A 公司进行长期股权投资，持股比例为 40%，采用权益法核算。A 公司今年增加其他综合收益 30 万元。

任务处理如下。

（1）可供出售金融资产公允价值变动时：

借：可供出售金融资产——公允价值变动　　70 000

　　贷：其他综合收益　　70 000

（2）将自有的房地产转换为投资性房地产时：

借：投资性房地产——成本　　4 800 000

　　累计折旧　　1 200 000

　　贷：固定资产　　5 200 000

　　　　其他综合收益　　800 000

（3）长期股权投资权益法下增加其他综合收益时：

借：长期股权投资——其他综合收益　　120 000

　　贷：其他综合收益　　120 000

【小思考】

其他综合收益在什么情况下发生减少？

任务四　留存收益的核算

一、留存收益概述

（一）留存收益的概念

留存收益是指企业从历年实现的利润中提取或形成的留存于企业的内部积累。留存收益来源于企业在生产经营活动中所实现的净利润。它与实收资本和资本公积的区别在于：实收资本和资本公积来源于企业的资本投入，而留存收益则来源于企业的资本增值。

留存收益的目的主要包括两方面：一方面可以满足企业维持或扩大再生产经营活动的资金需要，保持或提高企业的获利能力；另一方面可以保证企业有足够的资金弥补以后年度可能出现的亏损，也保证企业有足够的资金用于偿还债务，保护债权人的权益。因此，对于留存收益的提取和使用，除了企业的自主行为外，往往也有法律上的诸多规定和限制，例如，我国规定企业必须根据净利润提取法定盈余公积。

（二）留存收益的内容

留存收益主要包括盈余公积和未分配利润两类。

1. 利润分配

利润分配是指企业根据国家有关规定和企业章程、投资者协议等，对企业当年可供分配的利润所进行的分配。企业当年实现的净利润加上年初未分配利润（或减去年初未弥补亏损）和其他转入后的余额，为可供分配的利润。可供分配的利润，按下列顺序分配：

（1）提取法定盈余公积；

（2）提取任意盈余公积；

（3）向投资者分配利润。

2. 盈余公积

盈余公积是指企业按照规定从净利润中提取的积累资金，包括法定盈余公积和任意盈余公积金。法定盈余公积是指企业按照规定法律规定的比例从净利润中提取的盈余公积；任意盈余公积是指企业按照股东大会决议提取的盈余公积。企业提取的盈余公积可用于弥补亏损、扩大生产经营、转增资本或派送新股等。

3. 未分配利润

未分配利润是指企业留在以后年度分配的利润或待分配利润，其来源是净利润扣除利润分配数额之后的余额。

二、留存收益的核算

（一）盈余公积的核算

企业当年实现的净利润，应当提取法定公积金和任意公积金。

（1）提取法定公积金。法定公积金按照税后净利润的10%的比例提取，公司法定公积金累计额为公司注册资本的50%以上时，可以不再提取。公司的法定公积金不足以弥补上一年度亏损的，在提取法定公积金之前，应当先用当年利润弥补亏损。

（2）提取任意公积金。公司在提取法定公积金之后，经股东大会或类似权力机构的批准，可以提取任意公积金。

企业提取盈余公积主要可以用于以下几个方面：

（1）用于弥补亏损。企业发生亏损时，应当企业自行弥补。弥补亏损的渠道主要有三条：一是用以后年度税前利润弥补。按照现行制度规定，企业发生亏损时，可以用以后五年内实现的税前利润弥补，即税前利润弥补亏损的期间为5年。二是用以后年度税后利润弥补。企业发生的亏损经过5年期间未弥补足额的，尚未弥补的亏损应用所得税后的利润弥补。三是用盈余公积弥补亏损。企业以提取的盈余公积弥补亏损时，应当由公司董事会提议，并经股东大会批准。

（2）转增资本。企业将盈余公积转增资本时，转增后留存的盈余公积的数额不得少于转增前公司注册资本的25%。

企业应设置“盈余公积”科目核算从净利润中提取的盈余公积。盈余公积科目应当分别“法定盈余公积”、“任意盈余公积”明细科目进行核算。

企业按规定提取的盈余公积，借记“利润分配——提取法定盈余公积、提取任意盈余公积”科目，贷记“盈余公积”科目（法定盈余公积、任意盈余公积）。

【工作实例 11-12】兴达股份有限公司本年度的税后利润为 8 000 000 元，按规定 10%的比率提取法定公积金，并根据股东大会决议按 3%的比率提取任意公积金。兴达股份有限公司编制的会计分录如下：

借：利润分配——提取法定盈余公积　　800 000
　　　　　　——提取任意盈余公积　　240 000
　贷：盈余公积——法定盈余公积　　800 000
　　　　　　　——任意盈余公积　　240 000

【小思考】

企业按规定提取的盈余公积的提取基数一定是当年实现的净利润吗？

企业经股东大会或类似机构决议，用盈余公积弥补亏损或转增资本，借记“盈余公积”科目，贷记“利润分配——盈余公积补亏”、“实收资本”或“股本”科目。企业经股东大会决议，用盈余公积派送新股，按派送新股计算的金额，借记“盈余公积”科目，按股票面值和派送新股总数计算的股票面值总额，贷记“股本”科目，按其差额，贷记“资本公积——股本溢价”科目。企业（中外合作经营）在经营期间用利润归还投资，应按实际归还投资的金额，借记“实收资本——已归还投资”科目，贷记“银行存款”等科目；同时，借记“利润分配——利润归还投资”科目，贷记本科目（利润归还投资）。

【工作实例 11-13】按股东大会决议，并办理增资手续，兴达股份有限公司将法定公积金 500 000 元，任意公积金 400 000 元转增普通股股本。兴达股份有限公司编制的会计分录如下：

借：盈余公积——法定盈余公积　　500 000
　　　　　　——任意盈余公积　　400 000
　贷：股本　　900 000

（二）未分配利润的核算

未分配利润是指企业留待以后年度进行分配的结存利润，也是企业所有者权益的组成部分。相对于所有者权益的其他组成部分来讲，企业对于未分配利润的使用分配有较大的自主权。从数量上来讲，未分配利润是期初未分配利润，加上本期实现的净利润，减去提取的各种盈余公积和分出利润后的余额。未分配利润有两层含义：一是留待以后年度处理的利润；二是未指定用途的利润。

由于未分配利润是对累计可供分配的利润分配后的结果，利润分配是过程，未分配利润是对利润进行分配后的结果。因此，在会计核算上，未分配利润是通过“利润分配”科目进行核算的，具体来说，是通过“利润分配”科目之下的“未分配利润”明细科目进行核算的。企业在生产经营过程中取得的收入和发生的成本、费用，最终通过“本年利润”科目进行归集，计算出当年盈利；然后转入“利润分配——未分配利润”科目进行分配。“利润分配——未分配利润”科目的贷方余额，则为未分配利润；如为借方余额，则为未弥补亏损。

【工作实例 11-14】A 公司在 2010 年发生亏损 160 万元，在年度终了时，企业应当结转本年发生的亏损。应作如下会计分录：

借：利润分配——未分配利润　　1 600 000
　　贷：本年利润　　1 600 000

假设 2011—2016 年，A 公司每年实现利润 30 万元，按现行制度规定，公司在发生亏损以后的 5 年内可以用税前利润弥补亏损，超过 5 年仍未弥补完的亏损则用税后利润弥补。假设不考虑其他因素，该公司应作如下会计分录：

借：本年利润　　300 000
　　贷：利润分配——未分配利润　　300 000

2016 年，应先按当年实现利润计算交纳所得税 75 000 元（300 000×25%），再用税后利润 100 000 元弥补超过 5 年的未弥补亏损。剩余部分，才能按规定计提法定盈余公积。

借：所得税费用　　75 000
　　贷：应交税费——应交所得税　　75 000
借：本年利润　　75 000
　　贷：所得税费用　　75 000
借：本年利润　　225 000
　　贷：利润分配——未分配利润　　225 000
借：利润分配——提取法定盈余公积　　12 500
　　贷：盈余公积——法定盈余公积　　12 500

知识链接

企业弥补亏损的会计处理

从上例可看出，企业无论是税前补亏还是税后补亏，其会计处理方法是完全相同的。区别就在于，两者计算交纳所得税时的处理不同。在以税前利润补亏的情况下，其用于补亏的利润数额可以抵扣当期企业的应纳税所得额；而在以税后利润补亏的情况下，其用于补亏的利润数额不得抵扣应纳税所得额。

年度终了企业应将全年实现的净利润，自“本年利润”科目转入“利润分配”科目，借记“本年利润”科目，贷记“利润分配——未分配利润”科目，如为净亏损则做相反会计分录。同时将“利润分配”科目下的明细账的余额转入“利润分配——未分配利润”明细账。

结转后，除“利润分配——未分配利润”明细账外，利润分配的其他明细账应无余额。

项目小结

所有者权益是指企业资产扣除负债后由所有者享有的剩余权益。企业的所有者权益包括实收资本（股本）、资本公积、其他综合收益、盈余公积和未分配利润五部分内容。其中，盈余公积和未分配利润统称为留存收益。

实收资本是指企业按照章程规定或合同、协议约定，接受投资者投入企业的资本。

资本公积是指投资者或者他人投入到企业、所有权归属于投资者，但不构成实收资本的那部分资本或资产，以及从其他来源取得属于所有者享有的资金，主要包括资本溢价（或股本溢价）以及其他资本公积。

其他综合收益是指企业根据企业会计准则规定未在损益中确认的各项利得和损失扣除所得税影响后的净额。

盈余公积是指企业按照规定从净利润中提取的各种积累资金。包括法定盈余公积和任意盈余公积（非公司制企业可以不计提）。法定盈余公积和任意盈余公积可用于弥补亏损、转增资本（或股本）。符合规定条件的企业，也可以用盈余公积分派现金股利。

未分配利润是企业留待以后年度进行分配的结存利润，有两层含义：一是留待以后年度处理的利润；二是未指定用途的利润。

复习思考题

1. 所有者权益与负债有哪些区别与联系？
2. 企业为什么会产生资本公积（资本溢价）？
3. 企业在接受外币资本时，是如何确定接受资产的成本和实收资本（或股本）价值？
4. 企业当年实现的净利润是否可以直接用来提取盈余公积？
5. 库存股是什么？会计上如何处理库存股？
6. 企业按面值发行股票与按溢价发行股票，在会计处理上有何不同？
7. 企业在发行股票过程中发生的发行费用，应如何处理？
8. 企业产生的利得和损失，都应计入所有者权益吗？
9. 什么是其他综合收益？是如何形成的？
10. “其他综合收益”和“资本公积——其他资本公积”有没有联系？

项目十二

所得税的核算

知识学习目标

- 熟悉时间性差异和永久性差异，熟悉应付税款法的核算方法；
- 掌握资产负债表债务法对所得税核算的一般程序；
- 掌握资产计税基础及负债计税基础的确定；
- 掌握递延所得税资产和递延所得税负债的确认；
- 掌握应交所得税和所得税费用的确认和计量。

能力学习目标

- 能运用所得税法正确进行所得税的计算和申报；
- 能运用所得税会计准则，完成所得税的确认和计量。

工作任务

- 应付税款法及其应用；纳税影响会计法及其应用；时间性差异和永久性差异的划分；账面价值和计税基础的确认；应纳税暂时性差异和可抵扣暂时性差异的划分；所得税费用和应交所得税的计算；递延所得税资产和递延所得税负债的确认和计量。

项目引例

大运公司为增值税一般纳税人，适用的增值税税率为17%，所得税税率为25%。2016年实现利润总额500万元，其中包括国库券利息收入50万元，对黄河公司直接投资而取得的投资收益20万元（黄河公司属于国家扶持的高新技术企业，适用的所得税税率为15%）。会计折旧300万元，税法折旧200万元；企业计提的存货跌价准备40万元，应付违法经营罚款 10 万元，商业银行罚息 4 万元。

提出问题：

（1）企业实现的利润总额是否可以用来计算应交所得税？

（2）按照《企业所得税法》的规定，本例中的哪些项目需要调整应纳税所得额？

（3）按照《企业所得税法》的规定，大运公司当年应交所得税为多少？

（4）对于利润总额和应纳税所得额之间的差异，其会计处理是否相同？

带着这些问题，让我们进入本项目的学习领域。

任务一 所得税会计基本原理

一、所得税会计概述

财务会计和税法分别遵循不同的法规、服务于不同的目的。财务会计核算必须遵循企业会计准则，其目的是真实、完整地反映企业财务状况、经营成果以及现金流量变化的全貌，为投资者、债权人、企业管理者以及其他会计报表使用者提供决策有用的信息。税法是以课税为目的，根据经济合理、公平税负、促进竞争的原则，依据有关的税收法规，确定一定时期内纳税人应交纳的税额。从所得税角度考虑，主要确定企业的应税所得，以对企业的经营所得以及其他所得进行征税。

所得税会计是研究如何处理按照企业会计准则或企业会计制度计算的税前会计利润与按所得税税法计算的应税所得之间差异的会计理论和方法。由于财务会计是按照会计准则和会计制度核算收益、费用、资产、负债，而税法是按照税收法规确认收益、费用、资产、负债，因此，按照财务会计方法计算的会计利润（或利润总额）与按税法规定计算的应税利润（应纳税所得额）往往不相等。我们知道，企业收益的增加伴随着资产的增加或负债的减少，费用的增加也与资产的减少或负债的增加密切相关。如果从确认收益实现和费用扣减的时间和口径不同的角度去研究所得税，并据此采用的会计处理方法，称为利润表法；而从确认资产和负债计税基础角度去研究所得税，并据此采用的会计处理方法，称为资产负债表法。

【小思考】

为什么会产生利润总额与应纳税所得额不相等？

二、所得税会计处理方法

（一）利润表法

由于会计准则或企业会计制度与税法在收益、费用或损失的确认和计量原则方面的不同，而导致按照会计制度计算的税前会计利润与按照税法规定计算的应纳税所得额之间的差异，称为永久性差异和时间性差异。

永久性差异是指某一会计期间，由于会计准则和税法在计算收益、费用或损失时的口径不同，所产生的税前会计利润与应税所得之间的差异。例如，企业购买国库券产生的利息收入，在会计上应确认为收益，但按税法规定国库券利息不计入应纳税所得额，不交纳所得税。这样两者在收益确认口径上存在差异。再比如，企业对外捐赠、赞助、税收罚款或滞纳金、企业违法经营罚款等，都属于永久性差异。这种差异的共同特征是：差异在本期发生，不会在以后任何时候转回。

时间性差异是指税法与会计准则在确认收益、费用或损失的时间不同而产生税前会计利润与应税所得之间的差异。比如，企业按会计准则计提的存货跌价准备已经确认为当期的损失（资产减值损失），但税法规定存货跌价损失应于实际发生时才能从应税所得中扣减。显然，这种差异是由于税法和会计在确认收益或费用在时间上不同产生的。时间性差异共同特征是：差异发生于某一会计期间，但在以后某期或若干期内能够转回。

在会计核算中，对永久性差异和时间性差异通常采用应付税款法或纳税影响会计法进行核算。

1. 应付税款法

应付税款法是将本期税前会计利润与应税所得之间产生的差异均在当期确认所得税费用的会计处理方法。这种核算方法的特点是：

（1）在计算交纳所得税时均应按税法规定对税前会计利润进行调整，调整为应纳税所得额，再按应纳税所得额计算出本期应交的所得税，作为本期所得税费用，即本期所得税费用等于本期应交所得税。

（2）时间性差异产生的影响所得税金额也在本期确认所得税费用，或在本期抵减所得税费用，或在本期增加所得税费用。即在应付税款法下，本期发生的时间性差异不单独核算，与本期发生的永久性差异进行同样的会计处理。

【工作实例 12-1】华丰公司适用的所得税税率为 25%。2016 年度实现利润总额为 2 000 万元，其中包括：国债利息收入 35 万元；全年实际支出业务招待费 15 万元，按税法规定只允许扣除 10 万元；计提存货跌价准备 200 万元。税法规定存货跌价准备只有在存货转让时才能在税前扣除。

根据上述原理，国债利息收入 35 万元和超标准业务招待费 5 万元属于永久性差异，而计提的存货跌价准备 200 万元属于时间性差异。在应付税款法下，其会计处理如下。

应纳税所得额=2 000–35+（15–10）+200=2 170（万元）

应交所得税=2 170×25%=542.5（万元）

所得税费用=542.5（万元）

编制会计分录为：

借：所得税费用　　　　　　　　　　　　　　5 425 000

　　贷：应交税费——应交所得税　　　　　　　　　　5 425 000

2. 纳税影响会计法

纳税影响会计法是将本期时间性差异的所得税影响金额，递延和分配到以后各期的会计处理方法。采用纳税影响会计法、所得税被视为企业在获得收益时发生的一项费用，并应随同有关的收入和费用计入同一期内，以达到收入和费用的配比。时间性差异影响的所得税金额，包括在利润表的所得税费用项目内，以及资产负债表中的递延所得税余额中。

【工作实例 12-2】承【工作实例 12-1】，假定企业采用纳税影响会计法对所得税进行核算，其会计处理如下。

应纳税所得额=2 000–50+（120–100）+200=2 170（万元）

应交所得税=2 170×25%=542.5（万元）

因时间性差异产生的递延所得税=200×25%=50（万元）

所得税费用=542.5–50=492.5（万元）

编制的会计分录如下：

借：所得税费用　　　　　　　　　　　　　　4 925 000

　　递延税款　　　　　　　　　　　　　　　　500 000

　　贷：应交税费——应交所得税　　　　　　　　　　5 425 000

知识链接

应付税款法与纳税影响会计法的区别和联系

从【工作实例 12-2】中，我们可以得出两者的区别和联系。

区别：应付税款法不确认时间性差异对所得税的影响金额，时间性差异的所得税影响金额确认为本期所得税费用或抵减本期所得税费用；纳税影响会计法确认时间性差异对所得税的影响，并将确认的时间性差异的所得税影响金额计入递延税款的借方或贷方，同时确认所得税费用或抵减所得税费用。

联系：按会计制度计算的税前会计利润与按税法规定计算的应税所得之间产生的永久性差异，均在产生的当期确认为所得税费用或抵减所得税费用。

在具体运用纳税影响会计法核算时，税率变动情况下的会计处理有两种可供选择的方法，即递延法和债务法。递延法是将本期时间性差异产生的影响所得税的金额，递延和分配到以后各期，并同时转回原已确认的时间性差异对本期所得税的影响金额。在税率变动或开征新税时，对递延税款的账面余额不作调整。债务法是将本期时间性差异产生的影响所得税的金额，递延和分配到以后各期，并同时转回原已确认的时间性差异的所得税影响金额。在税率变动或开征新税时，需要对递延税款的账面余额进行调整。也就是说，在所得税税率不变的情况下，无论是采用递延法和债务法核算，其结果相同。

纳税影响会计法中的债务法为利润表债务法。

（二）资产负债表法

如前所述，如果从确认企业资产和负债的计税基础角度去研究所得税的会计处理，称为资产负债表法。资产负债表法一般包括资产负债表债务法和资产负债表递延法两种。目前，资产负债表债务法在世界各国得到普遍认可。我国《企业会计准则第 18 号——所得税》也采用了资产负债表债务法核算所得税。

知识链接

资产负债表债务法登上历史舞台的背景

从 20 世纪 50 年代初起，所得税会计就已经成为争议最多的会计热点问题。1986 年美国会计原则委员会发布了《所得税会计征求意见稿》，几经修改，最终于 1992 年 10 月完成了第 109 号公告，明确规定采用债务法代替递延法来确定所得税支出。国际会计准则委员会于第 1985 年成立了专门的课题组，集中研究所得税会计准则，并于 1989 年发布了《所得税会计征求意见稿》，建议采用利润表债务法。1994 年 10 月，国际会计准则委员会再次颁布了《所得税会计征求意见稿》，禁止采用递延法，要求采用资产负债表债务法。理由是：按照债务法确认的递延所得税资产或递延所得税负债更符合资产与负债的定义。1996 年国际会计准则委员会正式发布修订后的所得税会计准则。我国于 2006 年颁布的《企业会计准则第 18 号——所得税》，借鉴了《国际会计准则第 12 号——所得税》，并结合我国的实际情况，要求企业对所得税会计处理采用资产负债表债务法。本项目将主要介绍该方法的运用。

任务二 资产负债表债务法

一、资产负债表债务法核算程序

（一）资产负债表债务法的概念

资产负债表债务法是指从资产负债表出发，通过比较资产负债表上列示的资产、负债，按照企业会计准则规定确定的账面价值与按照税法规定确定的计税基础，对于两者之间的差额，分别确认相关的递延所得税负债与递延所得税资产，并在此基础上确定每一期间利润表中的所得税费用的一种方法。

（二）资产负债表债务法的核算程序

在采用资产负债表债务法核算所得税的情况下，企业一般应于每一个资产负债表日进行所得税的核算。企业进行所得税核算一般应遵循以下程序。

1. 确定资产和负债的账面价值

按照相关企业会计准则的规定，确定资产负债表日除递延所得税资产和递延所得税负债以外的各项资产和负债的账面价值。其中，资产和负债项目的账面价值是指企业按照相关企业会计准则规定进行核算后在资产负债表中列示的金额。

2. 确定资产和负债的计税基础

按照企业会计准则中对资产和负债计税基础的确定方法，以现行的企业所得税法为基础，确定资产负债表中有关资产、负债的计税基础。

3. 计算递延所得税资产或递延所得税负债

首先，比较资产、负债的账面价值与其计税基础，对于两者之间存在差异的，分析其性质，除企业会计准则中规定的特殊情况外，分别应纳税暂时性差异和可抵扣暂时性差异，确定该资产负债表日与应纳税暂时性差异和可抵扣暂时性差异相关的递延所得税资产或递延所得税负债的应有金额。

然后，对比递延所得税资产或递延所得税负债的应有金额与期初递延所得税资产或递延所得税负债的余额，确定当期应予进一步确认的递延所得税资产或递延所得税负债的金额或应予转销的金额，作为构成利润表中所得税费用的递延所得税。

4. 确定利润表中的所得税费用

利润表中的所得税费用包括当期所得税和递延所得税两个部分。其中，当期所得税是指当期发生的交易或事项按照适用的税法规定计算确定的当期应交所得税；递延所得税是指当期确认的递延所得税资产或递延所得税负债金额和予以转销的金额的综合结果。

所得税费用=当期所得税+递延所得税

二、计税基础

采用资产负债表债务法，要求企业的资产及负债应根据企业会计准则与企业所得税税法的不同要求分别进行计价，简称会计计价基础和税法计价基础。会计计价基础确认的是资产或负债的账面价值；税法计价基础，即计税基础，是在资产负债表日根据企业所得税税法规定为计算应交所得税所确认的资产、负债的价值。

（一）资产的计税基础

资产的计税基础是指企业收回资产账面价值的过程中，计算应纳税所得额时按照税法规定可以自应税经济利益中抵扣的金额，换句话说，资产的计税基础为某一项资产在未来期间计税时可以税前扣除的金额。从税收的角度考虑，资产的计税基础是假定企业按照税法规定进行核算所提供的资产负债表中资产的应有金额。如果有关的经济利益不纳税，则资产的计税基础即为其账面价值。

资产在初始确认时，其计税基础一般为取得成本。在资产持续持有的过程中，可在未来期间税前扣除的金额是指资产的取得成本减去以前期间按照税法规定已经税前扣除的余额。

企业应当按照使用的税收法规规定计算确定资产的计税基础。如固定资产、无形资产等的计税基础可以用以下方法确定。

1. 固定资产计税基础

以各种方式取得的固定资产，初始确认时入账价值基本上是被税法认可的，即取得时其账面价值与计税基础相等。固定资产在持有期间进行后续计量时，会计上对固定资产的基本计量模式是“初始成本——按照企业会计准则规定计算确定的累计折旧”，而税法上对固定资产的基本计量模式是“初始成本——按照税法规定计算确定的累积折旧”。显然，会计与税收处理的差异主要来自固定资产的折旧方法和折旧年限的不同以及固定资产减值准备的计提及其对折旧的影响。例如，企业于 2015 年 12 月取得一项设备，价值为 300 000 元，税法和会计上都采用年限平均法计提折旧（假定无残值）。会计核算按 5 年提取折旧，税法规定按 10 年计提折旧。在 2015 年，该项固定资产账面价值与计税基础相等。但在 2016 年，固定资产账面价值为 240 000 元（300 000–300 000÷5），计税基础为 270 000 元（300 000–300 000÷10）。

2. 无形资产计税基础

除内部研究开发形成的无形资产外，以其他方式取得的无形资产，初始确认时其入账价值与税法规定的成本之间一般不存在差异。无形资产在后续计量时，会计与税收处理的差异主要来自是否摊销、摊销的方法以及无形资产减值准备的计提。例如，企业于 2016 年 1 月取得一项无形资产，成本为 400 万元。企业根据各方面情况判断，无法合理预计其带来经济利益的期限，作为使用寿命不确定的无形资产。2016 年会计上未进行摊销，经减值测试也没有发生减值损失，年末无形资产账面价值仍为 400 万元。企业在计税时，税法规定按 10 年进行摊销，年末，无形资产的计税基础为 360 万元（400–400÷10）。

（二）负债的计税基础

负债的计税基础是指负债的账面价值减去未来期间计算应纳税所得额时按照税法规定可予抵扣的金额。即假定企业按照税法进行核算，在其按照税法规定确定的资产负债表上有关负债的应有金额。

在一般情况下，负债的确认与偿还不会影响损益，也不会影响其应税所得，未来期间计算应税所得时按税法规定可予抵扣的金额为零，计税基础即为账面价值，如短期借款、应付票据、应付账款等。

但是，在某些情况下，负债的确认与偿还会影响损益，进而影响其应税所得，使得其计税基础与账面价值之间产生差异。例如，某企业在 2016 年确认了产品包修费用 5 万元，同时形成一项负债（预计负债）。按税法规定，企业为产品提供的售后服务费用只有在实际发生时才能在税前扣除。因此，在 2016 年资产负债表日，预计负债的账面价值为 5 万元，其计税基础为 0（5–5），从而产生差异 5 万元。

【小思考】

企业因违法经营罚款而形成的“其他应付款”为 6 万元，其账面价值和计税基础分别是多少？

三、暂时性差异

暂时性差异是指资产或负债的账面价值与其计税基础之间的差额。其中，账面价值是指按照企业会计准则规定确定的有关资产、负债在企业的资产负债表中应列示的金额。由于资产负债的账面价值与其计税基础不同，产生了在未来收回资产或清偿负债的期间内应纳税所得额增加或减少，并导致未来期间应交所得税增加或减少的情况。在这些暂时性差异发生的当期，应当确认相应的递延所得税负债或递延所得税资产。

根据暂时性差异对未来期间应税金额影响的不同，分为应纳税暂时性差异和可抵扣暂时性差异。某些不符合资产、负债的确认条件，未作为财务会计报告中资产、负债列示的项目，如果按照税法规定可以确定其计税基础，该计税基础与其账面价值之间的差额也属于暂时性差异。

【小思考】

时间性差异与暂时性差异有什么关系？

（一）应纳税暂时性差异

应纳税暂时性差异是指在确定未来收回资产或清偿负债期间的应纳税所得额时，将导致产生应税金额的暂时性差异。该差异在未来期间转回时，会增加转回期间的应纳税所得额，即在未来期间不考虑该事项影响的应纳税所得额的基础上，由于该暂时性差异的转回，会进一步增加转回期间的应纳税所得额和应交所得税金额。

应纳税暂时性差异通常产生于以下情况：

1. 资产的账面价值大于其计税基础

一项资产的账面价值，代表的是企业在持续使用及最终出售该项资产时会取得的经济利益的总额，而计税基础代表的是一项资产在未来期间可予税前扣除的总金额。资产的账面价值大于其计税基础，该项资产未来期间产生的经济利益不能全部税前抵扣，两者之间的差额需要交税，产生应纳税暂时性差异。

2. 负债的账面价值小于其计税基础

一项负债的账面价值为企业预计在未来期间清偿该项负债时的经济利益流出，而其计税基础代表的是账面价值在扣除税法规定未来期间允许税前扣除的金额之后的差额。因负债的账面价值与其计税基础不同产生的暂时性差异，实质上是税法规定就该项负债在未来期间可以税前扣除的金额。负债的账面价值小于其计税基础，则意味着该项负债在未来期间可以税前抵扣的金额为负数，即应在未来期间应纳税所得额的基础上调增，增加应纳税所得额和应交所得税金额产生应纳税暂时性差异。

（二）可抵扣暂时性差异

可抵扣暂时性差异，是指在确定未来收回资产或清偿负债期间的应纳税所得额时，将导致产生可抵扣金额的暂时性差异。该差异在未来期间转回时，会减少转回期间的应纳税所得额，减少未来期间的应交所得税。在该暂时性差异产生当期，应当确认相关的递延所得税资产。

可抵扣暂时性差异一般产生于以下情况：

1. 资产的账面价值小于其计税基础

从经济含义来看，资产在未来期间产生的经济利益少，按照税法规定允许税前扣除的金额多，则企业在未来期间可以减少应纳税所得额，并减少应交所得税，形成可抵扣暂时性差异。

2. 负债的账面价值大于其计税基础

负债产生的暂时性差异，实质上是税法规定就该项负债可以在未来期间税前扣除的金额。一项负债的账面价值大于其计税基础，意味着未来期间按照税法规定构成负债的全部或部分金额可以自未来应税经济利益中扣除，减少未来期间的应纳税所得额和应交所得税，产生可抵扣暂时性差异。

对于按照税法规定，可以结转以后年度的未弥补亏损及税款抵减，虽不是因为资产负债的账面价值与计税基础不同而产生的，但本质上可抵扣亏损和税款抵减与可抵扣暂时性差异具有同样的作用，均能够减少未来期间的应纳税所得额，进而减少未来期间的应交所得税。在会计处理上，视同可抵扣暂时性差异。

四、递延所得税项目的确认和计量

（一）确认递延所得税资产的确认和计量

1. 确认递延所得税资产的一般原则

资产、负债的账面价值与其计税基础不同产生可抵扣暂时性差异，在估计未来期间能够取得足够的应纳税所得额用，以利用该可抵扣暂时性差异时，应当以很可能取得用来抵扣可抵扣暂时性差异的应纳税所得额为限，确认相关的递延所得税资产。在确认递延所得税资产时，同时调整所得税费用或资本公积等项目。

2. “递延所得税资产”科目

“递延所得税资产”科目，用来核算企业确认的可抵扣暂时性差异产生的递延所得税资产。在资产负债表日，企业确认的递延所得税资产借记本科目，贷记“所得税费用”科目。资产负债表日递延所得税资产的应有余额大于其账面余额的，应按其差额确认，借记本科目，贷记“所得税费用”等科目。资产负债表日递延所得税资产的应有余额小于其账面余额的差额做相反的会计分录。在资产负债表日，预计未来期间很可能无法获得足够的应纳税所得额用以抵扣可抵扣暂时性差异的，按原已确认的递延所得税资产中应减记的金额，借记“所得税费用”等科目，贷记本科目。期末借方余额反映企业确认的递延所得税资产。

3. 递延所得税资产的计量

（1）适用税率的确定。确认递延所得税资产时，应估计相关可抵扣暂时性差异的转回时间，采用转回期间适用的所得税税率为基础计算确定。无论相关的可抵扣暂时性差异转回期间如何，递延所得税资产均不予折现。

【小思考】

为什么在确认递延所得税资产时，应采用转回期间适用的所得税税率为基础计算确定，而不是当期适用的所得税率？

（2）递延所得税资产账面价值的复核。在资产负债表日，企业应当对递延所得税资产的账面价值进行复核。如果未来期间很可能无法取得足够的应纳税所得额用以利用递延所得税资产的利益，应当减记“递延所得税资产”的账面价值。递延所得税资产的账面价值减记以后，继后期间根据新的环境和情况判断能够产生足够的应纳税所得额利用可抵扣暂时性差异，使得递延所得税资产包含的经济利益能够实现的，应相应恢复递延所得税资产的账面价值。

【工作实例 12-3】丰华公司 2016 年 12 月 31 日应收账款余额为 1 000 万元，该公司期末对存货计提了 100 万元的存货跌价准备。按照税法规定，存货跌价准备只有在存货出售时才能在税前扣除。假定该企业期初存货跌价准备的余额为零。企业适用的所得税税率为 25%，所得税采用资产负债表债务法进行核算。假定企业未来期间有足够的应纳税所得额用以抵扣可抵扣暂时性差异。

该项应收账款在 2016 年 12 月 31 日的账面价值为 900 万元（1 000–100），其计税基础为初始账面价值 1 000 万元。该计税基础与账面价值之间产生的 100 万元可抵扣暂时性差异，应确认相关的递延所得税资产 25 万元。编制的会计分录为：

借：递延所得税资产　　　　250 000

　　贷：所得税费用　　　　　　250 000

（二）递延所得税负债的确认和计量

1. 确认递延所得税负债的一般原则

除企业会计准则中明确规定可不确认递延所得税负债的情况以外，企业对于所有的应纳税暂时性差异，均应确认相关的递延所得税负债。在确认递延所得税负债的同时，应增加利润表中的所得税费用。

2. “递延所得税负债”科目

“递延所得税负债”科目，用来核算企业确认的应纳税暂时性差异产生的所得税负债。在资产负债表日，企业确认的递延所得税负债借记“所得税费用”科目，贷记本科目。在资产负债表日递延所得税负债的应有余额大于其账面余额的，应按其差额确认，借记“所得税费用”科目，贷记本科目。资产负债表日递延所得税负债的应有余额小于其账面余额的差额做相反的会计分录。期末贷方余额反映企业确认的递延所得税负债。

【小思考】

“递延所得税负债”账户会出现借方余额吗？为什么？

3. 递延所得税负债的计量

递延所得税负债应以相关应纳税暂时性差异转回期间适用的所得税税率计量。在我国除享受优惠政策的情况以外，企业适用的所得税税率在不同年度之间一般不会发生变化。企业在确认递延所得税负债时，可以现行适用税率为基础计算确定递延所得税负债的确认，不要求折现。

【工作实例 12-4】某公司于 2016 年 6 月 18 日从公开市场上取得一项权益性投资，支付价款 500 万元，作为交易性金融资产核算。2016 年 12 月 31 日，该项权益性投资的市价为580万元。企业适用的所得税税率为25%，所得税采用资产负债表债务法进行核算。

企业会计准则规定，对于交易性金融资产在持有期间每个会计期末应以公允价值计量，公允价值相对于账面价值的变动计入利润表。则该项资产在12月31日的账面价值为580万元。税法规定，交易性金融资产在持有期间的公允价值变动不计入应纳税所得额，其计税基础在12月31日应维持原取得成本不变，即其计税基础为500万元。两者之间产生的80万元差异属于应纳税暂时性差异，应确认相关的递延所得税负债20万元。编制的会计分录为：

借：所得税费用　　200 000

　　贷：递延所得税负债　　200 000

（三）适用所得税税率变动对已确认递延项目的影响

因适用税收法规的变化，导致企业在某一会计期间适用的所得税税率发生变化，企业应对已确认的递延所得税资产和递延所得税负债重新计量。除直接计入所有者权益的交易或事项产生的递延所得税资产和递延所得税负债，相关的调整金额应计入所有者权益以外，其他情况下产生的调整金额应确认为当期所得税费用（或收益）。

五、所得税费用的确认和计量

（一）当期所得税

当期所得税是指企业按照税法规定计算确定的、针对当期发生的交易和事项，应交纳给税务部门的所得税金额，即应交所得税，应以适用的税收法规为基础计算确定。

当期所得税=当期应交所得税

企业在确定当期所得税时，对于当期发生的交易或事项，会计处理与税收处理不同的，应在会计利润的基础上，按照适用税收法规的要求进行调整，计算出当期应纳税所得额。按照应纳税所得额与适用所得税税率计算，确定当期应交所得税。

（二）递延所得税费用（或收益）

递延所得税费用（或收益）是指按照企业会计准则规定应予确认的递延所得税资产和递延所得税负债在期末应有的金额相对于原已确认金额之间的差额，即递延所得税资产及递延所得税负债的当期发生额，但不包括计入所有者权益的交易或事项的及企业合并所得税影响。用公式表示即为：

递延所得税费用（或收益）=当期递延所得税负债的增加+当期递延所得税资产的减少−当期递延所得税负债的减少−当期递延所得税资产的增加

值得注意的是，如果某项交易或事项按照企业会计准则规定应计入所有者权益，由该交易或事项产生的递延所得税资产或递延所得税负债及其变化亦应计入所有者权益，不构成利润表中的递延所得税费用（或收益）。

（三）所得税费用

在计算确定了当期所得税及递延所得税以后，利润表中应予以确认的所得税费用为两者之和，即：

所得税费用=当期所得税 ± 递延所得税费用（或收益）

【工作实例 12-5】甲公司 2016 年度利润表中利润总额为 1 000 万元，该公司适用的所得税税率为 25%，所得税采用资产负债表债务法进行核算。2009 年发生的有关交易或事项中，会计处理与税收处理存在的差别有：

（1）2015 年 12 月取得一项固定资产，成本为 600 万元，使用年限为 10 年，净残值为零，会计上按双倍余额递减法计提折旧，税收按平均年限法计提折旧。假定税法规定的使用年限与净残值与会计规定相同。

（2）向某公司赞助 100 万元现金。

（3）应付违法经营罚款 30 万元。

（4）期末对持有的存货计提了 50 万元的存货跌价准备。

（5）2016 年 1 月 12 日取得某项无形资产，取得成本为 400 万元，企业根据各方面情况判断，无法合理预计其为企业带来未来经济利益的期限，将其视为使用寿命不确定的无形资产。2016 年 12 月 31 日，为该项无形资产进行减值测试表明未发生减值。甲公司在计税时，对该项无形资产按照 10 年的期限摊销，有关金额允许在税前扣除。

根据以上资料，分析计算如下。

（1）2016 年度当期应交所得税：

应纳税所得额=1 000+（600×20%−600÷10）+100+30+ 50+（0−400÷10）=1 200（万元）

应交所得税=1 200×25%=300（万元）

（2）2016 年度递延所得税：

该公司 2016 年度资产负债表相关项目金额及其计税基础如表 12-1 所示。

表 12-1 资产负债表相关项目账面价值、计税基础及差异确认　　单位：元

项　目	账面价值	计税基础	差　异	
			应纳税暂时性差异	可抵扣暂时性差异
存货	3 000 000	3 500 000		500 000
固定资产原价	6 000 000	6 000 000		
减：累计折旧	1 200 000	600 000		
固定资产减值准备	0	0		

续表

项　　目	账面价值	计税基础	差　　异	
			应纳税暂时性差异	可抵扣暂时性差异
固定资产账面价值	4 800 000	5 400 000		600 000
无形资产	4 000 000	4 000 000		
减：累计摊销	0	400 000		
无形资产账面价值	4 000 000	3 600 000	400 000	
其他应付款	300 000	300 000		
合　　计			400 000	1 100 000

递延所得税=40×25%−110×25%=−17.5（万元）

（3）利润表中应确认的所得税费用：

所得税费用=300−17.5=282.5（万元）

借：递延所得税资产　　275 000

　　所得税费用　　2 825 000

　　贷：应交税费——应交所得税　　3 000 000

　　　　递延所得税负债　　100 000

【小思考】

在上述会计分录中，“递延所得税资产”与“递延所得税负债”科目发生额可以相互抵消吗？为什么？

项目小结

所得税会计是指研究如何处理按照会计准则和制度计算的税前会计利润与按税法计算的应税所得之间差异的会计理论和方法。由于会计准则或制度与税法在收益、费用或损失的确认和计量原则方面的不同，而导致按照会计制度计算的税前会计利润与按照税法规定计算的应税所得之间的差异，称为永久性差异和时间性差异。在会计核算中，对永久性差异和时间性差异可以采用两种不同的方法进行处理，即应付税款法和纳税影响会计法。

资产负债表债务法是从资产负债表出发，通过比较资产负债表上列示的资产、负债，按照企业会计准则规定确定的账面价值与按照税法规定确定的计税基础。对于两者之间的差额，分别确认相关的递延所得税负债与递延所得税资产，并在此基础上确定每一期间利润表中的所得税费用。采用资产负债表债务法，最重要的是确认资产、负债的计税基础。因资产或负债的账面价值与其计税基础之间的差额，称为暂时性差异，包括应纳税暂时性差异和可抵扣暂时性差异。在资产负债表日，企业应分别计算应纳税暂时性差异和可抵扣暂时性差异，据此确定递延所得税资产或递延所得税负债。将当期所得税和递延所得税费用（或收益）汇总计算所得税费用，列示在利润表中。

复习思考题

1. 什么是时间性差异和永久性差异？它们是如何产生的？
2. 什么是暂时性差异？暂时性差异与时间性差异是否相同？
3. 资产的计税基础和负债的计税基础是如何确定的？
4. 在资产负债表债务法下，所得税会计核算程序由哪些步骤组成？
5. 递延所得税资产和递延所得税负债是如何确认和计量的？
6. 当期所得税与当期应交所得税是什么关系？
7. 在利润表中，所得税费用由哪些内容组成？
8. 在资产负债表债务法，如果适用的税率发生变更，会计上应如何处理？

项目十三

收入、费用和利润的核算

知识学习目标

- 熟悉收入、费用和利润的概念；
- 掌握商品销售收入、提供劳务收入和让渡资产使用权收入的确认和计量；
- 掌握费用的特征、主要内容和会计处理；
- 掌握利润的构成，营业外收入和营业外支出的内容和会计处理；
- 掌握本年利润的会计处理，掌握利润分配的程序和会计处理。

能力学习目标

- 能运用收入会计准则正确确认和计量企业当期收入；
- 能正确核算企业发生的各项费用，及时提供成本费用信息；
- 能正确计算企业利润，结合企业利润分配政策对企业利润进行分配。

工作任务

- 产品销售收入的核算；劳务收入的核算；期间费用的核算；税金及附加的核算；利润形成的核算；利润分配的核算。

项目引例

2016年，东方公司实现净利润500万元。2017年3月28日东方公司召开董事会，研究利润分配方案。由于2008年爆发全球金融危机，导致全球实体企业经济效益持续低迷，中国经济走势呈现出“L”形。由于企业经营状况不景气，银行贷款要求更加严格，企业筹资难度加大且筹资成本也将上升。为此，董事会一致认为：对于2016年实现的净利润应提高留存的比例，尽量不分红或少分红。

提出问题：

（1）企业会计准则规定的利润分配的项目有哪些?

（2）企业利润分配项目是否可以理解为积累和消费之间的关系?

（3）董事会提出的利润分配方案是否具有法定效力?

（4）对于董事会提出的利润分配方案，会计上是否可以进行会计处理?

带着这些问题，让我们进入本项目的学习领域。

任务一 收入的核算

一、收入概述

（一）收入的概念和特征

收入是指企业在日常活动中形成的、会导致所有者权益增加的、与所有者投入资本无关的经济利益的总流入。收入具有以下特征：

（1）收入是企业在日常活动中形成的经济利益的总流入；

（2）收入会导致企业所有者权益的增加；

（3）收入与所有者投入资本无关。

（二）收入的分类

1. 按企业从事日常活动的性质不同分类

收入按企业从事日常活动的性质不同可分为销售商品收入、提供劳务收入和让渡资产使用权收入。

（1）销售商品收入是指企业通过销售商品实现的收入。这里的商品包括企业为销售而生产的产品和为转售而购进的商品，企业销售的其他存货，如原材料、周转材料等也视同商品。

（2）提供劳务收入是指企业通过提供劳务实现的收入，比如企业通过提供旅游、运输、咨询、代理、培训、产品安装等劳务所实现的收入。

（3）让渡资产使用权收入是指企业通过让渡资产使用权实现的收入。让渡资产使用权收入包括利息收入和使用费收入。利息收入主要是指金融企业对外贷款形成的利息收入，以及同业之间发生往来形成的利息收入等。使用费收入主要是指企业转让无形资产的使用权形成的使用费收入。企业对外出租固定资产收取的租金、进行债权投资收取的利息、进行股权投资取得的现金股利等，也构成让渡资产使用权收入。

2. 按企业经营业务的主次不同分类

收入按企业经营业务的主次不同分为主营业务收入和其他业务收入。

（1）主营业务收入是指企业为完成其经营目标所从事的经常性活动实现的收入。主营业务收入一般占企业总收入的较大比重，对企业的经济效益产生较大影响。不同行业企业的主营业务收入所包括的内容不同，比如工业企业的主营业务收入主要包括销售商品、自制半成品、代制品、代修品、提供工业性劳务等实现的收入；商业企业的主营业务收入主要包括销售商品实现的收入；咨询公司的主营业务收入主要包括提供咨询服务实现的收入；安装公司的主营业务收入主要包括提供安装服务实现的收入。

企业实现的主营业务收入通过“主营业务收入”科目核算，并通过“主营业务成本”科目核算为取得主营业务收入而配比的相关成本。

（2）其他业务收入是指企业为完成其经营目标所从事的与经常性活动相关的活动实现的收入。其他业务收入属于企业日常活动中次要交易实现的收入，一般占企业总收入的比重较小。不同行业企业的其他业务收入所包括的内容不同，比如工业企业的其他业务收入主要包括对外销售材料、对外出租包装物、商品或固定资产、对外转让无形资产使用权、对外进行权益性投资取得现金股利或债权性投资取得利息、提供非工业性劳务等实现的收入。

企业实现的原材料销售收入、包装物租金收入、固定资产租金收入、无形资产使用费收入等通过“其他业务收入”科目；企业进行权益性投资或债权性投资取得的现金股利收入和利息收入通过“投资收益”科目核算。通过“其他业务收入”科目核算的其他业务收入，需通过“其他业务成本”科目核算为取得其他业务收入发生的相关成本。

二、销售商品收入的确认与计量

（一）销售商品收入的确认

销售商品收入同时满足下列条件的才能予以确认：

（1）企业已将商品所有权上的主要风险和报酬转移给购货方；

（2）企业既没有保留通常与所有权相联系的继续管理权，也没有对已售出的商品实施有效控制；

（3）收入的金额能够可靠计量；

（4）相关经济利益很可能流入企业；

（5）相关的已发生的或将发生的成本能够可靠计量。

【小思考】

怎样理解销售商品收入的确认条件？

（二）销售商品收入金额的确定

企业销售商品满足收入确认条件时，应当按照已收或应收合同或协议价款的公允价值确定销售商品收入金额。在通常情况下，从购货方已收或应收的合同或协议价款（为其公允价值）应当以此确定销售商品收入的金额。但是，在涉及现金折扣、商业折扣、销售折让时，销售商品收入金额的确定方法如下：

1. 现金折扣

现金折扣是指债权人为鼓励债务人在规定的期限内付款而向债务人提供的债务扣除。现金折扣一般用符号（折扣率/付款期限）表示，如 1/10、2/20、*N*/30。企业销售商品涉及现金折扣的，应当按照扣除现金折扣前的金额确定销售商品收入金额。现金折扣在实际发生时，计入当期财务费用。在计算现金折扣时，还应注意销售方是按不包含增值税的价款提供现金折扣，还是按包含增值税的价款提供现金折扣。在两种情况下，购买方享有的折扣金额不同。

2. 商业折扣

商业折扣是指企业为促进商品销售而在商品标价上给予的价格扣除。企业销售商品涉及商业折扣的，应当按照扣除商业折扣后的金额确定销售商品收入金额。

3. 销售折让

销售折让是指企业因售出商品的质量不合格等原因而在售价上给予的减让。销售折让如发生在确认销售收入之前，则应在确认销售收入时直接按扣除销售折让后的金额确认。已确认销售收入的售出商品发生销售折让，且不属于资产负债表日后事项的，应在发生时冲减当期销售商品收入。如按规定允许扣减增值税税额的，还应冲减已确认的应交增值税销项税额。

三、商品销售收入的会计处理

知识链接

企业确认商品销售收入的类型

在进行销售商品的会计处理时，首先要考虑销售商品收入是否符合收入确认条件。符合规定的五个确认条件的，企业应及时确认收入，并结转相关销售成本。企业判断销售商品收入满足确认条件的，应当提供确凿的证据。在通常情况下，销售商品采用托收承付方式的，在办妥托收手续时确认收入。交款提货销售商品的，在开出发票账单收到货款时确认收入。交款提货销售商品是指购买方已根据企业开出的发票账单支付货款、并取得提货单的销售方式。在这种方式下，购货方支付货款取得提货单、企业尚未交付商品，销售方保留的是商品所有权上的次要风险和报酬，商品所有权上的主要风险和报酬已经转移给购货方，通常应在开出发票账单收到货款时确认收入。

（一）一般销售商品业务

1. 现销业务和赊销业务

现销业务是指商品销售的同时就可以收回货款，这种方式比较常见。赊销业务指的是商品销售的同时不能及时收回货款，这种方式具有一定的风险，但是可以在一定程度上扩大企业的销售额。赊销商品时通常采用托收承付、委托收款等方式结算货款。

【工作实例 13-1】大江公司属于增值税一般纳税人，本月商品销售情况如下：

（1）向甲公司销售一批产品，销售价格为 56 000 元，增值税额为 9 520 元，价税款收到转账支票，当日送存银行。该批商品的销售成本为 47 000 元。

（2）向乙公司销售一批产品，销售价格为 72 100 元，增值税额为 12 257 元。商品当日发出，货款办妥托收手续。该批商品的销售成本为 55 700 元。

（3）向丙公司销售一批产品，销售价格为 41 800 元，增值税额为 7 106 元。以库存现金支付代垫运费 444 元。商品当日发出，收到购买方出具的面值 49 350 元的商业承兑汇票一张。该批商品的销售成本为 33 800 元。

任务处理如下。

（1）向甲公司销售商品时：

借：银行存款	65 520	
贷：主营业务收入		56 000
应交税费——应交增值税（销项税额）		9 520
借：主营业务成本	47 000	
贷：库存商品		47 000

（2）向乙公司销售商品时：

借：应收账款	84 357	
贷：主营业务收入		72 100
应交税费——应交增值税（销项税额）		12 257
借：主营业务成本	55 700	
贷：库存商品		55 700

（3）向丙公司销售商品时：

借：应收票据	49 350	
贷：主营业务收入		41 800
应交税费——应交增值税（销项税额）		7 106
库存现金		444
借：主营业务成本	33 800	
贷：库存商品		33 800

【小思考】

为什么企业代垫运费不进行增值税处理?

2. 商品销售中的现金折扣、商业折扣、销售折让的处理

【工作实例 13-2】黄山公司 3 月 8 日销售商品一批，增值税专用发票上注明价款 20 000 元，增值税 3 400 元，成本为 16 000 元。为及时收回货款，对甲公司开出了“2/10; *n*/30”的付款条件。现金折扣不考虑增值税因素。

任务处理如下。

（1）3 月 8 日销售实现时：

借：应收账款	23 400	
贷：主营业务收入		20 000
应交税费——应交增值税（销项税额）		3 400
借：主营业务成本	16 000	
贷：库存商品		16 000

（2）假定 3 月 18 日收到货款时：

借：银行存款	23 000	
财务费用	400	
贷：应收账款		23 400

（3）假定 4 月 8 日收到货款时：

借：银行存款	23 400	
贷：应收账款		23 400

【工作实例 13-3】大江公司现有一批商品，每件商品的标价为 200 元（不含增值税），每件成本为 140 元。由于节日来临，企业为了促销，将该批商品给予客户 20%的商业折扣。3 月 12 日共销售该商品 50 件，货款已存入银行。会计分录如下：

借：银行存款	9 360	
贷：主营业务收入		8 000
应交税费——应交增值税（销项税额）		1 360
借：主营业务成本	7 000	
贷：库存商品		7 000

【小思考】

比较现金折扣和商业折扣的会计处理，它们在销售入账金额、会计分录上有什么区别？

【工作实例 13-4】大江公司属于增值税一般纳税人。有关销售业务如下：

（1）12 月 5 日销售一批产品给甲公司，价款 20 000 元，增值税 3 400 元，已确认销售收入，成本为 15 000 元。

（2）12 月 12 日，甲公司发回反馈信息，反映该批商品一部分存在质量问题，要求在原价款上给予 10%的折让，经大江公司审查，情况属实，同意折让。

（3）12 月 25 日收到价款。

任务处理如下。

（1）12 月 5 日确认销售收入时：

借：应收账款　　23 400

　　贷：主营业务收入　　20 000

　　　　应交税费——应交增值税（销项税额）　　3 400

借：主营业务成本　　15 000

　　贷：库存商品　　15 000

（2）12 月 12 日发生销售折让时：

借：主营业务收入　　2 000

　　应交税费——应交增值税（销项税额）　　340

　　贷：应收账款　　2 340

（3）12 月 25 日实际收到款项时：

借：银行存款　　21 060

　　贷：应收账款　　21 060

（二）销货退回

知识链接

销货退回的会计规定

企业售出的商品由于质量、品种不符合要求等原因而发生的销售退回，应分别不同情况进行会计处理：

（1）尚未确认销售商品收入的售出商品发生销售退回的，将已记入“发出商品”科目的商品成本金额转入“库存商品”科目即可。

（2）已确认销售商品收入的售出商品发生销售退回的，除属于资产负债表日后事项外，一般应在发生时，冲减当期销售商品收入同时冲减当期销售商品成本。如该项销售退回已发生现金折扣的，应同时调整相关财务费用的金额。

【工作实例 13-5】大江公司于 5 月 2 日销售一批商品给丙公司，价款 30 000 元，增值税额为 5 100 元，款项没有收到。该批商品的成本 16 000 元已于上月末结转。7 月 10 日，该批商品由于重大的质量问题被丙公司退回。

任务处理如下。

借：主营业务收入　　30 000
　　应交税费——应交增值税（销项税额）　　5 100
　　贷：应收账款　　35 100

同时：

借：库存商品　　16 000
　　贷：主营业务成本　　16 000

（三）委托代销商品的会计处理

企业代销商品主要有两种方式：视同买断方式和收取手续费的方式。现分别对两种方式的代销商品进行介绍。

1. 视同买断方式

视同买断方式代销商品是指由委托方和受托方签订协议，委托方按照协议的价格收取代销商品的货款，实际售价则由受托方来制定，实际售价和协议售价之间的差额归受托方所有的一种代销商品形式。

如果委托方和受托方之间的协议明确标明，受托方在取得代销商品后，无论商品是否能够卖出、是否获利，均与委托方无关，那么委托方和受托方之间的代销商品交易与销售商品没有实质区别。在符合销售商品收入确认条件时，委托方作为销售处理，受托方作为购进商品处理。如果委托方和受托方之间的协议明确标明，受托方可以随时将未出售的代销商品退回委托方，或受托方代销发生亏损能要求委托方给予补偿，则委托方在发出商品时不确认收入，受托方也不作购进处理。待受托方将商品售出后，并向委托方开具代销清单，委托方在收到代销清单时才确认销售收入。

知识链接

委托代销业务的会计科目

由于委托代销业务特别，在会计上应设置“发出商品”、“受托代销商品”、“受托代销商品款”科目进行核算。如果企业把这项业务作为代理业务单独核算，也可以设置“委托代销商品”、“代理业务资产”、“代理业务负债”科目进行核算。两类科目设置不要混乱使用。

【工作实例 13-6】杉杉公司 6 月 2 日委托 A 公司代销 B 商品 100 件，该商品每件的成本是 20 元。双方的协议价是 50 元。增值税税率为 17%。A 公司的对外售价是 70 元/件。6 月 2 日代销商品发出，7 月 25 日，A 公司向杉杉公司开出“代销商品清单”，全部商品销售完毕。

杉杉公司的会计处理如下。

（1）6 月 2 日发出商品时：

借：发出商品	2 000	
贷：库存商品		2 000

（2）7 月 25 日收到“代销商品清单”时：

借：应收账款	5 850	
贷：主营业务收入		5 000
应交税费——应交增值税（销项税额）		850
借：主营业务成本	2 000	
贷：发出商品		2 000

（3）当杉杉公司收到款项时：

借：银行存款	5 850	
贷：应收账款		5 850

A 公司的会计处理如下。

（1）6 月 2 日收到代销商品时：

借：受托代销商品	5 000	
贷：受托代销商品款		5 000

（2）7 月 25 日实现销售收入时：

借：银行存款	8 190	
贷：主营业务收入		7 000
应交税费——应交增值税（销项税额）		1 190
借：主营业务成本	5 000	
贷：受托代销商品		5 000
借：受托代销商品款	5 000	
贷：应付账款		5 000

（3）A 公司支付款项时：

借：应付账款	5 000	
应交税费——应交增值税（进项税额）	850	

贷：银行存款 5 850

2. 收取手续费的方式

收取手续费的方式代销商品是指委托方与受托方签订协议，商品销售的价格由委托方来确定，受托方只负责销售，当销售完毕后按照约定受托方向委托方收取一定的手续费用，这种手续费用实际上是一种劳务收入。委托方在发出商品给受托方时，由于没有彻底转让商品的风险和报酬，所以在当时不能确认收入，只有在受托方开具代销清单，并收到此清单时才能确认销售收入。受托方在商品销售后，按照收取的手续费确认收入。

【工作实例 13-7】大江公司和大海公司均为增值税一般纳税人，适用的增值税税率为 17%。大江公司委托大海公司代销一批商品，有关资料如下：

（1）委托协议规定：委托代销 B 商品 100 件，该商品每件的成本是 20 元。双方的协议价中约定大海公司对外售价是 50 元/件。大江公司按照售价 10%支付手续费。

（2）大江公司 8 月 2 日发出代销商品。

（3）9 月 25 日，大海公司向大江公司开出“代销商品清单”，全部商品销售完毕。

（4）9 月 30 日，大海公司扣除代销手续费后支付代销款。

大江公司的会计处理如下。

（1）8 月 2 日发出商品时：

借：发出商品 2 000

　　贷：库存商品 2 000

（2）9 月 25 日收到清单时：

借：应收账款 5 850

　　贷：主营业务收入 5 000

　　　　应交税费——应交增值税（销项税额） 850

借：主营业务成本 2 000

　　贷：发出商品 2 000

借：销售费用 500

　　贷：应收账款 500

（3）9 月 30 日收到款项时：

借：银行存款 5 350

　　贷：应收账款 5 350

大海公司的会计处理如下。

（1）8 月 2 日收到代销商品时：

借：受托代销商品 5 000

　　贷：受托代销商品款 5 000

（2）9月25日实现销售收入时：

借：银行存款　　5 850

　　贷：应付账款　　5 000

　　　　应交税费——应交增值税（销项税额）　　850

借：应交税费——应交增值税（进项税额）　　850

　　贷：应付账款　　850

（3）确认手续费收入，同时冲销受托代销商品与受托代销商品款：

借：应付账款　　500

　　贷：主营业务收入（或其他业务收入）　　427.35

　　　　应交税费——应交增值税（进项税额）　　72.65

借：受托代销商品款　　5 000

　　贷：受托代销商品　　5 000

（4）9月30日当支付货款时：

借：应付账款　　5 350

　　贷：银行存款　　5 350

知识链接

采用委托代销收取手续费的税务处理

根据《国家税务总局关于商业企业向货物供应方收取的部分费用征收流转税问题的通知》（国税发〔2004〕136号）规定：

1．商业企业向供货方收取的部分收入，按照以下原则征收增值税。

（1）对商业企业向供货方收取的与商品销售量、销售额无必然联系，且商业企业向供货方提供一定劳务的收入，如进场费、广告促销费、上架费、展示费、管理费等，不属于平销返利，不冲减当期增值税进项税金。

（2）对商业企业向供货方收取的与商品销售量、销售额挂钩（如以一定比例、金额、数量计算）的各种返还收入，均应按照平销返利行为的有关规定冲减当期增值税进项税金。

2．商业企业向供货方收取的各种收入，一律不得开具增值税专用发票。

3．应冲减进项税金的计算公式调整如下。

当期应冲减进项税金=当期取得的返还资金/（1+所购货物适用增值税税率）×所购货物适用增值税税率

（四）预收款销售

在预收款销售方式下，销售方只有将商品发出，才能确认收入。在预先收取款项时不能确认为收入，只能作为负债来处理。

【工作实例 13-8】大江公司于 11 月 10 日与 A 公司签订协议，大江公司采用预收款的方式向 A 公司销售商品一批，价款 100 000 元，增值税税额为 17 000 元，协议约定 A 公司预先支付款项 50 000 元，余款在下月 10 日支付，同时发出商品。

大江公司的会计处理如下。

（1）大江公司收到预付款时：

借：银行存款	50 000	
贷：预收账款		50 000

（2）12 月 10 日收到余款发出商品时：

借：银行存款	67 000	
贷：预收账款		67 000
借：预收账款	117 000	
贷：主营业务收入		100 000
应交税费——应交增值税（销项税额）		17 000

（五）销售原材料、出租包装物等其他业务收入的处理

企业在日常活动中，还可能发生对外销售不需用的原材料、随同商品对外销售单独计价的包装物等业务。企业销售原材料、包装物等存货，也视同商品销售，其收入确认和计量原则比照商品销售处理。企业销售原材料、包装物等存货实现的收入以及结转的相关成本通过“其他业务收入”、“其他业务成本”科目核算。

【小思考】

企业发生的其他业务所获得的收入都在“其他业务收入”科目核算吗?

【工作实例 13-9】B 公司销售多余的材料一批，价款 6 000 元，增值税 1 020 元，价款已经收到。该批材料的实际成本为 5 000 元。

任务处理如下：

借：银行存款	7 020	
贷：其他业务收入		6 000
应交税费——应交增值税（销项税额）		1 020
借：其他业务成本	5 000	
贷：原材料		5 000

（六）税金及附加的处理

企业在销售商品的过程中按照税法的规定必须交纳消费税、城市维护建设税、教育费附加等税费。企业计算出的税金及附加应通过“税金及附加”科目核算。

【小思考】

查阅项目九中有关应交税费方面的资料，找出哪些税费应通过“税金及附加”科目核算？其计算依据各是什么？

【工作实例 13-10】某公司在月末经过计算本月需交纳的城市建设维护税和教育附加分别是 1 400 元、600 元。则会计处理为：

借：税金及附加　　2 000

　　贷：应交税费——应交城市建设维护税　　1 400

　　　　　　　　——教育附加费　　600

四、提供劳务收入的核算

企业提供劳务的种类很多，如旅游、运输、饮食、广告、咨询、代理、培训、产品安装等。有的劳务一次就能完成，且一般为现金交易，如餐饮、理发、照相等；有的劳务需要花费一段较长的时间才能完成，如安装、旅游、培训、远洋、运输等。企业提供劳务收入的会计处理，因劳务完成时间的不同而不同。

企业对外提供劳务所实现的收入以及结转的相关成本，如属于企业的主营业务应通过“主营业务收入”、“主营业务成本”等科目核算。如属于主营业务以外的其他经营活动，应通过“其他业务收入”、“其他业务成本”等科目核算。企业对于持续一段时间的提供劳务所发生的支出，一般先通过“劳务成本”科目予以归集，待确认为费用时再由“劳务成本”科目转入“主营业务成本”或“其他业务成本”科目。

（一）在同一会计期间内开始并完成的劳务

对于一次就能完成的劳务或在同一会计期间内开始并完成的劳务，应在提供劳务交易完成时确认收入，确认的金额通常为从接受劳务方已收或应收的合同或协议价款，确认原则与销售商品收入的相同。

【工作实例 13-11】某企业于 2016 年 4 月 15 日接受一项设备安装任务。该安装任务可在 5 日内完成。合同总收入 6 000 元在完成安装任务时存入银行。安装设备发生安装人员工资 1 400 元，领用材料 800 元，以现金支付其他费用 300 元。会计处理如下：

借：银行存款　　6 000

贷：主营业务收入 6 000

借：主营业务成本 2 500

贷：应付职工薪酬 1 400

原材料 800

库存现金 300

（二）劳务的开始和完成分属不同的会计期间

1. 提供劳务交易结果能够可靠计量

如劳务的开始和完成分属不同的会计期间，且企业在资产负债表日提供劳务交易的结果能够可靠估计的，应采用完工百分比法。完工百分比法是指按照提供劳务交易的完工进度确认收入与费用的方法。确认提供劳务收入同时满足下列条件的：

（1）提供劳务交易的结果能够可靠估计。

（2）收入的金额能够可靠地计量。

（3）相关的经济利益很可能流入企业。

（4）交易的完工进度能够可靠地确定。

（5）交易中已发生和将发生的成本能够可靠地计量。

知识链接

提供劳务交易的完工进度确定方法

企业可以根据提供劳务的特点，选用下列方法确定提供劳务交易的完工进度：

（1）已完工作的测量。这是一种比较专业的测量方法，由专业测量师对已经提供的劳务进行测量，并按一定方法计算确定提供劳务交易的完工程度。

（2）已经提供的劳务占应提供劳务总量的比例。这种方法主要以劳务量为标准确定提供劳务交易的完工程度。

（3）已经发生的成本占估计总成本的比例。这种方法主要以成本为标准确定提供劳务交易的完工程度，而且只有反映已提供或将提供劳务的成本才能包括在估计总成本中。

采用完工百分比法时，企业应当在资产负债表日按照提供劳务收入总额乘以完工进度，扣除以前会计期间累计已确认提供劳务收入后的金额确认当期提供劳务收入；同时按照提供劳务估计总成本乘以完工进度，扣除以前会计期间累计已确认劳务成本后的金额结转当期劳务成本。用公式表示如下：

本期确认的收入=劳务总收入×本期末止劳务的完工进度–以前期间已确认的收入

本期确认的费用=劳务总成本×本期末止劳务的完工进度–以前期间已确认的成本

【工作实例 13-12】A 公司与 B 公司签订劳务合同，期限 6 个月。有关资料如下：

（1）合同中的劳务收入总金额为 500 000 元，企业按照实际发生的成本占总成本的百分比来确认劳务完工进度。

（2）2016 年 8 月预收款项 300 000 元，存入银行。

（3）2016 年 8~12 月，实际发生了各种费用 100 000 元，其中包含工资费用 80 000 元，其他费用 20 000 元。

（4）预计在 2017 年还会发生各种费用 300 000 元。

（5）应税劳务的增值税税率为 6%。

A 公司任务处理如下。

劳务合同的完工百分比=100 000÷（100 000+300 000）×100%=25%

2016 年确认的劳务收入=500 000×25%=125 000（元）

（1）收到预收款时：

借：银行存款	300 000	
贷：预收账款		300 000

（2）发生劳务成本时：

借：劳务成本	100 000	
贷：应付职工薪酬		80 000
银行存款		20 000

（3）2016 年确认劳务收入并结转劳务成本时：

借：预收账款	125 000	
贷：主营业务收入		117 924.53
应交税费——应交增值税（销项税额）		7 075.47
借：主营业务成本	100 000	
贷：劳务成本		100 000

2. 提供劳务交易结果不能可靠计量

如劳务的开始和完成分属不同的会计期间，且企业在资产负债表日提供劳务交易结果不能可靠估计的，不能采用完工百分比法确认提供劳务收入。此时，企业应当正确预计已经发生的劳务成本能否得到补偿，分别下列情况处理：

（1）已经发生的劳务成本预计全部能够得到补偿的，应按已收或预计能够收回的金额确认提供劳务收入，并结转已经发生的劳务成本。

（2）已经发生的劳务成本预计部分能够得到补偿的，应按能够得到补偿的劳务成本金额确认提供劳务收入，并结转已经发生的劳务成本。

（3）已经发生的劳务成本预计全部不能得到补偿的，应将已经发生的劳务成本计入当期损益（主营业务成本或其他业务成本），不确认提供劳务收入。

五、让渡资产使用权收入的核算

让渡资产使用权的使用费收入主要是指企业转让无形资产等资产的使用权形成的使用费收入。出租固定资产取得的租金、进行债权投资收取的利息、进行股权投资取得的现金股利等，也构成让渡资产使用权的使用费收入。这些内容都已在金融资产、长期股权投资、固定资产、无形资产等章节中做了介绍，在此不再重述。

任务二 费用的核算

一、费用的概念及内容

费用是指企业在日常活动中发生的、会导致所有者权益减少的、与向所有者分配利润无关的经济利益的总流出。企业的费用包括成本费用和期间费用。成本费用一般包括主营业务成本、其他业务成本、税金及附加等项目；期间费用包括销售费用、管理费用和财务费用等。

（一）主营业务成本

主营业务成本是指企业确认销售商品、提供劳务等主营业务收入时应结转的成本。企业一般在确认销售商品、提供劳务等主营业务收入时，或在月末将已销售商品已提供劳务的成本结转入主营业务成本。

（二）其他业务成本

其他业务成本是指企业确认的除主营业务活动以外的其他经营活动所发生的成本，包括销售材料的成本、出租固定资产的折旧额、出租无形资产的摊销额、出租包装物的成本或摊销额等。

（三）税金及附加

税金及附加是指企业经营活动应负担的相关税费，包括消费税、城市维护建设税、资源税和教育费附加等。

（四）销售费用

销售费用是指企业在销售商品和材料、提供劳务过程中发生的各项费用，包括保险费、包装费、展览费和广告费、商品维修费、预计产品质量保证损失、运输费、装卸费等，以及为销售本企业商品而专设的销售机构（含销售网点、售后服务网点等）的职工薪酬、业务费、折旧费等经营费用。企业发生的与专设销售机构相关的固定资产修理费用等后续支出，应在发生时计入销售费用。

（五）管理费用

管理费用是指企业为组织和管理生产经营活动而发生的各种管理费用，包括企业在筹建期间发生的开办费、董事会和行政管理部门在企业的经营管理中发生的或者应由企业统一负担的公司经费。还包括行政管理部门职工薪酬、物料消耗、低值易耗品摊销、办公费和差旅费等，工会经费、董事会费（包括董事会成员津贴、会议费和差旅费等）、聘请中介机构费、咨询费（含顾问费）、诉讼费、业务招待费、房产税、车船税、城镇土地使用税、印花税、技术转让费、矿产资源补偿费、研究费用、排污费等。企业生产车间部门和行政管理部门等发生的固定资产修理费用等后续支出，应在发生时计入管理费用。

管理费用不多的商品流通企业，可不设本科目，相关核算内容可并入“销售费用”科目核算。

（六）财务费用

财务费用是指企业为筹集生产经营所需资金等而发生的筹资费用，包括利息支出减利息收入、汇兑差额以及相关的手续费、企业发生或收到的现金折扣等。

二、费用的会计处理

由于主营业务成本、其他业务成本、税金及附加等费用核算已经在以前章节中进行了阐述，本部分主要介绍期间费用的核算。

（一）销售费用

销售费用是指企业在销售过程中发生的相关费用。为核算销售费用，企业要设置“销售费用”科目，该科目借方登记企业实际发生的销售费用，贷方登记期末结转到本年利润中的销售费用，期末结转后应无余额。企业可按费用项目进行明细核算。

【工作实例 13-13】茂源公司属于增值税一般纳税人，本月发生销售费用如下：

（1）以银行存款支付销售过程中的运费，增值税专用发票上注明的价款 1 000 元，增值税税率为 11%；物流辅助服务增值税专用发票上注明的价款 600 元，增值税税率为 6%。

（2）本月应付专设销售机构经费 23 300 元，其中专设销售机构人员工资 22 800 元，以及以现金支付专设销售机构办公费用 500 元。

（3）与电视台签订合同，以银行存款支付广告宣传费 200 000 元（含税价，增值税税率为 6%）。

任务处理如下。

（1）以银行存款支付销售过程中的运费和物流辅助费用时：

借：销售费用　　1 600

　　应交税费——应交增值税（进项税额）　　146

　　贷：银行存款　　1 746

（2）确认本月应付专设销售机构经费时：

借：销售费用	23 300	
贷：应付职工薪酬		22 800
库存现金		500

（3）以银行存款支付广告费时：

借：销售费用	188 679.25	
应交税费——应交增值税（进项税额）	11 320.75	
贷：银行存款		200 000

（二）管理费用

管理费用是指企业为组织和管理生产经营活动而发生的各种管理费用，包括企业在筹建期间发生的开办费、董事会和行政管理部门在企业的经营管理中发生的或者应由企业统一负担的公司经费。企业应通过“管理费用”科目核算管理费用的发生和结转情况。该科目借方登记企业实际发生的管理费用，贷方登记期末结转到本年利润中的管理费用，期末结转后应无余额。企业可按费用项目进行明细核算。

【工作实例 13-14】茂源公司属于增值税一般纳税人，本年发生管理费用如下：

（1）在筹建期间发生费用 38 000 元，其中人员工资 10 000 元，办公费、培训费、差旅费、印刷费、注册登记费等共计 28 000 元，均用银行存款支付。

（2）购买办公用品 500 元，增值税 85 元。价款以现金支付。

（3）按规定计算出本月应负担的房产税、车船税、城镇土地使用税分别为 500 元、800 元、1 000 元。

（4）办公室李主任实际报销差旅费 4 600 元（其中住宿费开具的增值税发票上注明的增值税 72 元），退回现金 400 元。

（5）以银行存款支付本月发生修理费，增值税专用发票上注明的价款 6 000 元，税款 1 020 元。

任务处理如下。

（1）支付筹建期间相关费用时：

借：管理费用	38 000	
贷：应付职工薪酬		10 000
银行存款		28 000

【小思考】

企业在筹建期间发生的各项费用均计入“管理费用”科目进行核算吗？

项目十三

（2）购买办公用品时：

借：管理费用　500

　　应交税费——应交增值税（进项税额）　85

　　贷：库存现金　585

（3）计算本月应交相关税费时：

借：管理费用　2 300

　　贷：应交税费——应交房产税　500

　　　　　　　　——应交车船税　800

　　　　　　　　——应交城镇土地使用税　1 000

（4）办公室李主任实际报销差旅费时：

借：管理费用　4 528

　　应交税费——应交增值税（进项税额）　72

　　库存现金　400

　　贷：其他应收款　5 000

（5）以银行存款支付本月发生修理费时：

借：管理费用　6 000

　　应交税费——应交增值税（进项税额）　1 020

　　贷：银行存款　7 020

（三）财务费用

财务费用是指企业为筹集生产经营所需资金等而发生的费用，包括利息支出（减利息收入）、汇兑损失（减汇兑收益）、现金折扣以及相关的手续费等。企业在核算财务费用时应设置“财务费用”科目，该科目借方登记企业实际发生的费用，贷方登记期末结转到本年利润中的费用，期末结转后无余额。

【工作实例 13-15】茂源公司属于增值税一般纳税人，本月发生财务费用如下：

（1）本月收到银行结算的存款利息 500 元。

（2）向银行申请银行承兑汇票，发生手续费 106 元（含税）。

（3）计提本月的短期借款利息 8 300 元。

任务处理如下。

（1）本月收到银行存款利息时：

借：银行存款　500

　　贷：财务费用　500

（2）支付手续费时：

借：财务费用　100

应交税费——应交增值税（进项税额） 6
贷：银行存款 106

（3）计提本月的短期借款利息时：

借：财务费用 8 300
贷：应付利息 8 300

【小思考】

在“营改增”后，为什么企业发生借款利息费用不计算增值税？

任务三 利润的核算

一、利润的构成

利润是指企业在一定会计期间的经营成果。利润包括收入减去费用后的净额、直接计入当期利润的利得和损失等。直接记入当期利润的利得和损失是指应当记入当期损益、最终会导致所有者权益增减变动的、与所有者投入资本或者向所有者分配利润无关的利得或损失。正是因为利润的这些构成，所以企业在确认利润的金额时要充分考虑到收入、费用、利得和损失金额的计量，这样才能全面反映企业的经营业绩。

利润的来源构成如下。

（一）营业利润

营业利润=营业收入–营业成本–税金及附加–销售费用–管理费用–财务费用–资产减值损失+公允价值变动收益–公允价值变动损失+投资收益–投资损失

其中：

营业收入是指企业经营业务所确认的收入总额，包括主营业务收入和其他业务收入。

营业成本是指企业经营业务所发生的实际成本总额，包括主营业务成本和其他业务成本。

资产减值损失是指企业计提各项资产减值准备所形成的损失。

公允价值变动收益或损失是指企业交易性金融资产等公允价值变动形成的应计入当期损益的利得或损失。

投资收益或损失是指企业以各种方式对外投资所取得的收益或发生的损失。

（二）利润总额

利润总额=营业利润+营业外收入–营业外支出

其中，营业外收入是指企业发生的与其日常活动无直接关系的各项利得。营业外支出是指企业发生的与其日常活动无直接关系的各项损失。

（三）净利润

净利润=利润总额–所得税费用

其中，所得税费用是指企业确认的应从当期利润总额中扣除的所得税费用。

二、营业外收入和营业外支出的核算

（一）营业外收入

营业外收入是指企业发生的与其日常活动无直接关系的各项利得，主要包括非流动资产处置利得、政府补助、盘盈利得、捐赠利得、确实无法支付而按规定程序经批准后转作营业外收入的应付款项等。

其中：

非流动资产处置利得包括固定资产处置利得和无形资产出售利得。固定资产处置利得是指企业出售固定资产所取得价款或报废固定资产的材料价值和变价收入等扣除处置固定资产的账面价值、清理费用处置相关税费后的净收益。无形资产出售利得是指企业出售无形资产所取得价款扣除出售无形资产的账面价值出售相关税费后的净收益。

政府补助是指企业从政府无偿取得货币性资产或非货币性资产形成的利得。政府补助分为与资产相关的政府补助和与收益相关的政府补助。

知识链接

政府补助的会计规定

政府补助是指企业从政府无偿取得货币性资产或非货币性资产形成的利得，但不包括政府作为企业所有者投入的资本。政府补助通常具有无偿性和附有条件的。政府补助的形式主要包括财政拨款、财政贴息、税收返还等，但不包括税收直接减征、免征、抵扣税额等。

政府补助分为与资产相关的政府补助和与收益相关的政府补助。与资产相关的政府补助是企业取得的、用于购建或以其他方式形成长期资产的政府补助。确认与资产相关的政府补助，借记“银行存款”等科目，贷记“递延收益”科目，分配递延收益时，借记“递延收益”科目，贷记“营业外收入”科目。与收益相关的政府补助是指除与资产相关的政府补助之外的政府补助。企业确认与收益相关的政府补助，借记“银行存款”等科目，贷记“营业外收入”科目，或通过“递延收益”科目分期计入当期损益。

盘盈利得主要是指对于现金等清查盘点中盘盈的现金等，报经批准后计入营业外收入的金额。

捐赠利得是指企业接受捐赠产生的利得。

企业应通过“营业外收入”科目核算营业外收入的取得及结转情况。该科目贷方登记确认的各项营业外收入，借方登记期末结转到本年利润中的数额，期末结转后无余额。该科目应按营业外收入的项目进行明细核算。

【工作实例 13-16】中奥机电公司是一家国有企业，承担国家一项科技攻坚项目，政府对此项目进行资助。有关业务如下：

（1）2016 年 4 月 1 日，政府拨付申奥机电公司 480 万元财政拨款用于购买大型科研设备，并规定结余留归企业自行支配。拨款同日存入公司存款账户。

（2）2016 年 5 月 10 日，申奥机电公司购入大型设备，价款 400 万元，增值税 68 万元。该设备使用寿命为 10 年，采用平均年限法计提折旧。

任务处理如下。

（1）2016 年 4 月 1 日收到政府财政拨款时：

借：银行存款	4 800 000	
贷：递延收益		4 800 000

（2）2016 年 5 月 10 日购买设备时：

借：固定资产	4 000 000	
应交税费——应交增值税（进项税额）	680 000	
贷：银行存款		4 680 000

（3）在设备使用期间内每月计提折旧和分配递延收益时：

借：研发支出	40 000	
贷：累计折旧		40 000
借：递延收益	40 000	
贷：营业外收入		40 000

【学中做 13-1】

假定该固定资产在第 6 年出售，取得价款 80 万元，增值税 13.6 万元。请你编制设备报废、政府补助的相关会计分录。

【工作实例 13-17】某公司接受外单位捐赠 80 000 元，存入银行。

借：银行存款	80 000	
贷：营业外收入		80 000

【工作实例 13-18】某公司应付A客户4 000元确实无法支付，经批准后转作营业外收入。

借：应付账款　　4 000

　　贷：营业外收入　　4 000

【工作实例 13-19】某公司收到国家返还的增值税税额90 000元存入银行。

借：银行存款　　90 000

　　贷：营业外收入　　90 000

（二）营业外支出

营业外支出是指企业发生的与其日常活动无直接关系的各项损失，主要包括非流动资产处置损失、盘亏损失、公益性捐赠支出、非常损失等。

其中，非流动资产处置损失包括固定资产处置损失和无形资产出售损失。固定资产处置损失是指企业出售固定资产所取得价款或报废固定资产的材料价值和变价收入等，不足以抵补处置固定资产的账面价值、清理费用、处置相关税费所发生的净损失。无形资产出售损失是指企业出售无形资产所取得价款不足以抵补出售无形资产的账面价值出售相关税费后所发生的净损失。

盘亏损失主要是指对于财产清查盘点中盘亏的资产在查明原因处理时按确定的损失计入营业外支出的金额。

公益性捐赠支出是指企业对外进行公益性捐赠发生的支出。

非常损失是指企业对于因客观因素（如自然灾害等）造成的损失在扣除保险公司赔偿后应计入营业外支出的净损失。

企业应通过“营业外支出”科目核算营业外支出的发生及结转情况。该科目借方登记确认的各项营业外支出，贷方登记期末结转到本年利润中的数额，期末结转后无余额。该科目应按营业外支出的项目进行明细核算。

【工作实例 13-20】某企业以银行存款支付违法经营罚款14 000元。

借：营业外支出　　14 000

　　贷：银行存款　　14 000

【工作实例 13-21】某公司对外捐赠280 000元，以银行存款支付。

借：营业外支出　　280 000

　　贷：银行存款　　280 000

【小思考】

企业发生的营业外收入和营业外支出是否存在因果关系？

三、本年利润的会计处理

（一）结转本年利润的方法

会计期末结转本年利润的方法有表结法和账结法两种。

1. 表结法

表结法下各损益类科目每月月末只需结计出本月发生额和月末累计余额，不结转到“本年利润”科目。只有在年末时，才将全年累计余额结转入“本年利润”科目，但每月月末要将本月末累计余额填入利润表的“本期金额”栏，通过利润表计算反映各期的利润或亏损。在表结法下，年中损益类科目无须结转入“本年利润”科目，从而减少了转账环节和工作量，同时并不影响利润表的编制及有关损益指标的利用。

2. 账结法

在账结法下，每月月末均需编制转账凭证，将在账上结计出的各损益类科目的余额结转入“本年利润”科目。结转后，“本年利润”科目的本月合计数反映当月实现的利润或发生的亏损，“本年利润”科目的本年累计数反映本年累计实现的利润或发生的亏损。账结法在各月均可通过“本年利润”科目提供当月及本年累计的利润或亏损额，但增加了转账环节和工作量。

（二）结转本年利润的会计处理

企业应设置“本年利润”科目核算企业本年度实现的净利润或发生的净亏损。会计期末，企业应将“主营业务收入”、“其他业务收入”、“营业外收入”等科目的余额分别转入“本年利润”科目的贷方，将“主营业务成本”、“其他业务成本”、“税金及附加”、“销售费用”、“管理费用”、“财务费用”、“资产减值损失”、“营业外支出”、“所得税费用”等科目的余额分别转入“本年利润”科目的借方。企业还应将“公允价值变动损益”、“投资收益”科目的净收益转入“本年利润”科目的贷方；将“公允价值变动损益”、“投资收益”科目的净损失转入“本年利润”科目的借方。结转后，“本年利润”科目如为贷方余额，表示当年实现的净利润；如为借方余额，表示当年发生的净亏损。

年度终了，企业还应将“本年利润”科目的本年累计余额转入“利润分配——未分配利润”科目。如本年利润为贷方余额，借记“本年利润”科目，贷记“利润分配——未分配利润”科目；如为借方余额，做相反的会计分录。结转后，本年利润科目应无余额。

【工作实例 13-22】A 公司 2016 年 12 月 31 日的各损益类账户资料见表 13-1。

表 13-1　A 公司 2016 年 12 月 31 日损益类账户资料　　单位：元

账户名称	全年累计净发生额	
	借　方	贷　方
主营业务收入		2 800 000
其他业务收入		500 000
投资收益		60 000
营业外收入		70 000
主营业务成本	2 000 000	
其他业务成本	200 000	
管理费用	220 000	
销售费用	80 000	
财务费用	28 000	
资产减值损失	12 000	
营业外支出	20 000	
所得税费用	550 000	
合　计	3 110 000	3 430 000

则 A 公司在 2016 年结转本年利润的会计分录如下。

（1）结转各损益类账户的发生额到“本年利润”账户（假定采用表结法）：

借：主营业务收入　　2 800 000
　　其他业务收入　　500 000
　　投资收益　　60 000
　　营业外收入　　70 000
　　贷：本年利润　　3 430 000

借：本年利润　　3 110 000
　　贷：主营业务成本　　2 000 000
　　　　其他业务成本　　200 000
　　　　管理费用　　220 000
　　　　销售费用　　80 000
　　　　财务费用　　28 000
　　　　资产减值损失　　12 000
　　　　营业外支出　　20 000
　　　　所得税费用　　550 000

（2）结转各损益类账户的发生额到“本年利润”账户：

借：本年利润　　320 000

　　贷：利润分配——未分配利润　　320 000

四、利润分配的会计处理

（一）利润分配程序

利润分配是指企业将本年实现的净利润和以前年度积累的未分配利润，按照国家相关规定、企业章程或企业投资人的决议进行分配的过程，企业在分配的过程中可以按照以下程序进行。

1. 提取法定盈余公积金

法定盈余公积金是从企业的净利润中按照一定的比例提取的，公司法规定企业提取的比例至少为税后利润的10%，当法定盈余公积金累积到公司注册资本的50%时，可以不再提取。

2. 提取任意盈余公积金

企业可以根据需要提取任意盈余公积金，其提取的比例可以依企业的情况而定。

3. 分配给投资者利润或股利

企业提取法定盈余公积金和法定公益金后，根据相关规定向企业的投资者进行分配利润。

（二）利润分配的核算

1. 账户设置

为了正确地、合理地核算企业的利润分配情况，通常应该设置“利润分配”科目，该科目应当分别设置“提取法定盈余公积”、“提取任意盈余公积”、“应付现金股利”、“盈余公积补亏”和“未分配利润”等明细科目。

年度终了，企业应将本年实现的净利润，自“本年利润”科目转入本科目，借记“本年利润”科目，贷记本科目（未分配利润），为净亏损的做相反的会计分录；同时，将“利润分配”科目所属其他明细科目的余额转入本科目“未分配利润”明细科目。结转后，本科目除“未分配利润”明细科目外，其他明细科目应无余额。

【小思考】

“利润分配——未分配利润”科目的作用是什么？

2. 利润分配的核算

【工作实例 13-23】某企业 2016 年度实现税后利润 500 万元。按规定提取 10% 的法定盈余公积金、10%的任意盈余公积金，向投资者分配利润 180 万元。会计处理如下。

（1）结转净利润时：

借：本年利润	5 000 000	
贷：利润分配——未分配利润		5 000 000

（2）分配利润时：

借：利润分配——提取法定盈余公积	500 000	
——提取任意盈余公积	500 000	
——应付现金股利	1 800 000	
贷：盈余公积——法定盈余公积		500 000
——任意盈余公积		500 000
应付股利		1 800 000

（3）将已分配利润结转到“利润分配——未分配利润”科目时：

借：利润分配——未分配利润	2 800 000	
贷：利润分配——提取法定盈余公积		500 000
——提取任意盈余公积		500 000
——应付现金股利		1 800 000

项目小结

收入按企业从事日常活动的性质不同可分为销售商品收入、提供劳务收入和让渡资产使用权收入。收入按企业经营业务的主次不同分为主营业务收入和其他业务收入。

企业销售商品满足收入确认条件时，应当按照已收或应收合同或协议价款的公允价值确定销售商品收入金额。但在涉及现金折扣、商业折扣、销售折让时，销售商品收入金额的确定方法有所不同。

企业提供劳务收入的确认，因劳务完成时间的不同而不同。对于一次就能完成的劳务或在同一会计期间内开始并完成的劳务，采用完成合同法确认收入；对于劳务的开始和完成分属不同的会计期间，且在资产负债表日提供劳务交易的结果能够可靠计量，应采用完工百分比法。

让渡资产使用权的使用费收入，主要是指企业转让无形资产等资产的使用权形成的使用费收入。出租固定资产取得的租金、进行债权投资收取的利息、进行股权投资取得的现金股利等，也构成让渡资产使用权的使用费收入。

企业的费用主要包括主营业务成本、其他业务成本、税金及附加、销售费用、管理费用和财务费用等。通常，我们把销售费用、管理费用和财务费用统称为“期间费用”。

利润是指企业在一定会计期间的经营成果，包括收入减去费用后的净额、直接计入当期利润的利得和损失等。企业应设置“本年利润”科目核算企业本年度实现的净利润或发生的净亏损。企业应严格遵守利润分配的程序，对本年实现的利润进行分配。

复习思考题

1. 如何理解商品销售收入确认条件？为什么销售商品收入应同时符合这些条件？
2. 如何理解商品销售收入确认条件中的“商品所有权上的主要风险和报酬已转移给购买方”？
3. 其他业务收入包括哪些内容？各通过什么科目进行核算？
4. 费用包括哪些内容？为什么主营业务成本和其他业务成本也属于费用？
5. 销货退回的会计处理有哪些情形？分别如何处理？
6. 营业利润包括哪些内容？
7. 利润分配的程序包括哪些步骤？
8. 本年利润的结转方法有哪些？各有什么优缺点？

项目十四

财务会计报告的编制

知识学习目标

- 掌握财务报表的概念和组成；
- 掌握资产负债表的内容格式和编制方法；
- 掌握利润表的内容格式和编制方法；
- 熟悉现金流量表的内容格式和编制方法；
- 熟悉所有者权益变动表的内容格式和编制方法；
- 熟悉会计报表附注的概念和报表重要项目的说明。

能力学习目标

- 运用财务报告的编制方法，正确编制各种会计报表；
- 运用财务报告提供的会计信息，进行分析和研究，对企业财务状况、经营成果和现金流量提出合理化建议；
- 关注报表附注，为报表使用者提供更加相关的会计信息。

工作任务

- 资产负债表的编制；利润表的编制；现金流量表的编制；使用者权益变动表的编制；附注的编制。

项目引例

雷曼兄弟控股公司是全球最具实力的股票和债券承销和交易商之一，同时担任全球多家跨国公司和政府的重要财务顾问，其客户群包括时代华纳、戴尔、富士、IBM、英特尔、美国强生、乐金电子、默沙东医药、摩托罗拉、NEC、百事、住友银行及沃尔玛等全球知名企业。

2008年1月29日，雷曼兄弟公布了其2007年度的财务报告，数据显示公司截至2007年11月30日营业收入接近600亿美元，盈余超过40亿美元。2008年1月其股价飙升到65.73美元/股，股票市值超过300亿美元。然而，2008年9月12日其股价跌至3.65美元/股，市值蒸发近95%。公司不得不于2008年9月15日寻求破产保护，成为美国史上最大的破产案。

从雷曼兄弟2007年年报及2008年季报数据看，雷曼兄弟拥有的资产规模达到7 000亿美元，而对应的净资本仅为250亿美元。另一个不容忽视的事实是，雷曼兄弟多拥有的资产大都是长期资产，而负债则主要由短期融资构成，也就是存在着资产负债的期限不匹配问题。为了满足短期负债的偿还压力，雷曼兄弟每天需要从交易对手中筹集数以千亿的资金来进行日常的交易。雷曼创建了一种“回购105交易”来进行资产负债表的美化。但是，雷曼兄弟在资产负债表中对这些交易只字不提。

提出问题：

（1）企业提供的财务报表包括哪些？

（2）资产负债表能够提供哪些信息？

（3）什么是“回购105交易”？请上网查阅雷曼兄弟案例的资料加以解答。

（4）企业在提供资产负债表时，还需要提供报表项目的说明吗？为什么？

带着这些问题，让我们进入本项目的学习领域。

任务一 资产负债表的编制

一、资产负债表的内容和格式

（一）资产负债表的概念

资产负债表是指反映企业在某一特定日期的财务状况的报表。通过提供资产负债表，可以反映企业在某一特定日期所拥有或控制的经济资源，所承担的现时义务和所有者对净资产的要求权，帮助财务报表使用者全面了解企业的财务状况，分析企业的偿债能力等情况，从而为其作出经济决策提供依据。

【小思考】

为什么我国会计制度把资产负债表作为企业对外报告第1号报表？

（二）资产负债表的内容

资产负债表主要反映资产、负债和所有者权益三方面的内容，并满足“资产=负债+所有者权益”平衡式。

1. 资产

资产负债表中的资产，反映由过去的交易事项形成并由企业在某一特定日期所拥有或控制的、预期会给企业带来经济利益的资源。资产应当按照流动资产和非流动资产两大类别在资产负债表中列示，在流动资产和非流动资产类别下进一步按性质分项列示。

流动资产是指预计在一个正常营业周期中变现、出售或耗用，或者主要为交易目的而持有，或者预计在资产负债表日起一年内（含一年）变现的资产，或者自资产负债表日起一年内交换其他资产或清偿负债的能力不受限制的现金或现金等价物。

知识链接

正常营业周期及其确定

正常营业周期，通常是指企业从购买用于加工的资产起至实现现金或现金等价物的期间。正常营业周期通常短于一年，但是也存在正常营业周期长于一年的情况，如房地产开发企业开发用于出售的房地产开发产品、造船企业制造用于出售的大型船只等。这些企业从购买原材料进入生产到制造出产品、出售并收回现金或现金等价物的过程往往超过一年。在这种情况下，与生产循环相关的产成品、应收账款、原材料，尽管是超过一年才变现出售或耗用，仍应作为流动资产列示。

资产负债表中列示的流动资产项目通常包括货币资金、交易性金融资产、应收票据、应收账款、预付款项、应收利息、应收股利、其他应收款、存货和一年内到期的非流动资产等。

非流动资产是指流动资产以外的资产。资产负债表中列示的非流动资产项目，通常包括长期股权投资、固定资产、在建工程、工程物资、固定资产清理、无形资产、开发支出、长期待摊费用以及其他非流动资产等。

2. 负债

资产负债表中的负债，反映在某一特定日期企业所承担的、预期会导致经济利益流出企业的现时义务。负债应当按照流动负债和非流动负债在资产负债表中进行列示，在流动负债和非流动负债类别下再进一步按性质分项列示。

流动负债是指预计在一个正常营业周期中清偿或者主要为交易目的而持有，或者自资产负债表日起一年内（含一年）到期应予以清偿，或者企业无权自主地将清偿推迟至资产负债表日后一年以上的负债。资产负债表中列示的流动负债项目，通常包括短期借款、应付票据、应付账款、预收款项、应付职工薪酬、应交税费、应付利息、应付股利、其他应付款、一年内到期的非流动负债等。

非流动负债是指流动负债以外的负债。非流动负债项目，通常包括长期借款、应付债券和其他非流动负债等。

3. 所有者权益

资产负债表中的所有者权益是指企业资产扣除负债后的剩余权益，反映企业在某一特定日期股东投资者拥有的净资产的总额。它一般按照实收资本（或股本）、资本公积、其他综合收益、盈余公积和未分配利润分项列示。

（三）资产负债表的格式

我国企业的资产负债表采用账户式结构。账户式资产负债表分左右两方，左方为资产项目，大体按资产的流动性大小排列，流动性大的资产（如"货币资金"、"交易性金融资产"等）排在前面，流动性小的资产（如"长期股权投资"、"固定资产"等）排在后面。右方为负债及所有者权益项目，一般按要求清偿时间的先后顺序排列。"短期借款"、"应付票据"、"应付账款"等需要在一年以内或者长于一年的一个正常营业周期内偿还的流动负债排在前面，"长期借款"、"应付债券"等在一年以上才需偿还的非流动负债排在中间，在企业清算之前不需要偿还的所有者权益项目排在后面。

账户式资产负债表中的资产各项目的合计等于负债和所有者权益各项目的合计，即资产负债表左方和右方平衡。因此，通过账户式资产负债表可以反映资产负债所有者权益之间的内在关系，即"资产=负债+所有者权益"。我国企业资产负债表格式如表 14-1 所示。

表 14-1 资产负债表

会企 01 表

编制单位： 年 月 日 单位：元

资 产	期末余额	年初余额	负债及所有者权益	期末余额	年初余额
流动资产：			流动负债：		
货币资金			短期借款		
以公允价值计量且其变动计入当期损益的金融资产			以公允价值计量且其变动计入当期损益的金融负债		
应收票据			应付票据		
应收账款			应付账款		
预付款项			预收款项		
应收利息			应付职工薪酬		
应收股利			应交税费		
其他应收款			应付利息		
存货			应付股利		
一年内到期的非流动资产			其他应付款		

续表

资　　产	期末余额	年初余额	负债及所有者权益	期末余额	年初余额
其他流动资产			一年内到期的非流动负债		
流动资产合计			其他流动负债		
非流动资产：			流动负债合计		
可供出售金融资产			非流动负债：		
持有至到期投资			长期借款		
长期应收款			应付债券		
长期股权投资			长期应付款		
投资性房地产			专项应付款		
固定资产			预计负债		
在建工程			递延收益		
工程物资			递延所得税负债		
固定资产清理			其他非流动负债		
生产性生物资产			非流动负债合计		
油气资产			负债合计		
无形资产			所有者权益（或股东权益）：		
开发支出			实收资本（或股本）		
商誉			资本公积		
长期待摊费用			减：库存股		
递延所得税资产			其他综合收益		
其他非流动资产			盈余公积		
非流动资产合计			未分配利润		
			所有者权益（或股东权益）合计		
资产总计			负债及所有者权益总计		

单位负责人：　　　　　　财务负责人：　　　　　　会计主管：

二、资产负债表的编制

（一）资产负债表项目的填列方法

资产负债表的各项目均需填列“年初余额”和“期末余额”两栏。

1. “年初余额”的填列方法

资产负债表“年初余额”栏内各项数字，应根据上年末资产负债表的“期末余额”栏内所列数字填列。如果上年度资产负债表规定的各个项目的名称和内容与本年度不一致，应对上年年末资产负债表各项目的名称和数字按照本年度的规定进行调整，填入本表“年初余额”栏内。

2. “期末余额”的填列方法

资产负债表的“期末余额”栏内各项数字其填列方法如下：

（1）根据总账科目的余额填列。资产负债表中的有些项目可直接根据有关总账科目的余额填列，如“以公允价值计量且其变动计入当期损益的金融资产”、“短期借款”、“应付票据”、“应付职工薪酬”等项目。有些项目则需根据几个总账科目的余额计算填列。如“货币资金”项目需根据“库存现金”、“银行存款”、“其他货币资金”三个总账科目余额合计填列。

（2）根据有关明细科目的余额计算填列。资产负债表中的有些项目需要根据明细科目余额填列，如“应付账款”项目需要分别根据“应付账款”和“预付账款”两科目所属明细科目的期末贷方余额计算填列。

（3）根据总账科目和明细科目的余额分析计算填列。资产负债表的有些项目需要依据总账科目和明细科目两者的余额分析填列，如“长期借款”项目应根据“长期借款”总账科目余额扣除“长期借款”科目所属的明细科目中将在资产负债表日起一年内到期、且企业不能自主地将清偿义务展期的长期借款后的金额填列。

（4）根据有关科目余额减去其备抵科目余额后的净额填列。如资产负债表中的“应收账款”、“长期股权投资”等项目应根据“应收账款”、“长期股权投资”等科目的期末余额减去“坏账准备”、“长期股权投资减值准备”等科目余额后的净额填列。固定资产项目应根据“固定资产”科目期末余额减去“累计折旧”、“固定资产减值准备”科目余额后的净额填列。无形资产项目应根据“无形资产”科目期末余额减去“累计摊销”、“无形资产减值准备”科目余额后的净额填列。

（5）综合运用上述填列方法分析填列。如资产负债表中的“存货”项目需根据“原材料”、“库存商品”、“委托加工物资”、“周转材料”、“材料采购”、“在途物资”、“发出商品”、“材料成本差异”、“生产成本”等总账科目期末余额的分析汇总数，再减去“存货跌价准备”备抵科目余额后的金额填列。

（二）资产负债表项目的填列说明

资产负债表中资产负债和所有者权益主要项目的填列说明如下：

1. 资产项目的填列说明

（1）“货币资金”项目，反映企业库存现金、银行结算户存款、外埠存款、银行汇票存款、银行本票存款、信用卡存款、信用证保证金存款等的合计数。本项目应根据“库存现金”、“银行存款”、“其他货币资金”科目期末余额的合计数填列。

（2）“以公允价值计量且其变动计入当期损益的金融资产”项目，反映企业持有的以公允价值计量，且其变动计入当期损益的为交易目的所持有的债券投资、股票投资、基金投资等金融资产。本项目应当根据“交易性金融资产”科目的期末余额填列。

（3）“应收票据”项目，反映企业因销售商品提供劳务等而收到的商业汇票，包括银行承兑汇票和商业承兑汇票。本项目应根据“应收票据”科目的期末余额减去“坏账准备”科目中有关应收票据计提的坏账准备期末余额后的金额填列。

（4）“应收账款”项目，反映企业因销售商品、提供劳务等经营活动应收取的款项。本项目应根据“应收账款”和“预收账款”科目所属各明细科目的期末借方余额合计减去“坏账准备”科目中有关应收账款计提的坏账准备期末余额后的金额填列。如“应收账款”科目所属明细科目期末有贷方余额的，应在本表预收款项项目内填列。

【小思考】

为什么在编制资产负债表时，“应收账款”项目与“预收款项”项目采用明细科目余额进行分析填列？

（5）“预付款项”项目，反映企业按照购货合同规定预付给供应单位的款项等。本项目应根据“预付账款”和“应付账款”科目所属各明细科目的期末借方余额合计数减去“坏账准备”科目中有关预付款项计提的坏账准备期末余额后的金额填列。如“预付账款”科目所属各明细科目期末有贷方余额的，应在资产负债表“应付账款”项目内填列。

（6）“应收利息”项目，反映企业应收取的债券投资等的利息。本项目应根据“应收利息”科目的期末余额减去“坏账准备”科目中有关应收利息计提的坏账准备期末余额后的金额填列。

（7）“应收股利”项目反映企业应收取的现金股利和应收取其他单位分配的利润。本项目应根据“应收股利”科目的期末余额减去“坏账准备”科目中有关应收股利计提的坏账准备期末余额后的金额填列。

（8）“其他应收款”项目，反映企业除应收票据、应收账款、预付账款、应收股利、应收利息等经营活动以外的其他各种应收、暂付的款项。本项目应根据“其他应收款”科目的期末余额减去“坏账准备”科目中有关其他应收款计提的坏账准备期末余额后的金额填列。

（9）“存货”项目，反映企业期末在库在途和在加工中的各种存货的可变现净值。本项目应根据“材料采购”、“原材料”、“库存商品”、“周转材料”、“委托加工物资”、“委托代销商品”、“生产成本”等科目的期末余额合计减去“存货跌价准备”科目期末余额后的金额填列。材料采用计划成本核算以及库存商品采用计划成本核算或售价核算的企业还应按加或减“材料成本差异”、“商品进销差价”后的金额填列。

（10）“一年内到期的非流动资产”项目反映企业将于一年内到期的非流动资产项目金

额。本项目应根据有关科目的期末余额填列。

（11）“长期股权投资”项目，反映企业持有的对子公司、联营企业和合营企业的长期股权投资。本项目应根据“长期股权投资”科目的期末余额减去“长期股权投资减值准备”科目的期末余额后的金额填列。

（12）“固定资产”项目反映企业各种固定资产原价减去累计折旧和累计减值准备后的净额。本项目应根据“固定资产”科目的期末余额减去“累计折旧”和“固定资产减值准备”科目期末余额后的金额填列。

（13）“在建工程”项目反映企业期末各项未完工程的实际支出，包括交付安装的设备价值、未完建筑安装工程已经耗用的材料工资和费用支出、预付出包工程的价款等的可收回金额。本项目应根据“在建工程”科目的期末余额减去“在建工程减值准备”科目期末余额后的金额填列。

（14）“工程物资”项目反映企业尚未使用的各项工程物资的实际成本。本项目应根据“工程物资”科目的期末余额填列。

（15）“固定资产清理”项目反映企业因出售、毁损、报废等原因转入清理但尚未清理完毕的固定资产的净值，以及固定资产清理过程中所发生的清理费用和变价收入等各项金额的差额。本项目应根据“固定资产清理”科目的期末借方余额填列。如“固定资产清理”科目期末为贷方余额，以“–”号填列。

（16）“无形资产”项目，反映企业持有的无形资产包括专利权、非专利技术、商标权、著作权、土地使用权等。本项目应根据“无形资产“的期末余额减去”累计摊销“和“无形资产减值准备”科目期末余额后的金额填列。

（17）“开发支出”项目，反映企业开发无形资产过程中能够资本化形成无形资产成本的支出部分。本项目应当根据“研发支出”科目中所属的资本化支出明细科目期末余额填列。

（18）“长期待摊费用”项目，反映企业已经发生但应由本期和以后各期负担的、分摊期限在一年以上的各项费用。长期待摊费用中在一年内含一年摊销的部分在资产负债表一年内到期的非流动资产项目填列。本项目应根据“长期待摊费用”科目的期末余额减去将于一年内含一年摊销的数额后的金额填列。

（19）“其他非流动资产”项目，反映企业除长期股权投资、固定资产、在建工程、工程物资、无形资产等以外的其他非流动资产。本项目应根据有关科目的期末余额填列。

【小思考】

为什么资产负债表中的资产部分均以账面价值填列？

2. 负债项目的填列说明

（1）“短期借款”项目，反映企业向银行或其他金融机构等借入的，期限在一年以下含一年的各种借款。本项目应根据“短期借款”科目的期末余额填列。

（2）“应付票据”项目，反映企业购买材料商品和接受劳务供应等而开出承兑的商业汇票，包括银行承兑汇票和商业承兑汇票。本项目应根据“应付票据”科目的期末余额填列。

（3）“应付账款”项目，反映企业因购买材料商品和接受劳务供应等经营活动应支付的款项。本项目应根据“应付账款”和“预付账款”科目所属各明细科目的期末贷方余额合计数填列。如“应付账款”科目所属明细科目期末有借方余额的，应在资产负债表“预付款项”项目内填列。

（4）“预收款项”项目，反映企业按照购货合同规定预付给供应单位的款项。本项目应根据“预收账款”和“应收账款”科目所属各明细科目的期末贷方余额合计数填列。如“预收账款”科目所属各明细科目期末有借方余额，应在资产负债表“应收账款”项目内填列。

（5）“应付职工薪酬”项目，反映企业根据有关规定应付给职工的工资、职工福利、社会保险费、住房公积金、工会经费、职工教育经费、非货币性福利、辞退福利等各种薪酬。外商投资企业按规定从净利润中提取的职工奖励及福利基金也在本项目列示。

（6）“应交税费”项目，反映企业按照税法规定计算应交纳的各种税费，包括增值税、消费税、企业所得税、资源税、土地增值税、城市维护建设税、房产税、城镇土地使用税、车船税、教育费附加、矿产资源补偿费等。企业代扣代交的个人所得税，也通过本项目列示。企业所交纳的税金不需要预计应交数的（如印花税、耕地占用税等）不在本项目列示。本项目应根据“应交税费”科目的期末贷方余额填列。如“应交税费”科目期末为借方余额，应以“–”号填列。

（7）“应付利息”项目，反映企业按照规定应当支付的利息，包括分期付息到期还本的长期借款应支付的利息、企业发行的企业债券应支付的利息等。本项目应当根据“应付利息”科目的期末余额填列。

（8）“应付股利”项目，反映企业分配的现金股利或利润，企业分配的股票股利不通过本项目列示。本项目应根据“应付股利”科目的期末余额填列。

（9）“其他应付款”项目，反映企业除“应付票据”、“应付账款”、“预收款项”、“应付职工薪酬”、“应付股利”、“应付利息”、“应交税费”等经营活动以外的其他各项应付、暂收的款项。本项目应根据“其他应付款”科目的期末余额填列。

（10）“一年内到期的非流动负债”项目，反映企业非流动负债中将于资产负债表日后一年内到期部分的金额（如将于一年内偿还的长期借款）。本项目应根据有关科目的期末余额填列。

（11）“长期借款”项目，反映企业向银行或其他金融机构借入的期限在一年以上（不含一年）的各项借款。本项目应根据“长期借款”科目的期末余额填列。

（12）“应付债券”项目反映企业为筹集长期资金而发行的债券本金和利息。本项目应根据“应付债券”科目的期末余额填列。

（13）“其他非流动负债”项目，反映企业除长期借款、应付债券等项目以外的其他非流动负债。本项目应根据有关科目的期末余额填列。其他非流动负债项目应根据有关科目期末余额减去将于一年内含一年到期偿还数后的余额填列。非流动负债各项目中将于一年内含一年到期的非流动负债应在一年内到期的非流动负债项目内单独反映。

3. 所有者权益项目的填列说明

（1）“实收资本（或股本）”项目，反映企业各投资者实际投入的资本（或股本总额）。本项目应根据实收资本（或股本）科目的期末余额填列。

（2）“资本公积”项目，反映企业资本公积的期末余额。本项目应根据“资本公积”科目的期末余额填列。

（3）“其他综合收益”项目，反映企业其他综合收益的期末余额。本项目应根据“其他综合收益”科目的期末余额填列。

（4）“盈余公积”项目，反映企业盈余公积的期末余额。本项目应根据“盈余公积”科目的期末余额填列。

（5）“未分配利润”项目，反映企业尚未分配的利润。本项目应根据“本年利润”科目和“利润分配”科目的余额计算填列。未弥补的亏损在本项目内以“–”号填列。

三、资产负债表的编制实例

【工作实例 14-1】海鸥公司为增值税一般纳税人，适用的增值税率为 17%，所得税率为 25%，存货采用实际成本进行核算。2015 年 12 月 31 日的资产负债表（简化）见表 14-2 所示。

表 14-2 资产负债表

会企 01 表

编制单位：海鸥公司　　2015 年 12 月 31 日　　单位：元

资　　产	金　　额	负债及所有者权益	金　　额
流动资产：		流动负债：	
货币资金	1 200 000	短期借款	680 000
以公允价值计量且其变动计入当期损益的金融资产	25 000	应付账款	192 000
应收账款	299 100	应付职工薪酬	9 700
其他应收款	4 000	应交税费	
存货	580 000	应付股利	

续表

资　　产	金　　额	负债及所有者权益	金　　额
流动资产合计	2 108 100	其他应付款	11 400
非流动资产：		一年内到期的长期负债	200 000
可供出售金融资产		流动负债合计	1 093 100
持有至到期投资		非流动负债：	
长期股权投资	250 000	长期借款	300 000
固定资产	1 080 000	负债合计	1 393 100
在建工程		所有者权益（或股东权益）：	
固定资产清理		实收资本	2 000 000
无形资产	48 000	资本公积	62 000
开发支出		盈余公积	13 000
其他资产	12 000	未分配利润	30 000
非流动资产合计	1 390 000	所有者权益合计	2 105 000
资产总计	3 498 100	负债及所有者权益总计	3 498 100

其中“应收账款”科目的期末余额为300 000元，“坏账准备”科目的期末余额为900元，坏账准备按照年末应收账款余额的3‰比例提取。存货、交易性金融资产都没有计提减值准备。按公司法规定，企业按净利润的10%计提法定盈余公积金，2016年未进行投资分红。

会计人员根据2016年所登记的会计账簿记录及其他记录，整理出2016年总账及有关明细账余额如表14-3所示。

表14-3　科目余额表

单位：元

会计科目	借方余额	会计科目	贷方余额
库存现金	3 560	坏账准备	1 596
银行存款	837 110	累计折旧	412 000
其他货币资金	221 140	短期借款	780 000
以公允价值计量且其变动计入当期损益的金融资产	50 000	应付票据	50 000
应收账款	532 026	应付账款	192 000
其他应收款	4 000	其他应付款	11 400
在途物资	38 000	应付职工薪酬	20 900
原材料	75 400	应交税费	24 800

续表

会计科目	借方余额	会计科目	贷方余额
库存商品	471 500	长期借款	310 000
生产成本	28 500	实收资本	2 000 000
长期股权投资	250 000	资本公积	92 831
固定资产	1 550 000	盈余公积	13 000
无形资产	42 000	未分配利润	204 709
长期待摊费用	10 000		
合　　计	4 113 236	合　　计	4 113 236

根据《企业会计准则第 30 号——财务报表列报》的有关规定，企业会计人员编制的资产负债表（简表）如表 14-4 所示。

表 14-4　资产负债表　　会企 01 表

编制单位：海鸥公司　　2016 年 12 月 31 日　　单位：元

资　　产	期末余额	年初余额	负债及所有者权益	期末余额	年初余额
流动资产：			流动负债：		
货币资金	1 061 810	1 200 000	短期借款	780 000	680 000
以公允价值计量且其变动计入当期损益的金融资产	50 000	25 000	应付票据	50 000	
应收账款	530 430	299 100	应付账款	192 000	192 000
预付款项			应付职工薪酬	20 900	9 700
应收利息			应交税费	24 800	
应收股利			应付利息		
其他应收款	4 000	4 000	应付股利		
存货	613 400	580 000	其他应付款	11 400	11 400
流动资产合计	2 259 640	2 108 100	一年内到期的长期负债		200 000
非流动资产：			流动负债合计	1 079 100	1 093 100
可供出售金融资产			非流动负债：		
持有至到期投资			长期借款	310 000	300 000
长期股权投资	250 000	250 000	长期应付款		
固定资产	1 138 000	1 080 000	非流动负债合计	310 000	300 000
在建工程			负债合计	1 389 100	1 393 100
工程物资			所有者权益（或股东权益）：		
固定资产清理			实收资本（或股本）	2 000 000	2 000 000

续表

资　　产	期末余额	年初余额	负债及所有者权益	期末余额	年初余额
无形资产	42 000	48 000	资本公积	92 831	62 000
开发支出			盈余公积	13 000	13 000
长期待摊费用	10 000	12 000	未分配利润	204 709	30 000
非流动资产合计	1 440 000	1 390 000	所有者权益合计	2 310 540	2 105 000
资产总计	3 699 640	3 498 100	负债及所有者权益总计	3 699 640	3 498 100

任务二　利润表的编制

一、利润表的内容和格式

（一）利润表的概念

利润表是指反映企业在一定会计期间的经营成果的报表。通过提供利润表，可以从总体上反映企业在一定会计期间收入、费用利润（或亏损）的数额及构成情况；同时，通过利润表提供的不同时期的比较数字（本期金额和上期金额），可以帮助财务报表使用者全面了解企业的经营成果，分析企业的获利能力及盈利增长趋势，了解投资者投入资本的保值增值情况，从而为其作出经济决策提供依据。由于利润表既是企业经营业绩的综合体现，又是企业进行利润分配的主要依据，因此，利润表是会计报表中的一张主要报表。

（二）利润表的格式及内容

利润表是通过一定的表格来反映企业经营成果，利润表的格式主要有多步式利润表和单步式利润表两种，我国企业利润表采用多步式格式。多步式利润表格式如表 14-5 所示。

表 14-5　利润表

会企 02 表

编制单位：　　　　　　　　　　年　　　　　　　　　　单位：元

项　　目	本期金额	上期金额
一、营业收入		
减：营业成本		
税金及附加		
销售费用		
管理费用		
财务费用		

续表

项目	本期金额	上期金额
资产减值损失		
加：公允价值变动收益（损失以"–"填列）		
投资收益（损失以"–"填列）		
其中：对联营企业和合营企业的投资收益		
二、营业利润（亏损以"–"号填列）		
加：营业外收入		
减：营业外支出		
其中：非流动资产处置损失		
三、利润总额（亏损总额以"–"号填列）		
减：所得税费用		
四、净利润（净亏损以"–"号填列）		
加：其他综合收益扣除所得税影响后的净额		
五、其他综合收益（净亏损以"–"号填列）		
（一）以后会计期间不能重分类进损益的其他综合收益		
（二）以后会计期间在满足规定条件时将重分类进损益的其他综合收益		
六、综合收益总额		
七、每股收益		
（一）基本每股收益		
（二）稀释每股收益		

单位负责人：　　　　　财务负责人：　　　　　制表人：

根据上述格式，我们可以清楚地看到多步式利润表的主要包括营业利润、利润总额和净利润、综合收益总额四个部分，其关系如下。

1. 营业利润

以营业收入为基础减去营业成本、税金及附加、销售费用、管理费用、财务费用、资产减值损失，加上公允价值变动收益减去公允价值变动损失和投资收益减去投资损失可计算出营业利润。其计算公式如下：

营业利润=营业收入–营业成本–税金及附加–销售费用–管理费用–财务费用–资产减值损失+公允价值变动收益（–公允价值变动损失）+投资损益（–投资损失）

【小思考】

为什么利润表把“投资收益”也列入营业利润的范畴?

2，利润总额

以营业利润为基础加上营业外收入减去营业外支出计算出利润总额，其计算公式为：

利润总额=营业利润+营业外收入–营业外支出

3. 净利润

以利润总额为基础，减去所得税费用，计算出净利润（或净亏损），其计算公式为：

净利润=利润总额–所得税费用

4. 综合收益总额

以净利润总额为基础，加上其他综合收益扣除所得税影响后的净额，计算出综合收益总额，其计算公式为：

综合收益总额=净利润+其他综合收益税后净额

二、利润表的编制

利润表各项目均需填列“本期金额”和“上期金额”两栏。利润表“本期金额”、“上期金额”栏内各项数字除“每股收益”项目外，应当按照相关科目的发生额分析填列。

（一）“上期金额”的填列方法

“上期金额”栏内各项目数字，应根据上年该期利润表的“本期金额” 栏内所列数字填列。如果上年度利润表中的项目名称与本年度不一致，应对上年利润表各项目的名称和数字按照本年度的规定进行调整，填入本表“上期金额”栏。

（二）“本期金额”的填列方法

在编制中期利润表时，“本期金额”栏应分为“本期金额”和“年初至本期末累计发生额”两栏，分别填列各项目本中期（月、季或半年）各项目实际发生额以及自年初起至本中期（月、季或半年）末止的累计实际发生额。“上期金额”栏应分为“上年可比本中期金额”和“上年初至可比本中期末累计发生额”两栏，应根据上年可比中期利润表“本期金额”下对应的两栏数字分别填列。中期利润表如表 14-6 所示。

表 14-6 利润表

会企 02 表

编制单位： 年 月 单位：元

项 目	本期金额		上期金额	
	本期金额	年初至本期末累计发生额	上年可比本中期金额	上年初至可比本中期末累计发生额

年终结账时，由于全年的收入和支出已全部转入“本年利润”科目，并且通过收支对比结出本年净利润的数额。因此，应将年度利润表中的“净利润”数字与“本年利润”科目结转到“利润分配——未分配利润”科目的数字相核对，检查账簿记录和报表编制的正确性。

（三）利润表项目的填列说明

（1）“营业收入”项目反映企业经营主要业务和其他业务所确认的收入总额。本项目应根据“主营业务收入”和“其他业务收入”科目的发生额分析填列。

（2）“营业成本”项目反映企业经营主要业务和其他业务所发生的成本总额。本项目应根据“主营业务成本”和“其他业务成本”科目的发生额分析填列。

（3）“税金及附加”项目反映企业经营业务应负担的消费税、城市建设维护税、资源税、土地增值税和教育费附加等。本项目应根据“税金及附加”科目的发生额分析填列。

（4）“销售费用”项目反映企业在销售商品过程中发生的包装费、广告费等费用和为销售本企业商品而专设的销售机构的职工薪酬、业务费等经营费用。本项目应根据“销售费用”科目的发生额分析填列。

（5）“管理费用”项目反映企业为组织和管理生产经营发生的管理费用。本项目应根据“管理费用”的发生额分析填列。

（6）“财务费用”项目反映企业筹集生产经营所需资金等而发生的筹资费用。本项目应根据“财务费用”科目的发生额分析填列。

（7）“资产减值损失”项目反映企业各项资产发生的减值损失。本项目应根据“资产减值损失”科目的发生额分析填列。

（8）“公允价值变动收益”项目反映企业应当计入当期损益的资产或负债公允价值变动收益。本项目应根据“公允价值变动损益”科目的发生额分析填列。如为净损失，本项目以“–”号填列。

（9）“投资收益”项目反映企业以各种方式对外投资所取得的收益。本项目应根据“投资收益”科目的发生额分析填列。如为投资损失，本项目以“–”号填列。

（10）“营业利润”项目反映企业实现的营业利润。如为亏损，本项目以“–”号填列。

（11）“营业外收入”项目反映企业发生的与经营业务无直接关系的各项收入。本项目应根据“营业外收入”科目的发生额分析填列。

（12）“营业外支出”项目反映企业发生的与经营业务无直接关系的各项支出，本项目应根据“营业外支出”科目的发生额分析填列。

（13）“利润总额”项目反映企业实现的利润。如为亏损，本项目以“–”号填列。

（14）“所得税费用”项目反映企业应从当期利润总额中扣除的所得税费用。本项目应根据“所得税费用”科目的发生额分析填列。

（15）“净利润”项目反映企业实现的净利润。如为亏损，本项目以“–”号填列。

（16）“其他综合收益扣除所得税影响后的净额”项目反映企业应从其他综合收益中扣除的递延所得税后的净额。本项目应根据“其他综合收益”科目的余额扣除递延所得税后的净额填写。

（17）“综合收益总额”项目反映净利润和其他综合收益扣除所得税影响后的净额相加后的合计金额。如为亏损，本项目以“–”号填列。

（四）每股收益

对于普通股或潜在普通股已公开交易的企业，以及正处于公开发行普通股或潜在普通股过程中的企业，还应当在利润表中单独列示“基本每股收益”和“稀释每股收益”。

1. 基本每股收益

基本每股收益仅考虑当期实际发行在外的普通股股份，按照归属于普通股股东的当期净利润除以发行在外普通股的加权平均数计算基本每股收益。

发行在外普通股加权平均数=期初发行在外普通股股数+当期新发行普通股股数×已发行时间÷报告期时间–当期回购普通股股数×已回购时间÷报告期时间

已发行时间、报告期时间和已回购时间一般按照天数计算；在不影响计算结果合理性的前提下，也可以采用简化的计算方法。

2. 稀释每股收益

企业存在稀释性潜在普通股的，应当分别调整归属于普通股股东的当期净利润和发行在外普通股的加权平均数，并据以计算稀释每股收益。计算稀释每股收益时，假设潜在普通股在当期期初已经全部转换为普通股。潜在普通股是指赋予其持有者在报告期或以后期间享有取得普通股权利的一种金融工具或其他合同。目前，我国企业发行的潜在普通股主要有可转换公司债券、认股权证、股份期权等。

三、利润表的编制实例

【工作实例 14-2】昌盛公司（非股份制企业）2016 年 12 月 31 日各损益类科目

"本年累计数"金额如表 14-7 所示。

表 14-7　损益表类科目本年累计数

单位：元

科目名称	借方发生额	贷方发生额
主营业务收入		6 000 000
主营业务成本	4 200 000	
其他业务收入		300 000
其他业务成本	200 000	
税金及附加	180 000	
销售费用	220 000	
管理费用	723 000	
财务费用	160 000	
资产减值损失	8 000	
投资收益		320 000
营业外收入		12 000
营业外支出	17 000	
所得税费用	304 920	

根据以上资料，编制的昌盛公司 2016 年度利润表如表 14-8 所示。

表 14-8　利润表

会企 02 表

编制单位：昌盛公司　　　　2016 年 12 月　　　　单位：元

项　　目	本期金额	上期金额
一、营业收入	6 300 000	
减：营业成本	4 400 000	
税金及附加	180 000	
销售费用	220 000	
管理费用	723 000	
财务费用	160 000	
资产减值损失	8 000	
加：公允价值变动收益（损失以"–"填列）		
投资收益（损失以"–"填列）	320 000	
其中：对联营企业和合营企业的投资收益		
二、营业利润（亏损以"–"号填列）	929 000	

续表

项　　目	本期金额	上期金额
加：营业外收入	12 000	
减：营业外支出	17 000	
其中：非流动资产处置损失		
三、利润总额（亏损总额以“–”号填列）	924 000	
减：所得税费用	304 920	
四、净利润（净亏损以“–”号填列）	619 080	
加：其他综合收益扣除所得税影响后的净额		
五、其他综合收益（净亏损以“–”号填列）		
（一）以后会计期间不能重分类进损益的其他综合收益		
（二）以后会计期间在满足规定条件时将重分类进损益的其他综合收益		
六、综合收益总额		
七、每股收益		
八、每股收益		
（一）基本每股收益		
（二）基本每股收益		

任务三　现金流量表的编制

一、现金流量表的内容及结构

（一）现金流量表的概念及结构

现金流量表是指反映企业在一定会计期间现金和现金等价物流入和流出的报表。现金流量表是以现金为基础编制的，这里的现金是广义的概念，它包括现金及现金等价物。其中，现金是指企业库存现金以及可以随时用于支付的存款，不能随时用于支付的存款不属于现金。现金等价物是指企业持有的期限短、流动性强、易于转换为已知金额现金、价值变动风险很小的投资，期限短，一般是指从购买日起三个月内到期。现金等价物通常包括三个月内到期的债券投资等。权益性投资变现的金额通常不确定，因而不属于现金等价物。企业应当根据具体情况，确定现金等价物的范围，一经确定不得随意变更。

我国企业的现金流量表包括正表和补充资料两部分。正表是现金流量表的主体，企业一定会计期间现金流量的信息主要由正表提供。正表采用报告式的结构，按照现金流量的性质，依次分类反映经营活动产生的现金流量、投资活动产生的现金流量和筹资活动产生的现金流量，最后汇总反映企业现金及现金等价物净增加额。现金流量表补充资料包括三部分内容：① 将净利润调节为经营活动的现金流量；② 不涉及现金收支的投资和筹资活动；③ 现金及现金等价物净增加情况。

现金流量表的基本格式如表 14-9 和表 14-10 所示。

表 14-9 现金流量表

会企 03 表

编制单位： 年 单位：元

项 目	本期金额	上期金额
一、经营活动产生的现金流量：		
销售商品、提供劳务收到的现金		
收到的税费返还		
收到的其他与经营活动有关的现金		
经营活动现金流入小计		
购买商品、接受劳务支付的现金		
支付给职工以及为职工支付的现金		
支付的各项税费		
支付其他与经营活动有关的现金		
经营活动现金流出小计		
经营活动产生的现金流量净额		
二、投资活动产生的现金流量：		
收回投资收到的现金		
取得投资收益收到的现金		
处置固定资产、无形资产和其他长期资产收回的现金净额		
处置子公司及其他营业单位收到的现金净额		
收到其他与投资活动有关的现金		
投资活动现金流入小计		
购建固定资产、无形资产和其他长期资产支付的现金		
投资支付的现金		
取得子公司及其他营业单位支付的现金净额		
支付其他与投资活动有关的现金		
投资活动现金流出小计		

续表

项　目	本期金额	上期金额
投资活动产生的现金流量净额		
三、筹资活动产生的现金流量：		
吸收投资收到的现金		
取得借款收到的现金		
收到其他与筹资活动有关的现金		
筹资活动现金流入小计		
偿还债务支付的现金		
分配股利、利润或偿付利息支付的现金		
支付其他与筹资活动有关的现金		
筹资活动现金流出小计		
筹资活动产生的现金流量净额		
四、汇率变动对现金及现金等价物的影响		
五、现金及现金等价物净增加额		
加：期初现金及现金等价物余额		
六、期末现金及现金等价物余额		

表 14-10　现金流量表补充资料

补充资料	本期金额	上期金额
1. 将净利润调节为经营活动现金流量		
净利润		
加：资产减值准备		
固定资产折旧、油气资产折耗、生产性生物资产折旧		
无形资产摊销		
长期待摊费用摊销		
处置固定资产、无形资产和其他长期资产的损失（收益以“–”号填列）		
固定资产报废损失（收益以“–”号填列）		
公允价值变动损失（收益以“–”号填列）		
财务费用（收益以“–”号填列）		
投资损失（收益以“–”号填列）		
递延所得税资产减少（增加以“–”号填列）		
递延所得税负债增加（减少以“–”号填列）		

续表

补充资料	本期金额	上期金额
存货减少（增加以“−”号填列）		
经营性应收项目的减少（增加以“−”号填列）		
经营性应付项目的增加（减少以“−”号填列）		
其他		
经营活动产生的现金流量净额		
2. 不涉及现金收支的重大投资和筹资活动		
债务转为资本		
一年内到期的可转换公司债券		
融资租入固定资产		
3. 现金及现金等价物变动情况		
现金的期末余额		
减：现金的期初余额		
加：现金等价物的期末余额		
减：现金等价物的期初余额		
现金及现金等价物净增加额		

（二）现金流量的分类

现金流量是指现金及现金等价物的流入和流出，可划分为经营活动产生的现金流量、投资活动产生的现金流量和筹资活动产生的现金流量三类。

1. 经营活动产生的现金流量

经营活动是指企业投资活动和筹资活动以外的所有交易和事项。经营活动的现金流入主要是指销售商品或提供劳务等所收到的现金；经营活动的现金流出主要是指购买货物、接受劳务、广告宣传、支付职工薪酬、交纳税款等所支出的现金。通过经营活动产生的现金流量的计算，可以反映企业经营活动对现金流入和现金流出净额的影响程度，判断企业在不动用对外筹集资金的情况下，是否足以维持生产经营、偿还债务、支付股利、对外投资等。

2. 投资活动产生的现金流量

投资活动是指企业固定资产、无形资产和其他长期资产的购建和处置，以及不包括在现金等价物范围内的投资及其处置活动。投资活动的现金流入主要包括收回投资收到现金、分得利润或取得债券利息收入收到的现金，以及处置固定资产、无形资产和其他长期资产收到的现金等；投资活动的现金流出则是指购建固定资产、无形资产和其他长期资产所支付的现金，以及进行权益性投资或债权性投资等所发生的现金。通过投资活动产生的现金流量的计算，可以分析企业经由投资获取现金流量的能力，以及投资产生的现金流量对企业现金流量净额的影响程度。

3. 筹资活动产生的现金流量

筹资活动是指导致企业资本及债务规模和构成发生变化的活动。筹资活动的现金流入包括吸收权益性投资或借款所收到的现金；筹资活动的现金流出主要包括偿还债务或减少资本所支付的现金，发生筹资费用所支付的现金，分配利润或偿付利息所支付的现金等。通过筹资活动产生的现金流量的计算，可以分析企业筹资的能力，以及筹资产生的现金流量对企业现金流量净额的影响程度。

企业编制现金流量表进行现金流量分类时，对于未特别指明的现金流量，应当按照现金流量的分类方法和重要性原则，判断某项交易或事项所产生的现金流量应当归属的类别或项目，对于重要的现金流入或流出项目，应当单独反映。对于自然灾害损失、保险索赔等特殊项目，应当根据其性质，分别归并到经营活动、投资活动和筹资活动现金流量类别中单独列报。

二、现金流量表的填列方法

（一）经营活动产生的现金流量

在我国，现金流量表正表中经营活动产生的现金流量应当采用直接法填列。直接法是通过现金收入和现金支出的主要类别直接反映来自企业经营活动的现金流量的一种列报方法。采用这种方法列报经营活动的现金流量时，一般通过对利润表中的本期营业收入、营业成本以及其他项目进行调整后取得。“经营活动产生的现金流量”各项目的内容及填制方法如下。

1. “销售商品、提供劳务收到的现金”项目

该项目反映企业销售商品、提供劳务实际收到的现金（包括应向购买者收取的增值税销项税额），包括本期的销售商品、提供劳务收到的现金，以及本期收到的前期销售价款和劳务收入款，本期预收的价款等，发生销货退回而支付的现金应从销售商品或提供劳务收入中扣除。企业销售材料和代购代销业务收入收到的现金，也在本项目中反映。本项目可以根据“库存现金”、“银行存款”、“应收账款”、“应收票据”、“预收账款”、“主营业务收入”、“其他业务收入”等科目的记录分析填列。

2. “收到的税费返还”项目

该项目反映企业收到返还的各种税费，包括收到返还的增值税、消费税、关税、所得税、教育费附加等。本项目应根据“库存现金”、“银行存款”、“税金及附加”、“营业外收入”、“其他应收款” 等科目的记录分析填列。

3. “收到的其他与经营活动有关的现金”项目

该项目反映企业除了上述各项目以外所收到的其他与经营活动有关的现金流入，如经

营租赁租金收入、罚款收入、流动资产损失中由个人赔偿的现金收入等。本项目应根据“库存现金”、“银行存款”、“营业外收入”等科目的记录分析填列。

4. “购买商品、接受劳务支付的现金”项目

该项目反映企业购买材料、商品、接受劳务实际支付的现金。购买商品、接受劳务支付的现金，包括当期购买商品支付的现金（包括增值税进项税额），当期支付的前期购买商品劳务的未付款以及为购买商品劳务而预付的现金等，扣除本期发生的购货退回而收到的现金。本项目应根据“库存现金”、“银行存款”、“应付账款”、“应付票据”、“预付账款”、“主营业务成本”、“其他业务成本”等科目的记录分析填列。

5. “支付给职工以及为职工支付的现金”项目

该项目反映企业实际支付给职工以及为职工支付的现金，包括本期实际支付给职工的工资、奖金、各种津贴和补贴等，以及为职工支付的其他费用。本项目不包括支付给离退休人员的各项费用及支付给在建工程人员的工资及其他费用。本项目应根据“应付职工薪酬”、“库存现金”、“银行存款”等科目的记录分析填列。

6. “支付的各项税费”项目

该项目反映企业按规定支付的各种税费，包括本期发生并支付的税费，以及本期支付以前各期发生的税费和预交的税金，但不包括计入固定资产价值的、实际支付的耕地占用税，也不包括本期退回的增值税、所得税。本项目应根据“应交税费”、“库存现金”、“银行存款”等科目的记录分析填列。

7. “支付的其他与经营活动有关的现金”项目

该项目反映企业除上述所支付的其他与经营活动有关的现金流出，如罚款支出、支付的差旅费、业务招待费等现金支出、支付的保险费等。本项目应根据“库存现金”、“银行存款”、“销售费用”、“管理费用”、“营业外支出”等科目的记录分析填列。

（二）投资活动产生的现金流量

1. “收回投资所收到的现金”项目

该项目反映企业出售、转让或到期收回除现金等价物以外的对其他企业的权益工具、债务工具和合营中的权益等投资收到的现金。本项目不包括收回债务工具实现的投资收益、处置子公司及其他营业单位收到的现金净额。本项目可根据“交易性金融资产”、“可供出售金融资产”、“持有至到期投资”、“长期股权投资”、“库存现金”、“银行存款”等科目的记录分析填列。

2. “取得投资收益收到的现金”项目

该项目反映企业除现金等价物以外的对其他企业的权益工具、债务工具和合营中的权益分回的现金股利和债券利息，不包括股票股利。本项目可以根据“库存现金”、“银行存款”、“投资收益” 等科目的记录分析填列。

3. “处置固定资产、无形资产和其他长期资产所收到的现金净额”项目

该项目反映企业出售、报废固定资产、无形资产和其他长期资产所收到的现金，减去为处置这些资产而支付的有关费用后的净额。如所收回的现金净额为负数，则应在“支付的其他与投资活动有关的现金”项目反映。本项目可以根据“固定资产清理”、“库存现金”、“银行存款”等科目的记录分析填列。

4.“处置子公司及其他营业单位收到的现金净额”项目

该项目反映企业处置子公司及其他营业单位收到的现金，减去相关处置费用以及子公司及其他营业单位持有的现金和现金等价物后的净额。本项目可以根据“长期股权投资”、“库存现金”、“银行存款”等科目的记录分析填列。

5.“收到的其他与投资活动有关的现金”项目

该项目反映企业除了上述各项目以外，所收到的其他与投资活动有关的现金流入。比如，企业收回购买股票和债券时支付已宣告但未领取的现金股利或已到付息期但尚未领取的债券的利息。本项目可以根据“应收股利”、“应收利息”、“库存现金”、“银行存款”等有关科目的记录分析填列。

6.“购建固定资产、无形资产和其他长期资产所支付的现金”项目

该项目反映企业本期购买、建造固定资产、无形资产和其他长期资产所实际支付的现金，以及用现金支付的应由在建工程和无形资产负担的职工薪酬，不包括为购建固定资产而发生的借款利息资本化部分，以及融资租入固定资产支付的租赁费。本项目可以根据“固定资产”、“在建工程”、“无形资产”、“库存现金”、“银行存款”等科目的记录分析填列。

7.“投资所支付的现金”项目

该项目反映企业取得除现金等价物以外的对其他企业的权益工具、债务工具和合营中的权益投资所支付的现金，以及支付的佣金、手续费等交易费用。本项目可以根据“交易性金融资产”、“可供出售金融资产”、“持有至到期投资”、“长期股权投资”、“库存现金”、“银行存款”等科目的记录分析填列。

8. “取得子公司及其他营业单位收到的现金净额”项目

该项目反映企业购买子公司及其他营业单位购买出价中以现金支付的部分，减去子公司及其他营业单位持有的现金和现金等价物后的净额。本项目可以根据“长期股权投资”、“库存现金”、“银行存款”等科目的记录分析填列。

9. “支付的其他与投资活动有关的现金”项目

该项目反映企业除了上述各项目以外所支付的其他与投资活动有关的现金流出。如企业购买股票时实际支付的价款中包含的已宣告但未领取的现金股利，购买债券时支付的价款中包含的已到付息期但尚未领取的债券的利息等。本项目可以根据“应收股利”、“应收利息”、“库存现金”、“银行存款”等有关科目的记录分析填列。

（三）筹资活动产生的现金流量

1.“吸收投资所收到的现金”项目

该项目反映企业以发行股票、债券等方式筹集资金实际收到的款项，减去直接支付的佣金、手续费、宣传费、咨询费、印刷费等发行费用后的净额。本项目可以根据“实收资本（或股本）”、“库存现金”、“银行存款”等科目的记录分析填列。

2.“取得借款所收到的现金”项目

该项目反映企业举借各种短期、长期借款等所收到的现金。本项目可以根据“短期借款”、“长期借款”、“应付债券”、“库存现金”、“银行存款”等科目的记录分析填列。

3.“收到的其他与筹资活动有关的现金”项目

该项目反映企业除上述各项目外所收到的其他与筹资活动有关的现金流入，如接受现金捐赠等。本项目可以根据 “库存现金”、“银行存款”、“营业外收入”等科目的记录分析填列。

4.“偿还债务所支付的现金”项目

该项目反映企业偿还债务本金所支付的现金，包括偿还金融企业的借款本金、偿还债券本金等。本项目可以根据“短期借款”、“长期借款”、“应付债券”、“库存现金”、“银行存款”等科目的记录分析填列。

5.“分配股利、利润和偿付利息所支付的现金”项目

该项目反映企业实际支付的现金股利、支付给其他投资单位的利润以及支付的借款利息、债券利息等。本项目可以根据“应付股利”、“应付利息”、“财务费用”、“长期借款”、“库存现金”、“银行存款”等科目的记录分析填列。

6.“支付的其他与筹资活动有关的现金”项目

该项目反映企业除上述各项目外所支付的其他与筹资活动有关的现金流出，如现金捐赠支出、融资租入固定资产支付的租赁费等。本项目可以根据 “库存现金”、“银行存款”、“长期应付款、“营业外支出”等科目的记录分析填列。

（四）汇率变动对现金及现金等价物的影响

该项目反映企业外币现金流量以及境外子公司的现金流量折算为人民币时，所采用的现金流量发生日的即期汇率或按照系统合理的方法确定的、与现金流量发生日即期汇率近似汇率折算的人民币金额与“现金及现金等价物净增加额”中的外币现金净增加额按期末汇率折算的人民币金额之间的差额。

（五）现金流量表补充资料

除现金流量表反映的信息外，企业还应在附注中披露将净利润调节为经营活动现金流量、不涉及现金收支的重大投资和筹资活动、现金及现金等价物变动情况等信息。

1. 将净利润调节为经营活动现金流量

现金流量表采用直接法反映经营活动产生的现金流量，同时，企业还应采用间接法反映经营活动产生的现金流量。间接法是指以本期净利润为起点，通过调整不涉及现金的收入、费用、营业外收支以及经营性应收应付等项目的增减变动，调整不属于经营活动的现金收支项目，据此计算并列报经营活动产生的现金流量的方法。在我国，现金流量表的补

充资料应采用间接法反映经营活动产生的现金流量情况，以对现金流量表中采用直接法反映的经营活动现金流量进行核对和补充说明。

【小思考】

为什么对经营活动产生的现金流量需要采用间接法进行编制补充资料？

采用间接法将净利润调节为经营活动的现金流量时，主要需要调整 4 大类项目：①实际没有支付现金的费用；②实际没有收到现金的收益；③不属于经营活动的损益；④经营性应收应付项目的增减变动。这些项目的具体内容如下：

（1）资产减值准备。该项目反映当期实际计提的各项资产减值准备，包括坏账准备、存货跌价准备、长期股权投资减值准备、持有至到期投资减值准备、投资性房地产减值准备、固定资产减值准备、在建工程减值准备、无形资产减值准备、商誉减值准备等。本项目可以根据“资产减值损失”科目的记录分析填列。

（2）固定资产折旧、油气资产折耗、生产性生物资产折旧。该项目反映企业本期累计计提的固定资产折旧、油气资产折耗、生产性生物资产折旧。本项目可根据“累计折旧”、“累计折耗”等科目的贷方发生额分析填列。

（3）无形资产摊销。该项目反映企业本期累计摊入成本费用的无形资产价值。本项目可以根据“累计摊销”科目的贷方发生额分析填列。

（4）长期待摊费用摊销。该项目反映企业本期累计摊入成本费用的长期待摊费用。本项目可以根据“长期待摊费用”科目的贷方发生额分析填列。

（5）处置固定资产、无形资产和其他长期资产的损失。该项目反映企业本期处置固定资产、无形资产和其他长期资产的净损失（或净收益）。如为净收益，以“–”号填列。本项目可根据“营业外支出”、“营业外收入”等科目所属的有关明细科目的记录分析填列。

（6）固定资产报废损失。该项目反映企业本期发生的固定资产盘亏净损失。该项目可根据“营业外支出”和“营业外收入”科目所属的有关明细科目的记录分析填列。

（7）公允价值变动损失。该项目反映企业持有的交易性金融资产、交易性金融负债、采用公允价值模式计量的投资性房地产等公允价值变动形成的损失。如为净收益，以“–”号填列。本项目可根据“公允价值变动损益”科目所属的有关明细科目的记录分析填列。

（8）财务费用。该项目反映企业本期实际发生的应属于投资活动或筹资活动的财务费用。属于投资活动、筹资活动的部分，在计算净利润时已扣除，但这部分发生的现金流出不属于经营活动现金流量的范围，所以，在将净利润调整为经营活动的现金流量时，需要予以加回。本项目可以根据“财务费用”科目的本期借方发生额分析填列；如为收益，以“–”号填列。

（9）投资损失（减：收益）。该项目反映企业对外投资实际发生的投资损失减去收益后的净损失。本项目可以根据利润表“投资收益”项目的数字填列；如为投资收益，以“–”号填列。

（10）递延所得税资产减少。该项目反映企业资产负债表“递延所得税资产”项目的期初余额与期末余额的差额。本项目可以根据“递延所得税资产”科目发生额分析填列。

（11）递延所得税负债增加。该项目反映企业资产负债表“递延所得税负债”项目的期初余额与期末余额的差额。本项目可以根据“递延所得税负债”科目发生额分析填列。

（12）存货的减少（减：增加）。该项目反映企业本期存货的减少（减：增加）。本项目可以根据资产负债表“存货”项目的期初、期末余额的差额填列；期末数大于期初数的差额，以“–”号填列。

（13）经营性应收项目的减少（减：增加）。该项目反映企业经营性应收项目的减少（减：增加）。经营性应收项目主要是指应收票据、应收账款、预付账款和其他应收款中与经营活动有关的部分及应收的增值税销项税额等。本项目可以根据资产负债表“应收账款”、“应收票据”、“预付账款”、“其他应收款”等项目的期初、期末余额的差额分析填列；期末数大于期初数的差额，以“–”号填列。

（14）经营性应付项目的增加（减：减少），该项目反映企业经营性应付项目的增加（减：减少）。经营性应付项目主要是指应付票据、应付账款、预收账款、应付职工薪酬、应交税费、其他应付款等经营性应付项目中与经营活动有关的部分以及应付的增值税进项税额等。本项目可以根据资产负债表“应付票据”、“应付账款”、“应付职工薪酬”、“应交税费”、“其他应付款”等项目的期初、期末余额的差额分析填列；期末数小于期初数的差额，以“–”号填列。

2. 不涉及现金收支的重大投资和筹资活动

该项目反映企业一定会计期间内影响资产和负债但不形成该期现金收支的所有重大投资和筹资活动的信息。这些投资和筹资活动是企业的重大理财活动，对以后各期的现金流量会产生重大影响，因此，应单列项目在补充资料中反映。该项目包括：

（1）债务转为资本。反映企业本期转为资本的债务金额。

（2）一年内到期的可转换公司债券。反映企业一年内到期的可转换公司债券的本息。

（3）融资租入固定资产。反映企业本期融资租入固定资产的最低租赁付款额扣除应分期计入利息费用的未确认融资费用后的净额。

3. 现金及现金等价物变动情况

该项目反映企业一定会计期间现金及现金等价物的期末余额减去期初余额的净额，是对现金流量表中“现金及现金等价物净增加额”项目的补充说明。该项目的金额应与现金流量表中“现金及现金等价物净增加额”项目的金额核对相符。

三、现金流量表的编制方法

在具体编制现金流量表时，企业可根据业务量的大小及复杂程度，采用工作底稿法、T 形账户法，或直接根据有关科目的记录分析填列。

（一）工作底稿法

工作底稿法就是以工作底稿为手段，以利润表和资产负债表数据为基础，结合有关科目的记录，对现金流量表的每一项目进行分析并编制调整分录，从而编制出现金流量表。

采用工作底稿法编制现金流量表的程序是：

第一步，将资产负债表的年初余额和期末余额过入工作底稿的年初余额和期末余额栏。

第二步，对当期业务进行分析并编制调整分录。在调整分录中，有关现金和现金等价物的事项，并不直接借记或贷记现金，而是分别记入“经营活动产生的现金流量”、“投资活动产生的现金流量”、“筹资活动产生的现金流量”有关项目，借记表明现金流入，贷记表明现金流出。

第三步，将调整分录过入工作底稿中的相应部分。

第四步，核对调整分录，借贷合计应相等，资产负债表项目年初余额加减调整分录中的借贷金额以后，应当等于期末余额。

第五步，根据工作底稿中的现金流量表项目部分编制正式的现金流量表。

（二）T 形账户法

T 形账户法就是以 T 形账户为手段，以利润表和资产负债表数据为基础，对每一项目进行分析并编制调整分录，从而编制出现金流量表。

采用 T 形账户法编制现金流量表的程序如下：

第一步，为所有的非现金项目（包括资产负债表项目和利润表项目）分别开设 T 形账户，并将各自的年初、期末变动数过入各该账户。

第二步，开设一个大的“现金及现金等价物”T 形账户，每边分为经营活动、投资活动和筹资活动三个部分，左边记现金流入，右边记现金流出。与其他账户一样，过入年初、期末变动数。

第三步，以利润表项目为基础，结合资产负债表分析每一个非现金项目的增减变动，并据此编制调整分录。

第四步，将调整分录过入各 T 形账户，并进行核对，该账户借贷相抵后的余额与原先过入的期末期初变动数应当一致。

第五步，根据大的“现金及现金等价物”T 形账户编制正式的现金流量表。

（三）分析填列法

分析填列法是指直接根据资产负债表、利润表和有关会计科目明细账的记录，分析计算出现金流量表各项目的金额，并据以编制现金流量表的一种方法。

四、现金流量表的编制实例

甲股份有限公司为工业企业。该公司 2016 年有关资料如下：

（1）资产、负债类部分账户年初、年末余额和本年发生额如表 14-11 所示。

表 14-11　资产、负债类部分账户年初、年末余额和本年发生额　　单位：万元

账户名称	年初余额		本年发生额		年末余额	
	借方	贷方	借方	贷方	借方	贷方
交易性金融资产	100		500	400	200	
应收票据	300			300		
应收账款（总）	500		3 000	2 800	700	
——甲公司	600		2 500	2 200	900	
——乙公司		100	500	600		200
坏账准备		6		3		9
应收股利			10	10		
原材料	300		2 000	2 200	100	
制造费用			800	800		
生产成本	100		4 000	3 800	300	
库存商品	200		3 800	3 500	500	
固定资产	5 000		400	1 000	4 400	
累计折旧		2 000	800	200		1 400
在建工程	1 000		300		1 300	
短期借款			200	250		50
长期借款		1 000				1 000
应付账款（总）		300	1 300	1 200		200
——丙公司		500	1 200	1 000		300
——丁公司	200		100	200	100	
应付职工薪酬		30	1 160	1 200		70
应交税费（总）		50	1 300	1 310		60
——应交增值税			850	850		
——未交增值税		30	180	200		50
——应交其他税金		25	289.3	275.3		11

（2）损益类部分账户本年发生额如表 14-12 所示。

表 14-12　损益类账户本年发生额　　单位：万元

账户名称	借方发生额	贷方发生额
主营业务收本		5 000
主营业务成本	3 500	
税金及附加	51	
销售费用	300	
管理费用	500	
财务费用	25	
投资收益		30
营业外支出		20
所得税费用		198

（3）货币资金的期初余额为 120 万元，期末余额为 455 万元。

（4）其他有关资料如下：

① 交易性金融资产的取得及出售均为现金结算，且交易性金融资产均不属于现金等价物。

②“制造费用”及“生产成本”科目借方发生额含工资及福利费 1 000 万元、折旧费 180 万元，不含其他摊入的费用。

③“固定资产”科目借方发生额为现金购入的固定资产 400 万元；“在建工程”科目借方发生额含用现金支付的资本化利息费用 30 万元，以及用现金支付的出包工程款 270 万元。

④ 应付职工薪酬均为生产经营人员的工资及福利费。

⑤“应交税费——应交增值税”科目借方发生额含增值税进项税额 340 万元、已交税金 310 万元、转出未交增值税 200 万元，贷方发生额为销售商品发生的销项税额 850 万元；“应交税费——未交增值税”科目借方发生额为交纳的增值税 180 万元。

⑥“销售费用”及“管理费用”科目借方发生额含工资及福利费 200 万元、离退休人员费 80 万元、计提坏账准备 3 万元、折旧费 20 万元、房产税和印花税 30 万元以及用现金支付的其他费用 467 万元。

⑦“财务费用”科目借方发生额含票据贴现利息 5 万元以及用现金支付的其他利息。

⑧“投资收益”科目贷方发生额含出售股票获得的投资收益 20 万元以及收到的现金股利。

⑨“营业外支出”科目借方发生额为出售固定资产发生的净损失 20 万元（出售固定资产的原价 1 000 万元、累计折旧 800 万元，支付的清理费用 30 万元，收到的价款 210 万元）。

⑩ 假定该公司期末未发生其他交易或事项。

根据以上资料，采用分析填列的方法，确定的甲股份有限公司 2016 年度的现金流量表各项目金额如下：

（1）销售商品、提供劳务收到的现金=营业收入+增值税（销项税额）+（应收票据年初余额–应收票据年末余额）+（应收账款年初余额–应收账款年末余额）+（预收账款年末余额–预收账款年初余额）–计提的坏账准备–应收票据贴现利息=5 000+850+（300–0）+（594–891）+（200–100）–3–5=5 945（万元）。

（2）购买商品、接受劳务支付的现金=营业成本+增值税（进项税额）–（存货年初余额–存货年末余额）+（应付账款年初余额–应付账款年末余额）+（预付账款年末余额–预付账款年初余额）–当期列入生产成本、制造费用的职工薪酬–当期列入生产成本、制造费用的折旧费等=3 500+340+（300–0）+（600–900）+（500–300）+（100–200）–1 000–180=3 060（万元）。

【小思考】

为什么在计算“购买商品、接受劳务支付的现金”指标时要扣除当期列入生产成本、制造费用的职工薪酬、折旧费等费用项目？

（3）支付给职工以及为职工支付的现金=生产成本、制造费用、销售费用、管理费用中的职工薪酬+（应付职工薪酬年初余额–应付职工薪酬年末余额）=1 000+200+（30–70）=1 160（万元）。

（4）支付的各项税费=税金及附加+当期所得税费用+应交税费（应交增值税——已交税金）+应交税费——未交增值税的科目借方发生额+管理费用中的税金+应交税费——其他税费（年初余额–年末余额）=51+198+310+180+30+（25–11）=783（万元）。

（5）支付的其他与经营活动有关的现金=销售费用和管理费用中用现金支付的其他费用=300+500–200–3–20–30=547（万元）或=467+80=547（万元）。

（6）收回投资所收到的现金=交易性金融资产贷方发生额+与交易性金融资产一起收回的投资收益=400+20=420（万元）。

（7）取得投资收益所收到的现金=收到的现金股利=30–20=10（万元）。

（8）处置固定资产所收回的现金=出售固定资产收到的价款–支付的清理费用=210–30=180（万元）。

（9）购置固定资产所支付的现金=现金购入的固定资产+用现金支付的出包工程款=400+270=670（万元）。

（10）取得借款所收到的现金=短期借款的贷方发生额=250（万元）。

（11）偿还债务所支付的现金=短期借款的借方发生额=200（万元）。

（12）偿还债务所支付的现金=支付的财务费用中的借款利息+支付的资本化利息费用25–5+30=50（万元）。

根据以上数据，编制的现金流量表如表 14-13 所示。

表 14-13　现金流量表

会企 03 表

编制单位：甲股份有限公司　　2016　年　　单位：万元

项　　目	本期金额	上期金额
一、经营活动产生的现金流量：		略
销售商品、提供劳务收到的现金	5 945	
收到的税费返还		
收到其他与经营活动有关的现金		
经营活动现金流入小计	5 945	
购买商品、接受劳务支付的现金	3 060	
支付给职工以及为职工支付的现金	1 160	
支付的各项税费	783	
支付其他与经营活动有关的现金	547	
经营活动现金流出小计	5 550	
经营活动产生的现金流量净额	395	
二、投资活动产生的现金流量：		
收回投资收到的现金	420	
取得投资收益收到的现金	10	
处置固定资产、无形资产和其他长期资产收回的现金净额	180	
处置子公司及其他营业单位收到的现金净额		
收到其他与投资活动有关的现金		
投资活动现金流入小计	610	
购建固定资产、无形资产和其他长期资产支付的现金	670	
投资支付的现金		
取得子公司及其他营业单位支付的现金净额		
支付其他与投资活动有关的现金		
投资活动现金流出小计	670	
投资活动产生的现金流量净额	–60	
三、筹资活动产生的现金流量：		
吸收投资收到的现金		

续表

项　　目	本期金额	上期金额
取得借款收到的现金	250	
收到其他与筹资活动有关的现金		
筹资活动现金流入小计	250	
偿还债务支付的现金	200	
分配股利、利润或偿付利息支付的现金	50	
支付其他与筹资活动有关的现金		
筹资活动现金流出小计	250	
筹资活动产生的现金流量净额	0	
四、汇率变动对现金及现金等价物的影响		
五、现金及现金等价物净增加额	335	
加：期初现金及现金等价物余额	120	
六、期末现金及现金等价物余额	455	

任务四 所有者权益变动表的编制

一、所有者权益变动表的内容及结构

所有者权益变动表是指反映构成所有者权益的各组成部分当期的增减变动情况的报表。综合收益与所有者（或股东，下同）的资本交易导致的所有者权益的变动，应当分别列示。

在所有者权益变动表中，企业至少应当单独列示反映下列信息的项目：

（1）综合收益总额；

（2）会计政策变更和差错更正的累积影响金额；

（3）所有者投入资本和向所有者分配利润等；

（4）按照规定提取的盈余公积；

（5）所有者权益各组成部分的期初和期末余额及其调节情况。

所有者权益变动表的格式如表 14-14 所示。

二、所有者权益变动表的编制

1.“上年年末余额”项目

“上年年末余额”项目，反映企业上年资产负债表中实收资本（或股本）、资本公积、其他综合收益、库存股、盈余公积、未分配利润的年末余额。

2. “会计政策变更”、“前期差错更正”项目

“会计政策变更”、“前期差错更正”项目，分别反映企业采用追溯调整法处理的会计政策变更的累积影响金额和采用追溯重述法处理的会计差错更正的累积影响金额。

3. “本年增减变动额”项目。

（1）“综合收益总额”项目，反映净利润和其他综合收益扣除所得税影响后的净额相加后的合计金额。

（2）“所有者投入和减少资本”项目，反映企业当年所有者投入的资本和减少的资本。

（3）“利润分配”项目，反映企业当年的利润分配金额。

（4）“所有者权益内部结转”项目，反映企业构成所有者权益的组成部分之间的增减变动情况。

【小思考】

企业为什么要编制所有者权益变动表？

表 14-13 所有者权益变动表

会企 04 表

编制单位：　　　　年度　　　　单位：元

项目	本年金额							上年金额						
	实收资本（或股本）	资本公积	其他综合收益	减：库存股	盈余公积	未分配利润	所有者权益合计	实收资本（或股本）	资本公积	其他综合收益	减：库存股	盈余公积	未分配利润	所有者权益合计
一、上年年末余额														
加：会计政策变更														
前期差错更正														
二、本年年初余额														
三、本年增减变动金额（减少以“–”号填列）														
（一）综合收益总额														
（二）所有者投入和减少资本														
1. 所有者投入资本														

续表

项目	本年金额							上年金额						
	实收资本（或股本）	资本公积	其他综合收益	减：库存股	盈余公积	未分配利润	所有者权益合计	实收资本（或股本）	资本公积	其他综合收益	减：库存股	盈余公积	未分配利润	所有者权益合计
2. 股份支付计入所有者权益的金额														
3. 其他														
（三）利润分配														
1. 提取盈余公积														
2. 对所有者（或股东）的分配														
3. 其他														
（四）所有者权益内部结转														
1. 资本公积转增资本（或股本）														
2. 盈余公积转增资本（或股本）														
3. 盈余公积弥补亏损														
4. 其他														
四、本年年末余额														

任务五 附注的编制

一、会计报表附注的含义及作用

会计报表附注是为便于会计报表使用者理解会计报表的内容而对会计报表的编制基础、编制依据、编制原则和方法及重要项目所作的解释。

知识链接

企业会计准则对“附注”的定义

我国《企业会计准则——基本准则》中对会计报表附注定义为：附注是指对在会计报表中列示项目所作的进一步说明，以及对未能在这些报表中列示项目的说明等。

据《企业会计准则——财务报表列报》中对会计报表附注定义为：附注是对在资产负债表、利润表、现金流量表和所有者权益变动表等报表中列示项目的文字描述或明细资料，以及对未能在这些报表中列示项目的说明等。

附注是财务会计报告的一个重要组成部分，编制和披露会计报表附注，是改善会计报表的一种重要手段，是充分披露原则的体现。其作用表现在：

（一）增进会计信息的可理解性

会计报表是会计信息的数据语言，会计报表附注对表中数据信息进行详细解释，将一项总括数据的信息分解成若干的具体项目，并说明产生各项信息的会计方法等，它有助于会计报表使用者正确理解会计报表。

（二）提高会计信息可比性

会计报表是根据会计准则编制而成的，而会计准则在许多方面规定了可供选择的多种会计政策，企业可结合本行业的特点及具体情况加以选择，这就导致了不同行业或同一行业所提供的会计信息的差异。此外，由于企业经营环境的变化，导致会计政策变更，这就要求企业在会计报表附注中说明变更的情况、变更的原因以及变更的影响，以便本企业前后各期及同行业之间的会计信息具有可比性。

（三）突出重要的会计信息

会计报表附注中将一些重要的会计信息进一步予以分解说明，帮助会计报表使用者正确地作出决策。

二、我国会计报表附注的内容

会计报表附注提供的信息十分广泛，各国也不尽相同。2006 年我国颁布的企业会计准则及相关法律、行政法规规定，企业应当按照规定披露附注信息，主要包括下列内容：

（一）企业的基本情况

（1）企业注册地、组织形式和总部地址。

（2）企业的业务性质和主要经营活动。

（3）母公司以及集团最终母公司的名称。

（4）财务报告的批准报出者和财务报告批准报出日。

（二）财务报表的编制基础

（三）遵循企业会计准则的声明

（四）重要会计政策的说明

包括财务报表项目的计量基础和会计政策的确定依据等。

（五）重要会计估计的说明

包括下一会计期间内很可能导致资产、负债账面价值重大调整的会计估计的确定依据等。

（六）会计政策和会计估计变更以及差错更正的说明

（七）报表重要项目的说明

企业对报表重要项目的说明，应当按照资产负债表、利润表、现金流量表和所有者权益变动表中列示的顺序，采用文字和数字描述相结合的方式进行披露。报表重要项目的明细金额合计，应当与报表项目金额相衔接。

（八）分部报告

（九）关联方披露

项目小结

财务报告是指企业对外提供的反映企业某一特定日期的财务状况和某一会计期间的经营成果现金流量等会计信息的文件，一套完整的财务报告至少应当包括资产负债表、利润表、现金流量表、所有者权益变动表以及附注。

资产负债表是指反映企业在某一特定日期的财务状况的报表。我国企业的资产负债表采用账户式结构。

利润表是指反映企业在一定会计期间的经营成果的报表。我国企业的利润表采用多步式格式。

现金流量表是指反映企业在一定会计期间现金和现金等价物流入和流出的报表。我国企业的现金流量表包括正表和补充资料两部分。现金流量表正表中经营活动产生的现金流量应当采用直接法填列。在具体编制现金流量表时，企业可采用工作底稿法、T形账户法，或直接根据有关科目的记录分析填列。

所有者权益变动表是指反映构成所有者权益的各组成部分当期的增减变动情况的报表。当期损益直接计入所有者权益的利得和损失以及与所有者或股东的资本交易导致的所有者权益的变动，应当分别列示。

附注是对在主表中列示的项目进行文字描述或明细资料，以及对未能在这些报表中列示项目的说明等，它是财务会计报告的一个重要组成部分。

复习思考题

1. 编制财务报告应当遵循哪些基本要求？
2. 编制资产负债表时，资产、负债项目的流动性应当如何区分，如何理解营业周期？
3. 资产负债表中的资产、负债应当如何分别列示？
4. 资产负债表中的“存货”项目应如何填列？
5. 资产负债表中的“应收账款”、“应付账款”项目应如何填列？
6. 企业营业利润由哪些部分组成？
7. 编制多步式利润表分为哪几个步骤？
8. 现金流量分为哪几类？企业编制经营活动现金流量的方法是什么？
9. 现金流量表的补充资料的作用是什么？
10. 会计报表附注有什么作用？会计报表附注主要披露哪些内容？

项目十五

外币折算与核算

知识学习目标

- 熟悉记账本位币的概念和记账本位币的确定方法；
- 熟悉外币核算核算的一般程序；
- 能掌握外币交易处理中的外币货币性项目的核算和外币非货币性项目的核算；
- 掌握外币交易的初始确认和期末调整或结算的会计处理；
- 掌握外币财务报表的折算方法。

能力学习目标

- 能根据外币折算会计准则正确确定记账本位币；
- 能完成外币交易的初始确认和期末调整或结算，正确提供会计信息；
- 能对境外经营的企业财务报表采用规定的方法折算，提供合并财务报表的相关数据。

工作任务

- 记账本位币的确定；外币交易的会计处理；外币报表的折算。

项目引例

某中外合资经营企业在深圳成立，其注册资本为400万美元，合同约定分两次投入，合同约定折算汇率1∶6.8。中外投资者分别于2016年1月1日和3月1日投入300万美元和100万美元。2016年1月1日、3月1日、3月31日和12月31日美元对人民币的汇率分别为1∶7.00、1∶6.80、1∶6.75和1∶6.50。

提出问题：

（1）该企业应选用何种货币作为记账本位币？

（2）外币业务可以采用何种汇率进行折算？

（3）对于外币投资业务，接受投资方在收到外币资本时可以采用合同约定的汇率进行资本金折算吗？

（4）在资产负债表日，企业是否对于接受的外币资本进行调整，并确认汇兑差额？

带着这些问题，让我们进入本项目的学习领域。

任务一 记账本位币的确定

一、记账本位币的确定

（一）记账本位币的定义

记账本位币是指企业经营所处的主要经济环境中的货币。主要经济环境，通常是指企业主要产生和支出现金的环境，使用该环境中的货币最能反映企业主要交易业务的经济结果。例如，我国大多数企业主要产生和支出现金的环境在国内，因此，一般以人民币作为记账本位币。

（二）企业记账本位币的确定

【小思考】

在我国《会计法》中，对企业选用记账本位币有何规定？

企业选定记账本位币，应当考虑的因素有：①该货币主要影响商品和劳务的销售价格，通常以该货币进行商品和劳务的计价及结算；②该货币主要影响商品和劳务所需人工、材料和其他费用，通常以该货币进行上述费用的计价和结算；③融资活动获得的货币以及保存从经营活动中收取款项所使用的货币。

在确定企业的记账本位币时，上述因素的重要程度因企业具体情况不同而不同，需要企业管理层根据实际情况进行判断。在一般情况下，综合考虑前两项因素即可确定企业的记账本位币，但有些情况下，仅根据收支情况难以确定记账本位币的，企业需要进一步结合第三项因素进行综合分析后作出选择。需要强调的是，这并不是说企业管理层可以根据需要随意选择记账本位币，企业管理层根据实际情况只能确定其中的一种货币作为记账本位币。

（三）境外经营记账本位币的确定

境外经营是指企业在境外的子公司、合营企业、联营企业、分支机构。企业在境内的子公司、合营企业、联营企业、分支机构，采用不同于本企业记账本位币的，也视同境外经营。

确定境外经营记账本位币时，除考虑上述确定企业记账本位币需要考虑的因素外，还应当考虑下列有关该境外经营与企业之间关系的一些因素：①境外经营对其所从事的活动是否拥有很强的自主性。②境外经营活动中与企业的交易是否在境外经营活动中占有较大比重。③境外经营活动产生的现金流量是否直接影响企业的现金流量、是否可以随时汇回。④境外经营活动产生的现金流量是否足以偿还其现有债务和可预期的债务。

二、记账本位币的变更

企业记账本位币一经确定，不得随意变更，除非与确定记账本位币相关的企业经营所处的主要经济环境发生重大变化。企业因经营所处的主要经济环境发生重大变化，确需变更记账本位币的，应当采用变更当日的即期汇率将所有项目折算为变更后的记账本位币，折算后的金额作为新的记账本位币计量的历史成本，由于采用同一即期汇率进行折算，不会产生汇兑差额。当然，企业需要提供确凿的证据表明企业经营所处的主要经济环境确实发生了重大变化，并应当在附注中披露变更的理由。

企业记账本位币发生变更的，在按照变更当日的即期汇率将所有项目变更为记账本位币时，其比较财务报表应当以可比当日的即期汇率折算所有资产负债表和利润表项目。

任务二 外币交易的会计处理

一、即期汇率和即期汇率的近似汇率

（一）即期汇率的选择

汇率是指两种货币相兑换的比率，是一种货币单位用另一种货币单位所表示的价格。我们通常在银行见到的汇率有三种表示方式：买入价、卖出价和中间价。买入价指银行买入其他货币的价格；卖出价指银行出售其他货币的价格；中间价是银行买入价和卖出价的平均价。

无论是买入价，还是卖出价，均是立即交付的结算价格，都是即期汇率。会计准则规定，企业用于记账的即期汇率一般指当日中国人民银行公布的人民币汇率的中间价。但是，在企业发生单纯的货币兑换交易或涉及货币兑换的交易时，仅用中间价不能反映货币买卖的损益，需要使用买入价或卖出价折算。

（二）即期汇率的近似汇率

当汇率变动不大时，为简化核算，企业在外币交易日或外币报表的某些项目折算时，也可以选择即期汇率的近似汇率折算。即期汇率的近似汇率是指按照系统合理的方法确定的、与交易发生日即期汇率近似的汇率，通常是指当期平均汇率或加权平均汇率等。

确定即期汇率的近似汇率的方法应前后各期保持一致。如果汇率波动使得即期汇率的近似汇率折算不适当时，应采用交易发生日的即期汇率折算。至于何时不适当，需要企业根据汇率变动情况及计算近似汇率的方法等进行判断。

二、外币交易的核算程序

企业发生外币交易，其会计核算的基本程序为：

（1）将外币金额按照交易日的即期汇率或即期汇率的近似汇率折算为记账本位币金额，按照折算后的记账本位币金额登记有关账户；在登记有关记账本位币的同时，按照外币金额登记相应的外币账户。

（2）期末，将所有外币货币性项目的外币金额，按照期末即期汇率折算为记账本位币金额，并与原记账本位币金额相比较，其差额记入“财务费用”科目。

（3）结算外币货币性项目时，将其外币结算金额按照当日即期汇率折算为记账本位币金额，并与原记账本位币金额相比较，其差额记入“财务费用”科目。

知识链接

货币性项目和非货币性项目

货币性项目是指企业持有的货币和将以固定或可确定金额的货币收取的资产或者偿付的负债。货币性项目分为货币性资产和货币性负债。货币性资产包括库存现金、银行存款、应收账款、其他应收款等；货币性负债包括应付账款、其他应付款、短期借款、应付债券、长期借款等。非货币性项目是指货币性项目以外的项目，如存货、固定资产、长期股权投资、交易性金融资产、无形资产等。资产负债表日，分别货币性项目和非货币性项目进行调整：货币性项目按资产负债表日即期汇率折算，非货币性项目按交易日即期汇率折算。

三、外币交易的会计处理

外币交易的会计处理涉及的主要问题有：记账本位币的确定；外币交易发生日折算汇率的选择及相应的外币交易初始确认的会计处理；资产负债表日及结算日折算汇率的选择

及所产生汇兑差额的会计处理。

（一）初始确认

企业发生外币交易的，应在初始确认时采用交易发生日的即期汇率或即期汇率的近似汇率将外币金额折算为记账本位币金额，按照折算后的记账本位币金额登记有关账户；在登记有关记账本位币账户的同时，按照外币金额登记相应的外币账户。

【工作实例 15-1】东方公司属于增值税一般纳税人，记账本位币为人民币，其外币交易采用交易日即期汇率折算。2016 年 3 月 1 日，东方公司从国外 A 公司购入某原材料，货款 300 000 美元，当日的即期汇率为 1 美元 =6.83 元人民币，按照规定应缴纳的进口关税为 204 900 元人民币，支付进口增值税为 348 330 元人民币，货款尚未支付，进口关税及增值税已由银行存款支付。会计处理如下：

借：原材料　（300 000×6.83+204 900）2 253 900
　　应交税费——应交增值税（进项税额）　348 330
　　贷：应付账款——A 公司（美元）　2 049 000
　　　　银行存款　553 230

【工作实例 15-2】东方公司记账本位币为人民币，外币交易采用交易日即期汇率折算。2016 年 4 月 10 日，向国外 B 公司出口销售商品一批，根据销售合同，货款共计 800 000 欧元，当日的即期汇率为 1 欧元 =7.47 元人民币。假定不考虑增值税等相关税费，货款尚未收到。会计处理如下：

借：应收账款——B 公司（欧元）（800 000×7.47）　5 976 000
　　贷：主营业务收入　5 976 000

【工作实例 15-3】东方公司的记账本位币为人民币，其外币交易采用交易日即期汇率折算。2016 年 5 月 4 日，从银行借入 200 000 英镑，期限为 6 个月，年利率为 5%（等于实际利率），借入的英镑暂存银行。借入当日的即期汇率为 1 英镑 =8.83 元人民币。会计处理如下：

借：银行存款——英镑　（200 000×8.83）　1 766 000
　　贷：短期借款　1 766 000

【工作实例 15-4】东方公司的记账本位币为人民币，其外币交易采用交易日即期汇率折算。2016 年 7 月 28 日，将货款 100 万欧元到银行兑换成人民币，银行当日的欧元买入价为 1 欧元=7.36 元人民币，中间价为 1 欧元=7.40 元人民币。

本例中，企业与银行发生货币兑换，兑换所用汇率为银行的买入价，而通常记账所用的即期汇率为中间价，由此产生的汇兑差额计入当期财务费用。会计处理如下：

借：银行存款——人民币（1 000 000×7.36）　7 360 000

财务费用——汇兑差额　　40 000
贷：银行存款——欧元（1 000 000×7.40）　　7 400 000

【小思考】
企业在外币兑换中，一定会产生财务费用借方发生额吗？为什么？

【工作实例 15-5】东方公司的记账本位币为人民币，其外币交易采用交易日即期汇率折算。2016 年 2 月 25 日，东方公司为增资扩股与某外商签订投资合同，当日收到外商投资资本 200 万美元，当日的即期汇率为 1 美元 ＝6.82 元人民币，其中，1 300 万元人民币作为注册资本的组成部分。假定投资合同约定的汇率为 1 美元 ＝6.85 元人民币。

知识链接

外币投入资本的会计规定

根据《关于外商投资的公司审批登记管理法律适用若干问题的执行意见》（工商外企字〔2006〕81 号）的规定，外商投资公司的注册资本只能采用收到出资当日的即期汇率，不再使用合同汇率，也不使用即期汇率的近似汇率，与其相对应的资产类科目也不使用即期汇率的近似汇率。因此，企业收到以投资者以外币投入的资本，无论是否有合同约定汇率，均不得采用合同约定汇率和即期汇率的近似汇率折算，而应当采用交易发生日即期汇率折算。这样，外币投入资本与相应的货币性项目的记账本位币金额相等，不产生外币资本折算差额。需要说明的是，虽然“股本（或实收资本）”账户的金额不能反映股权比例，但并不改变企业分配和清算的约定比例，这一约定比例通常已经包括在合同当中。

依据上述规定，东方公司会计处理如下：
借：银行存款——美元（2 000 000×6.82）　　13 640 000
　贷：实收资本　　13 000 000
　　资本公积——资本溢价　　640 000

（二）期末调整或结算

1. 外币货币性项目

资产负债表日及结算货币性项目时，企业应当采用当日即期汇率折算外币货币性项目，因当日即期汇率与初始确认时或者前一资产负债表日即期汇率不同而产生的汇兑差额，计入当期损益。可供出售外币货币性金融资产形成的汇兑差额，也应计入当期损益。

【工作实例 15-6】沿用【工作实例 15-1】，2016 年 3 月 31 日，东方公司尚未向 A 公司支付所欠货款，当日即期汇率为 1 美元 =6.8 元人民币。会计分录如下：

借：应付账款——A 公司[300 000×（6.8−6.83）]　　9 000
　　贷：财务费用　　9 000

【工作实例 15-7】沿用【工作实例 15-2】，2016 年 3 月 31 日，东方公司仍未收到 B 公司购货款，当日的即期汇率为 1 欧元 =7.08 元人民币。会计分录如下：

借：财务费用　　64 000
　　贷：应收账款——丙公司（欧元）[800 000×（7.39−7.47）]　64 000

【工作实例 15-8】沿用【工作实例 15-3】，发生业务如下：

（1）2016 年 5 月 31 日的即期汇率为 1 英镑 =8.76 元人民币。
（2）2016 年 6 月 30 日的即期汇率为 1 英镑 =8.66 元人民币。
（3）2016 年 7 月 31 日的即期汇率为 1 英镑 =8.60 元人民币。
（4）2016 年 8 月 31 日的即期汇率为 1 英镑 =8.58 元人民币。
（5）2016 年 9 月 30 日的即期汇率为 1 英镑 =8.55 元人民币。
（6）2016 年 10 月 30 日的即期汇率为 1 英镑 =8.54 元人民币。
（7）2016 年 11 月 4 日以人民币归还英镑借款，当日银行买入价为 1 英镑 =8.51 元人民币。

任务处理如下。

（1）2016 年 5 月 31 日调整分录：
借：短期借款[200 000×（8.83−8.76）]　　14 000
　　贷：财务费用　　14 000
（2）2016 年 6 月 30 日调整分录：
借：短期借款[200 000×（8.76−8.66）]　　20 000
　　贷：财务费用　　20 000
（3）2016 年 7 月 31 日调整分录：
借：短期借款[200 000×（8.66−8.60）]　　12 000
　　贷：财务费用　　12 000
（4）2016 年 8 月 31 日调整分录：
借：短期借款[200 000×（8.60−8.58）]　　4 000
　　贷：财务费用　　4 000
（5）2016 年 9 月 30 日调整分录：
借：短期借款[200 000×（8.58−8.55）]　　6 000
　　贷：财务费用　　6 000

（6）2016 年 10 月 30 日调整分录：

借：短期借款[200 000×（8.55–8.54）]　　2 000

　　贷：财务费用　　2 000

（7）2016 年 11 月 2 日归还借款本息：

当日应归还银行借款利息 5 000 英镑（200 000×5%÷12×6），按当日英镑卖出价折算为人民币 42 550 元（5 000×8.51）。

借：短期借款　　1 708 000

　　财务费用——汇兑差额　　36 550

　　贷：银行存款——人民币（205 000×8.51）元　　1 744 550

2. 外币非货币性项目

（1）以历史成本计量的外币非货币性项目，已在交易发生日按当日即期汇率折算，资产负债表日不应改变其原记账本位币金额，不产生汇兑差额。

【工作实例 15-9】东方公司的记账本位币为人民币，其外币交易采用交易日即期汇率折算。2016 年 3 月 2 日进口一台机器设备，支付价款 100 万美元，已按当日即期汇率 1 美元 = 6.83 元人民币折算为人民币并记入"固定资产"账户。"固定资产"属于非货币性项目，因此，资产负债表日也不需要再按照当日即期汇率进行调整。

（2）以成本与可变现净值孰低计量的存货，在以外币购入存货并且该存货在资产负债表日的可变现净值以外币反映的情况下，确定资产负债表日存货价值时应当考虑汇率变动的影响。即先将可变现净值按资产负债表日即期汇率折算为记账本位币金额，再与以记账本位币反映的存货成本进行比较，从而确定该项存货的期末价值。

【工作实例 15-10】南方公司为医疗设备经销商，其记账本位币为人民币，外币交易采用交易日即期汇率折算。有关资料如下：

（1）2016 年 10 月 8 日，以 1 000 欧元/台的价格从国外购入某新型医疗设备 200 台（该设备在国内市场尚无供应），当日即期汇率为 1 欧元 =9.28 元人民币。

（2）2016 年 12 月 31 日，尚有 120 台设备未销售出去，国内市场仍无该设备供应，其在国际市场的价格已降至 920 欧元/台。2016 年 12 月 31 日的即期汇率是 1 欧元 =9.66 元人民币。假定不考虑增值税等相关税费。

任务处理如下：

本例中，由于存货在资产负债表日采用成本与可变现净值孰低计量，因此，在以外币购入存货并且该存货在资产负债表日获得的可变现净值以外币反映时，确定该项存货的期末价值时应当考虑汇率变动的影响。

12 月 31 日南方公司对该项设备应计提的存货跌价准备 = 1 000×120×9.28–920×120×9.66= 47 136（元人民币）

借：资产减值损失　　47 136

　　贷：存货跌价准备　　47 136

（3）以公允价值计量的外币非货币性项目，期末公允价值以外币反映的，应当先将该外币金额按照公允价值确定当日的即期汇率折算为记账本位币金额，再与原记账本位币金额进行比较。属于交易性金融资产（股票、基金等）的，折算后的记账本位币金额与原记账本位币金额之间的差额应作为公允价值变动损益（含汇率变动），计入当期损益；属于可供出售金融资产的，差额则应计入资本公积。

【工作实例 15-11】北方公司的记账本位币为人民币，其外币交易采用交易日即期汇率折算。有关资料如下：

（1）2016 年 6 月 8 日，以每股 4 美元的价格购入乙公司 B 股 20 000 股，划分为交易性金融资产核算，当日汇率为 1 美元 =6.82 元人民币，款项已支付。

（2）2016 年 6 月 30 日，乙公司 B 股市价变为每股 3.5 美元，当日汇率为 1 美元 =6.83 元人民币。

（3）2016 年 7 月 24 日，北方公司将所购乙公司 B 股股票按当日市价每股 4.2 美元全部售出，当日汇率 1 美元 =6.84 元人民币。假定不考虑相关税费的影响。

任务处理如下。

（1）2016 年 6 月 8 日，北方公司购入股票时：

借：交易性金融资产——成本（4×20 000×6.82）　　545 600

　　贷：银行存款——美元　　545 600

（2）2016 年 6 月 30 日，直接计入公允价值变动损益的差额=3.5×20 000×6.83−545 600=67 500（元人民币）。北方公司相关的会计处理为：

借：公允价值变动损益　　67 500

　　贷：交易性金融资产——公允价值变动　　67 500

（3）2016 年 7 月 24 日全部出售股票时：

借：银行存款——美元　　574 560

　　交易性金融资产——公允价值变动　　67 500

　　贷：交易性金融资产——成本　　545 600

　　　　投资收益　　96 460

借：投资收益　　67 500

　　贷：公允价值变动损益　　67 500

【工作实例 15-12】北方公司以人民币作为记账本位币，其外币交易采用交易日即期汇率折算，按月计算汇兑损益。北方公司在银行开设有欧元账户。有关资料如下。

（1）北方公司有关外币账户 2016 年 7 月 31 日的余额如表 15-1 所示。

表 15-1 2016 年 7 月 31 日外币账户的期末余额

项 目	外币账户余额（欧元）	汇 率	人民币账户余额（元人民币）
银行存款	800 000	7.55	6 040 000
应收账款	400 000	7.55	3 020 000
应付账款	200 000	7.55	1 510 000

（2）北方公司 2016 年 8 月发生的有关外币交易或事项如下：

① 8 月 5 日，以人民币向银行买入 200 000 欧元。当日即期汇率为 1 欧元 =7.69 元人民币，当日银行卖出价为 1 欧元 =7.75 元人民币。

② 8 月 12 日，从国外购入一批原材料，总价款为 400 000 欧元。该原材料已验收入库，货款尚未支付。当日即期汇率为 1 欧元 =7.64 元人民币。另外，以银行存款支付该原材料的进口关税 644 000 元人民币，增值税 629 000 元人民币。

③ 8 月 16 日，出口销售一批商品，销售价款为 600 000 欧元，货款尚未收到。当日即期汇率为 1 欧元 =7.41 元人民币。假设不考虑相关税费。

④ 8 月 25 日，收到应收账款 300 000 欧元，款项已存入银行。当日即期汇率为 1 欧元 =7.54 元人民币。该应收账款系 2 月出口销售发生的。

⑤ 8 月 30 日，即期汇率为 1 欧元 =7.64 元人民币。

任务处理如下。

（1）8 月 5 日，以人民币向银行买入欧元时：

借：银行存款——欧元（200 000×7.69）　　1 538 000
　　财务费用——汇兑差额　　12 000
　　贷：银行存款——人民币（200 000×7.75）　　1 550 000

（2）8 月 12 日，从国外购入一批原材料时：

借：原材料　　3 700 000
　　应交税费——应交增值税（进项税额）　　629 000
　　贷：应付账款——××单位（欧元）（400 000×7.64）　　3 056 000
　　　　银行存款——人民币　　1 273 000

（3）8 月 16 日，出口销售一批商品时：

借：应收账款——××单位（欧元）（600 000×7.41）　　4 446 000
　　贷：主营业务收入　　4 446 000

（4）8 月 25 日，收到应收账款时：

借：银行存款——欧元（300 000×7.54）　　2 262 000
　　贷：应收账款——××单位（欧元）（300 000×9.54）　　2 262 000

（5）8 月 30 日，计算期末产生的汇兑差额：

① 银行存款欧元户余额 =800 000+200 000+300 000=1 300 000（欧元）

按当日即期汇率折算为人民币金额 =1 300 000×7.64=9 932 000（元）

汇兑差额（收益）=9 932 000–（6 040 000+1 538 000+2 262 000）=92 000（元）

② 应收账款欧元户余额 =400 000+600 000–300 000=700 000（欧元）

按当日即期汇率折算为人民币金额 =700 000×7.64=5 348 000（元）

汇兑差额（收益）=5 348 000–（3 020 000+4 446 000–2 262 000）=144 000（元）

③ 应付账款欧元户余额 =200 000+400 000=600 000（欧元）

按当日即期汇率折算为人民币金额 =600 000×7.64=4 584 000（元）

汇兑差额（损失）=4 584 000–（1 510 000+3 056 000）=18 000（元）

④ 应计入当期损益的汇兑差额（收益）=–92 000–144 000+18 000=–218 000（元）

借：银行存款——欧元　　92 000

　　应收账款——××单位　　144 000

　　贷：应付账款——××单位　　18 000

　　　　财务费用　　218 000

任务三 外币财务报表的折算

一、外币财务报表折算的含义

企业将境外经营通过合并财务报表或权益法核算等纳入本企业财务报表中时，如果境外经营的记账本位币不同于本企业的记账本位币，且境外经营处于非恶性通货膨胀经济情况下，需要将境外经营的财务报表折算为以企业记账本位币反映的财务报表，这一过程就是外币财务报表的折算。如果境外经营采用与企业相同的记账本位币，则其财务报表不存在折算问题。

二、外币财务报表的折算方法

在对企业境外经营财务报表进行折算前，应当调整境外经营的会计期间和会计政策，使之与企业会计期间和会计政策相一致，根据调整后的会计政策及会计期间编制相应货币（记账本位币以外的货币）的财务报表，然后按照以下规定进行折算。

（1）资产负债表中的资产和负债项目，采用资产负债表日的即期汇率折算，所有者权益项目除“未分配利润”项目外，其他项目采用发生时的即期汇率折算。

（2）利润表中的收入和费用项目，采用交易发生日的即期汇率折算；也可以采用按照系统合理的方法确定的、与交易发生日即期汇率近似的汇率折算。

（3）产生的外币财务报表折算差额，在资产负债表中所有者权益项目下单独列示。

比较财务报表的折算比照上述规定处理。

三、外币财务报表的折算实例

【工作实例 15-13】南方公司的记账本位币为人民币，该公司在英国有一子公司——乙公司，乙公司确定的记账本位币为英镑。南方公司拥有乙公司 70%的股权，并能够对乙公司的财务和经营政策实施控制。南方公司采用当期平均汇率折算乙公司利润表项目。乙公司有关资料如下：

（1）2016 年 12 月 31 日的汇率为 1 英镑 =8.28 元人民币。

（2）2016 年的平均汇率为 1 英镑 =8.47 元人民币。

（3）实收资本 600 万英镑，发生日的即期汇率为 1 英镑 =9.20 元人民币，折算为人民币 5 520 万元。

（4）2015 年 1 月 1 日盈余公积为 60 万英镑，折算为人民币 543 万元。

（5）2015 年 1 月 1 日未分配利润为 140 万英镑，折算为人民币 1 275.4 万元。

（6）南方公司和乙公司均在年末提取盈余公积，乙公司 2016 年提取的盈余公积为 70 万英镑。

报表折算如表 15-2、表 15-3 所示（所有者权益变动表略）。

表 15-2 利润表（简表）

编制单位：乙公司　　2016 年　　单位：万元

项　目	本年金额（英镑）	折算汇率	折算为人民币金额
一、营业收入	2 400	8.47	20 328.00
减：营业成本	1 800	8.47	15 246.00
税金及附加	50	8.47	423.50
管理费用	120	8.47	1 016.40
财务费用	10	8.47	84.70
加：投资收益	30	8.47	254.10
二、营业利润	450	—	3 811.50
加：营业外收入	50	8.47	423.50
减：营业外支出	20	8.47	169.40
三、利润总额	480	—	4 065.60
减：所得税费用	130	8.47	1 101.10
四、净利润	350	—	2 964.50
五、每股收益		—	

表 15-3 资产负债表（简表）

2016 年 12 月 31 日 单位：万元

资　产	期末数（英镑）	折算汇率	折算为人民币金额	负债和所有者权益	期末数（英镑）	折算汇率	折算为人民币金额
流动资产：				流动负债：			
货币资金	230	8.28	1 904.40	短期借款	50	8.28	414.00
应收账款	230	8.28	1 904.40	应付账款	340	8.28	2 815.20
存货	280	8.28	2 318.40	其他流动负债	130	8.28	1 076.40
其他流动资产	240	8.28	1 987.20	流动负债合计	520	8.28	4 305.60
流动资产合计	980	8.28	8 114.40	非流动负债：		8.28	0.00
非流动资产：				长期借款	170	8.28	1 407.60
长期应收款	140	8.28	1 159.20	应付债券	100	8.28	828.00
固定资产	660	8.28	5 464.80	其他非流动负债	90	8.28	745.20
在建工程	90	8.28	745.20	非流动负债合计	360	8.28	2 980.80
无形资产	120	8.28	993.60	负债合计	880	8.28	7 286.40
其他非流动资产	40	8.28	331.20	所有者权益：		8.28	0.00
非流动资产合计	1 050	8.28	8 694.00	实收资本	600	9.20	5 520.00
				盈余公积	130		1 122.60*
				未分配利润	420		3 593.80*
				外币报表折算差额			–714.40*
				所有者权益合计	1 150		9 522.00
资产合计	2 030		16 808.40	负债和所有者权益合计	2 030		16 808.40

注：

（1）盈余公积年初盈余公积为 60 万英镑，折算为人民币 543 万元；本年提取 70 万英镑，按资产负债表日的汇率 8.28 折算为 579.6 万元人民币，两者合计 1 122.6 万元人民币。

（2）未分配利润为 140 万英镑，折算为人民币 1 275.4 万元人民币；本年实现净利润 350 万英镑，扣除提取的盈余公积 70 万英镑，剩余 280 万英镑，按资产负债表日的汇率 8.28 折算为 2 318.4 万元人民币，两者合计 3 593.8 万元人民币。

（3）外币报表折算差额为以记账本位币反映的净资产减去以记账本位币反映的实收资本、资本公积、盈余公积及未分配利润后的余额。其计算公式为：

外币报表折算差额=资产合计–（负债合计+实收资本+盈余公积+未分配利润）=–714.4 万元人民币

项目小结

记账本位币是指企业经营所处的主要经济环境中的货币。在我国，大多数企业主要产生和支出现金的环境在国内，因此，一般以人民币为记账本位币。企业在确定境外经营记账本位币时，应考虑准则规定因素进行综合分析加以确定。企业记账本位币一经确定，不得随意变更，除非与确定记账本位币相关的企业经营所处的主要经济环境发生重大变化。

汇率是指两种货币相兑换的比率，是一种货币单位用另一种货币单位所表示的价格。常见的汇率有三种表示方式：买入价、卖出价和中间价。会计准则规定，企业用于记账的即期汇率一般指当日中国人民银行公布的人民币汇率的中间价。企业发生外币交易，其会计核算的基本程序包括初始确认和期末调整。对于结算的外币货币性项目直接确认汇兑损益。

企业一般需要将境外经营的财务报表折算为以企业记账本位币反映的财务报表，这一过程就是外币财务报表的折算。在对企业境外经营财务报表进行折算前，应当调整境外经营的会计期间和会计政策，使之与企业会计期间和会计政策相一致，根据调整后的会计政策及会计期间编制相应货币（记账本位币以外的货币）的财务报表，然后按照规定方法进行折算。

复习思考题

1. 什么是记账本位币？我国会计法中对企业记账本位币确定是如何规定的？
2. 什么是即期汇率和即期汇率的近似汇率？
3. 外币交易的核算程序包括哪些步骤？
4. 期末，对于货币性项目和非货币性项目的会计处理是否相同？
5. 什么是外币报表折算？对于资产负债表各项目的折算有什么规定？
6. 为什么对外币财务报表折算会产生折算差额？
7. 现行会计准则对接受外币资本投资有何规定？
8. 为什么两项交易观取代了单一交易观？

参考文献

[1] 财政部会计资格评价中心. 中级财务会计[M]. 北京：经济科学出版社，2016.

[2] 财政部会计资格评价中心. 初级会计实务[M]. 北京：中国财政经济出版社，2016.

[3] 中国注册会计师协会. 会计[M]. 北京：中国财政经济出版社，2016.

[4] 罗伯特 N. 安东尼，大卫 F. 霍金斯，肯尼斯 A. 麦钱特. 会计学[M]. 张永冀，李晓梅译. 北京：机械工业出版社，2004.

[5] 丁增稳. 财务会计[M]. 大连：大连出版社，2014.

[6] 娄尔行. 中级财务会计[M]. 上海：上海三联书店，2002.

[7] 中华会计网校. 新企业会计准则及相关制度精读精讲[M]. 北京：东方出版社，2006.

[8] 郭惠云. 财务会计[M]. 北京：中国财政经济出版社，2003.

[9] 于小镭. 新企业会计实务讲解[M]. 北京：机械工业出版社，2007.

[10] 中华人民共和国财政部. 新企业会计准则应用指南实施手册[M]. 北京：中国财政经济科学出版社，2006.

[11] 宁健，丁增稳. 财务会计[M]. 北京：中国商业出版社，2016.

[12] 张莲苓. 会计[M]. 北京：中国财政经济出版社，2015.

[13] 朱光应，丁增稳，陈继林. 初级会计实务[M]. 重庆：重庆大学出版社，2016.

[14] 丁增稳，常明敏. 中级会计实务[M]. 北京：高等教育出版社，2016.

[15] 孔德兰. 财务会计[M]. 北京：高等教育出版社，2015.

反侵权盗版声明

举报电话：（010）88254396；（010）88258888
传　　真：（010）88254397
E-mail：　dbqq@phei.com.cn
通信地址：北京市万寿路 173 信箱
　　　　　电子工业出版社总编办公室
邮　　编：100036